CÉSAR

Cuentistas hispanoamericanos
del siglo veinte

Cuentistas hispanoamericanos del siglo veinte

Introducción, Notas y Vocabulario por
Luis Leal

University of Illinois

 Random House · *New York*

Copyright © 1972 by Random House, Inc.

All rights reserved under International and
Pan-American Copyright Conventions.
Published in the United States by Random House, Inc.,
New York, and simultaneously in Canada by
Random House of Canada Limited, Toronto.

ISBN: 0-394-31669-X

Library of Congress Catalog Card Number: 71-164411
Manufactured in the United States of America

Composed by Ruttle, Shaw & Wetherill, Inc.,
Philadelphia, Pa. Printed and bound by Halliday
Lithograph Corp., West Hanover, Mass.

Typography by Andrea Clark
Cover Design by Burke/Paccione Assoc.

First Edition
987654321

Grateful acknowledgment is made for permission to reprint the following stories appearing in this volume:

"El muerto" by Jorge Luis Borges, from *Sur* (Nov., 1946). Reprinted by permission of Emecé Editores.

"El fraile converso" from *El plano oblicuo (cuentos y diálogos)* by Alfonso Reyes. Madrid: Tipografía Europea, 1920. Reprinted by permission of Alicia Reyes.

"El hombre verde" from *El hombre que parecía un caballo y otros cuentos* by Rafael Arévalo Martínez. Guatemala: Editorial Universitaria, 1951. Reprinted by permission of the author.

"El cholo que se vengó" by Demetrio Aguilera Malta from *Los que se van*. Quito: Editorial Casa de la Cultura Ecuatoriana, 1955. Reprinted by permission of the author.

"¡Trínquenme ahí a ese hombre!" from *La luna nona y otros cuentos* by Lino Novás Calvo. Buenos Aires, 1942. Reprinted by permission of the author.

"Viaje a la semilla" from *Guerra del tiempo* by Alejo Carpentier. Copyright 1958 by Alejo Carpentier, reprinted by permission of Harold Matson Company, Inc.

"En la madrugada" from *El llano en llamas* by Juan Rulfo. México, 1959. Reprinted by permission of the Fondo de Cultura Económica.

"El prodigioso miligramo" from *Confabulario y Varia invención [1951–1955]* by Juan José Arreola. México, 1955. Reprinted by permission of the Fondo de Cultura Económica.

"La señorita Cora" from *Todos los fuegos el fuego* by Julio Cortázar. © 1966, Editorial Sudamericana, Buenos Aires. Reprinted by permission.

"Sinfonía concluida" from *Obras completas (y otros cuentos)* by Augusto Monterroso. México: Imprenta Universitaria, 1960. Reprinted by permission of the author.

"Fragmentos de un diario íntimo" from *Falsificaciones* by Marco Denevi. Buenos Aires, 1966. Reprinted by permission of the author.

"Scorpio" by Julio Ramón Ribeyro from *Cuentos peruanos*. Santiago, 1957. Reprinted by permission of the author.

"Cupertino" from *Fábulas de Lafourcade* by Enrique Lafourcade. Santiago, 1963. Reprinted by permission of the author.

vi ACKNOWLEDGMENTS

"Un día de éstos" from *Los funerales de la mamá grande* by Gabriel García Márquez. Reprinted by permission of Agencia Literaria Carmen Balcells.

"En la playa" from *Narda, o el verano* by Salvador Elizondo. México, 1966. Reprinted by permission of the author.

"Parque de diversiones" from *El viento distante*, 2nd ed., by José Emilio Pacheco. México, 1969. Reprinted by permission of the author.

Prefacio

Es nuestro propósito ofrecer al estudioso de la literatura una
colección de cuentos representativos de las diversas modalidades
que se han cultivado en Hispanoamérica durante el siglo veinte.
No ha sido nuestra intención recoger cuentos de todos los
países ni aún de los principales autores, que son numerosos y
para lo cual serían necesarios varios tomos. Creemos, sin
embargo, que los dieciocho cuentistas seleccionados son representativos de las principales tendencias y que darán al lector una
idea comprensiva de la naturaleza del cuento hispanoamericano
contemporáneo. También ofrecen gran variedad de temas,
asuntos, estilos y estructuras. Todos los cuentos, en nuestro
concepto, son de alta calidad artística y ofrecen valores estéticos
dignos de ser estudiados y analizados. Por ese motivo
esperamos que esta colección sea usada también en las clases
dedicadas a la literatura hispanoamericana, y especialmente al
cuento. La introducción general sobre la naturaleza del cuento
moderno, lo mismo que la breve noticia sobre el desarrollo
del cuento hispanoamericano contemporáneo, son presentadas
con el objeto de estimular el interés en el estudio de este
importante género literario, que tanto se presta para ese objeto.
Las breves noticias que preceden a cada cuento complementan lo
dicho en la introducción y amplían la información relativa a
cada cuentista. También ofrecemos una bibliografía mínima a
aquellos lectores o estudiosos que quieran profundizar en
la materia.

Para estimular la lectura se presenta una serie de preguntas
sobre cada cuento. La parte A de esas preguntas se refiere al
contenido y la parte B al análisis literario. No es siempre
necesario contestar las preguntas, o todas las preguntas, de la
parte B. Se ofrecen únicamente con el propósito de despertar la

curiosidad del estudioso sobre los problemas del análisis literario, cuya finalidad debe ser la mejor comprensión del texto. Los temas servirán para la composición. El vocabulario final y las notas al pie de algunas páginas van dirigidos a los estudiantes menos avanzados. Esperamos que les sean útiles. El vocabulario final es completo, a excepción de las más conocidas palabras, según se indica en el lugar correspondiente.

No tenemos palabras suficientes para expresar nuestro agradecimiento a los autores o representantes que tan gentilmente nos permitieron reproducir los textos correspondientes. El vocabulario final fue preparado con la ayuda de mi mujer, Gladys, a quien manifiesto mi gratitud.

L.L.

Urbana, Illinois

Al lector

El orden en que los cuentistas aparecen en esta antología es el generacional. Sus cuentos pueden ser leídos en ese orden. En aquellas clases en donde el estudiante todavía no ha llegado a dominar la lengua, aconsejamos que los cuentos sean leídos de acuerdo con la siguiente clasificación, que no tiene otra finalidad que la didáctica.

Primer grupo

Un día de éstos
Parque de diversiones
Fragmentos de un diario íntimo
El hombre verde
El prodigioso miligramo
Sinfonía concluida
El caballo de coral
En la playa

Segundo grupo

El fraile converso
Scorpio
El cholo que se vengó
El despojado
La señorita Cora
En la madrugada
El muerto

Tercer grupo

¡Trínquenme ahí a ese hombre!
Viaje a la semilla
Cupertino

Tabla de materias

**Cuentistas hispanoamericanos
del siglo veinte**

Introducción
El cuento moderno

El hecho de que el cuento moderno tenga un origen reciente no indica que sea un género enteramente nuevo. Sus relaciones con el antiguo cuento, con el relato, con la leyenda romántica, con el cuadro costumbrista y hasta con el mito son evidentes. El cuento moderno, según lo define Edgar Allan Poe en sus comentarios (1842) a *Twice-Told Tales* de Nathaniel Hawthorne, no es, no puede ser oral, como lo fueron las más antiguas narraciones de la humanidad. El cuento moderno es una obra artística que ha conservado algunas de las características del antiguo cuento (la brevedad, el interés anecdótico), que ha desechado otras (la finalidad didáctica o moral) y que ha añadido nuevas dimensiones estéticas desconocidas antes del siglo diecinueve, como lo son, entre otras, la elaborada estructura, el impacto emocional y el interés en el tiempo. El cuento moderno no siempre se estructura, como el cuento clásico, en torno a los elementos tradicionales conocidos por los retóricos como introducción, desarrollo, punto culminante, desenlace y epílogo. El cuento moderno es más flexible en su estructura, más amplio en su contenido, más acogedor de temas y asuntos, más expresivo en su estilo. Pero siempre estructurado dentro de ciertos límites, que pasamos a explorar.

Si bien Poe no nos dejó una definición del cuento moderno, sí nos informó de sus características, según él las entendía. Para Poe el cuento debería de ser corto, esto es, lo suficientemente corto para que pueda ser leído en una sesión de lectura. Ese límite se debe, por supuesto, a que el cuentista se propone dar a su obra unidad de impresión. Si cualquier obra literaria— escribió Poe—es demasiado larga para ser leída en una sola sesión, debemos resignarnos a perder el efecto inmensamente importante que se deriva de la unidad de impresión—porque

si son menester dos sesiones, los asuntos del mundo intervienen
y todo lo que signifique totalidad queda destruido por completo.

La extensión del cuento, por tanto, es el resultado del
principio de la "unidad de impresión." El mismo principio
obliga al cuentista a limitar el elemento narrativo—característica
esencial en toda obra de ficción—a un solo suceso, generalmente
aislado, en la vida de un personaje o en relación a otros. La
esencia del cuento consiste en dar, en síntesis, el drama de
una situación en la vida de un personaje o un número limitado
de personajes. Esa unidad de impresión—resultado de la
estructuración artística del elemento narrativo—y el empleo de
un solo episodio en la vida del personaje son las características
esenciales del cuento moderno. Podría decirse, en unas cuantas
palabras, que el cuento literario moderno es una narración
breve, fingida, que trata de un solo asunto en la vida de un
personaje y que produce (por medio de la elaboración artística
del argumento) una sola impresión e imparte una emoción
única. Si el elemento anecdótico no es fingido, esto es, si lo
contado verdaderamente ocurrió, el cuentista tiene que dar la
impresión de que es imaginado. Para eso le es necesario crear
una distancia literaria, como veremos.

La unidad de impresión es el elemento de mayor importancia
en el cuento. Para obtenerla el cuentista se ve obligado a
usar unidad de acción y ésta, a su vez, implica un punto culminante y un desenlace únicos. El desenlace único, hacia el cual
convergen todos los elementos del cuento, le da a la narración
gran intensidad. No todos los cuentistas, por supuesto, logran
obtenerla; en verdad, en algunos cuentos—en los cuales la
creación del ambiente es lo más importante—el desenlace es
relativamente débil. Pero ni en esos cuentos deja de ser el punto
hacia el cual se dirigen todos los elementos del cuento; tendencia
que determina que la narración corta moderna sea un
microcosmos compacto, de perspectivas bien delimitadas, pero
en la cual se pueden obtener gran intensidad y complejidad.

Comparado con la novela, el cuento es relativamente breve.
Dicha brevedad, sin embargo, no puede ser medida en
número de páginas o de palabras; depende de la unidad
estructural, que es el resultado de querer dar una impresión
única. Según uno de los maestros hispanoamericanos del
género, el uruguayo Horacio Quiroga, el cuento debe ser

"bastante interesante y suficientemente breve para que absorba toda nuestra atención." En su ensayo "La crisis del cuento nacional" Quiroga declara que tres mil quinientas palabras, o sea doce o quince páginas, son más que suficientes para que el cuentista se desenvuelva holgadamente. Un famoso novelista y cuentista inglés, H. G. Wells, lo limita en el tiempo a cincuenta minutos de lectura. Quiroga reconocía, por supuesto, que no es posible poner límite a la concepción de un cuento, ni juzgar de su eficacia por el número de líneas; pero el cuentista no debe de usar, según él, una extensión superior a la requerida para dar expresión, con rigor de síntesis, a la situación única. Enrique Anderson Imbert, en *El cuento español* (1959), ha hecho esta observación: "Profesores con afición a las estadísticas han propuesto estas definiciones: novela, un mínimo de 50.000 palabras; novela corta, de 30.000 a 50.000; cuento, de 100 a 2.000 palabras en los muy cortos y de 2.000 a 30.000 en los normales. Medido con reloj, el cuento—según Edgar Allan Poe— es una lectura que insume de media hora a dos horas." Ya hemos dicho, sin embargo, que el cuento no puede ser medido por el número de palabras (hay cuentos que tienen menos de cien) ni el número de páginas. Para identificarlo es necesario recurrir a los elementos formales que lo componen.

Por endeble que sea, el cuento debe tener un elemento narrativo. En el *cuento* algo se cuenta, algo ocurre, por insignificante que sea; aun en los cuentos de ambiente, algo pasa. Así lo entendía Quiroga. Otro cuentista hispanoamericano contemporáneo, Jorge Luis Borges, va aún más allá, al deslindar entre cuento y novela, apuntando que en el cuento lo importante es la anécdota, mientras que en la novela el personaje es lo que predomina. El cuento para Borges tiene su germen en la situación, la novela en el personaje. Por eso el cuento no puede ser, como afirmaba Quiroga, una novela sin ripios. La esencial diferencia radica en el desarrollo de la situación única en el cuento y en la creación y caracterización del personaje a través de innumerables situaciones en la novela. *Don Quijote* es una novela, dice Borges, porque allí encontramos "la venerable y satisfactoria presentación de una gran persona, pormenorizada a través de doscientos trances, para que lo conozcamos mejor."

El cuentista—como el fotógrafo, como el miniaturista, como

el sonetista—se ve obligado a dar expresión a su tema en una forma externa rigurosamente limitada. Si traspasa los límites de esa forma, el cuento deja de ser *cuento* para convertirse en cuadro, estampa, relato o simple prosa poética; o en novela corta, leyenda, simple anécdota, epigrama, alegoría. Los límites del cuento son, en primer lugar, la existencia de un mínimo soporte narrativo, ficticio, original (para excluir a la leyenda); luego, la unidad de impresión, y por último el interés primordial en el desarrollo de la anécdota y no en la caracterización del personaje. Dentro de estos límites, las variantes de estructura interna son ilimitadas. Y así, pueden darse tantas variantes de estructura interna como haya creadores de talento.

Esa estructura interna de que hablamos la determina la relación entre las diversas partes de que consta el cuento (título, marco, introducción, exposición, punto culminante, desenlace, epílogo) y la integración de los diversos elementos artísticos (motivos, temas, símbolos, imágenes), todos ellos comunes a otros géneros literarios. No menos importante en la estructura es el punto de vista desde el cual se cuenta la historia, el fluir del tiempo y la distribución del espacio. A través de la elaboración artística de todos estos elementos el cuentista crea un microcosmos en el cual se mueven los personajes y se desarrolla el conflicto, esencial en toda obra narrativa. El éxito del cuento depende de la pericia con que el narrador sepa manejar esos elementos. Las posibilidades para dar expresión a un mismo tema, como hemos dicho, son infinitas.

La limitada forma externa impone al cuentista la tarea de elaborar la narración sin desperdiciar ni una palabra. En su artículo "Ante el tribunal" Quiroga se expresa así: "Luché por que el cuento (ya que he de concretarme a mi sola actividad) tuviera una sola línea, trazada por una mano sin temblor desde el principio al fin. Ningún obstáculo, adorno o digresión debía acudir a aflojar la tensión de su hilo. El cuento era, para el fin que le es intrínseco, una flecha que, cuidadosamente apuntada, parte del arco para ir a dar directamente en el blanco. Cuantas mariposas trataran de posarse sobre ella para adornar su vuelo, no conseguirían sino entorpecerlo. Esto es lo que me empeñé en demostrar, dando al cuento lo que es del cuento, y al verso su virtud esencial." Este principio de economía obliga al cuentista a arreglar las partes y los elementos de la narración de tal manera que todos ellos tengan una función. En el cuento hasta el título tiene que ser seleccionado pensando en su función estructural. El título sirve no sólo para interesar al lector sino también para darle forma a la anécdota, crear el ambiente (como en los cuentos "En la madrugada" de Rulfo, "En la playa" de Elizondo y "Parque de diversiones" de Pacheco), sugerir el desenlace ("El muerto" de Borges, "Viaje a la semilla" de Carpentier, "El cholo que se vengó" de Aguilera Malta) o introducir la imagen clave de la narración ("El prodigioso miligramo" de Arreola, "El caballo de coral" de Cardoso).

El arte del narrador de ficciones consiste en obtener un equilibrio entre la presentación de la realidad y la creación estética. El cuento (y esto puede aplicarse también a la novela) gira en torno a dos polos: la realidad y el arte, o sea la creación de una narración verídica pero al mismo tiempo despegada de la realidad. Para crear la verosimilitud el cuentista se vale de los motivos realistas; sabemos que Schubert escribió una sinfonía que quedó inconclusa; que el Guayas es un río que pasa por Guayaquil y desemboca en el Pacífico ("El cholo que se vengó" de Aguilera Malta); que la revista *Life en Español* existía y se publicaba mensualmente ("Parque de diversiones" de Pacheco). También puede hacer uso de ambientes y personajes sacados de la realidad circundante, de la literatura o de la historia. Así lo hacen Alfonso Reyes en "El fraile converso," en donde aparece Shakespeare, y Monterroso en "Sifonía concluida," en donde se nos habla de Schubert. Si estos motivos realistas predominan el cuento se convierte en cuadro costumbrista, anécdota histórica o relato autobiográfico. Los motivos, personajes y ambientes tradicionales predominan, por supuesto, en la leyenda; los divinos en el mito y los populares en el cuento oral. En el cuento fantástico, en cambio, predominan los motivos imaginados, irreales. Para evitar extremos es necesario que el cuentista establezca una distancia literaria. Para ello se vale de un marco, de la introducción de motivos reales e irreales (según el caso) y de la utilización de motivos artísticos, los innecesarios "adornos" en la proverbial flecha de Quiroga.

El marco del cuento, que consiste en el pretexto (real o

fingido) por el cual el autor cuenta la narración, o de un motivo
que dé unidad al relato, no es un elemento esencial. En muchos
cuentos, excelentes, no lo encontramos. Y hasta se podría
decir que una de las características del cuento contemporáneo
es que el cuentista no se ve en la necesidad de justificar el origen
de la anécdota. No hay marco, por ejemplo, en los cuentos de
Rulfo ("En la madrugada"), Cortázar ("La señorita Cora") o
García Márquez ("Un día de éstos"). Pero sin duda el marco es
de gran utilidad para establecer la distancia entre el narrador
y su materia, lo mismo que entre el asunto y el lector. En
"El hombre verde" de Arévalo Martínez se nos dice que el
muchacho (el hombre verde) cuenta su historia porque sus
espaldas ya no pueden con tanta pena; en otras palabras, cuenta
su historia porque le es necesario desahogarse, lo que nos parece
sicológicamente aceptable. En "Viaje a la semilla" los obreros
que demuelen la casa aparecen al principio y al fin del
cuento y son ellos quienes crean el sentido de la realidad. Cuando
se van, el viejo negro hace gestos extraños y voltea su cayado
sobre un cementerio de baldosas. En ese preciso momento, el
tiempo comienza a fluir hacia atrás. Al día siguiente, cuando
vuelven los obreros, encuentran que su trabajo ya ha sido
concluido, y como es natural en la realidad, se quejan al Sindicato.
Si no hay marco el cuento puede dar principio con la
introducción, donde el autor crea el interés y obliga al lector a
seguir leyendo. Lo reducido del cuento prohibe que la
introducción se explaye en descripciones superfluas o comentarios
baladíes. "En un cuento bien logrado—dice Quiroga en su
'Decálogo del perfecto cuentista'—las tres primeras líneas tienen
casi la importancia de las tres últimas." La introducción, parte
integrante del resto del cuento, sirve para crear, además del
interés, el tono emocional que ha de predominar en la
narración. Es aquí donde el cuentista crea el escenario ("La
señorita Cora," "En la playa"), describe el ambiente ("El caballo
de coral"), determina el tiempo ("En la madrugada"), pone en
pie a los personajes ("El cholo que se vengó," "¡Trínquenme ahí
a ese hombre!"), introduce el conflicto ("Scorpio," "El despojado") o combina varios de esos elementos. Cuentos hay, por
supuesto, que no dan principio con la introducción, sino *in
medias res,* con una escena en la que se introduce un aspecto de la

anécdota, que después se explica por medio de un vistazo retrospectivo.

La función principal de la exposición es la de presentar la intriga y desarrollar la anécdota. La base de la intriga es la situación (en el cuento esa situación es única), que se caracteriza por el conflicto, elemento esencial en todo cuento. El conflicto puede ocurrir entre el protagonista y otro personaje ("Scorpio"), entre dos protagonistas ("Cupertino," "En la playa"), en el alma del personaje, como en el cuento de Cardoso. Es la naturaleza del conflicto lo que determina, en parte, si el cuento ha de ser sicológico, social o fantástico. En la exposición también da principio la tensión, que llega a su más alto nivel en el punto culminante. El cambio que ocurre aquí determina el desenlace, que puede ser humorístico o irónico ("El cholo que se vengó"), trágico ("El fraile converso," "La señorita Cora," "El muerto"), sorpresivo ("Sinfonía concluida"), enigmático ("En la madrugada") o fantástico. Es muy frecuente en el cuento contemporáneo que el desenlace sólo sea sugerido, como lo hacen Ribeyro en "Scorpio" y Cortázar en "La señorita Cora." A veces, el desenlace es calificado en un epílogo, que con frecuencia sirve también para cerrar el marco ("Viaje a la semilla").

El argumento de un cuento consiste en la narración escueta de los hechos. La trama, en cambio, es la narración de los hechos explicados por sus causas y adornados con motivos artísticos; se le integra a través del uso de motivos estructurales, de símbolos y de imágenes que se repiten. En la trama el énfasis recae sobre la exposición de los hechos y no sobre éstos. En su desarrollo es de capital importancia el punto de vista, el fluir del tiempo y la estructuración del espacio, elementos que distinguen al cuento contemporáneo del cuento tradicional. Las posibilidades que ofrecen las innovaciones en el punto de vista lo podemos apreciar en cuentos como "La señorita Cora" de Cortázar y "Cupertino" de Lafourcade. Al cambiar el punto de vista dentro de la misma frase, Cortázar logra crear una perspectiva múltiple que sería imposible expresar a través del punto de vista en tercera persona. Al contar la misma historia (con variantes) desde dos puntos de vista, Lafourcade logra darnos una visión más completa de los hechos.

No menos importante, como rasgo distintivo del cuento

contemporáneo, es el fluir del tiempo. El mejor ejemplo de esta preocupación por el tiempo es "Viaje a la semilla" de Alejo Carpentier. En ese *tour de force* el autor nos hace verdaderamente sentir que los hechos se desarrollan del presente al pasado.

Al elemento narrativo (anecdótico) se le da unidad estructurándolo en torno a un tema, lo cual nos permite pensar en la narración como una totalidad. Es por eso que los motivos deben de estar bien integrados, ya que es eso lo que crea la unidad de impresión emocional. Si hay temas secundarios (difíciles de manejar en un cuento, mas no en la novela) deben de estar bien subordinados al tema principal.

Un cuento, hemos dicho, es un microcosmos en el cual un personaje se mueve en un ambiente determinado. Como resultado de los límites que impone la forma externa, el número de personajes es siempre limitado. Al mismo tiempo, son personajes ya formados desde el principio del cuento. El cuentista no tiene tiempo para hacer la caracterización, como lo tiene el novelista. Ni es ese su propósito, como ya hemos dicho. El personaje, en el cuento, sólo sirve para encarnar la anécdota, la situación única de su vida que se enfoque.

Tan importante como la anécdota, la estructura y la distancia literaria lo es el estilo. Los cuentos mal escritos no perduran. Todo buen cuento está escrito con conciencia de estilo. Es el estilo precisamente lo que da carácter a la narración y lo que, indirectamente, nos permite entrever la actitud del autor ante la realidad, lo mismo que ante el propio lenguaje. A través del estilo Carpentier logra recrear el ambiente colonial hispano-americano. Augusto Monterroso logra darnos la sensación de que estamos oyendo la sinfonía de Schubert, y Pacheco crea el sentido del absurdo.

La definición y análisis del cuento que aquí se ha presentado se basa en las narraciones cortas que hasta hoy se han publicado, y sobre todo en las que se incluyen en esta antología. Es obvio que dicha definición no podrá servir para toda obra, tanto del pasado como del futuro. Tampoco podemos juzgar el valor de una obra en tanto se ajuste a la definición ideal que se ha formado de antemano de lo que debe ser éste o aquél género literario. Puede ser que mañana se publique, o que ya se haya publicado, un cuento que viole algunas de las normas que lo definen y que siga siendo cuento. Pero creemos que hay un

límite. Límite que, si es quebrantado, el cuento deja de ser
cuento para convertirse en otra cosa, tal vez en un género nuevo
todavía no identificado por la crítica. O como dice Julio
Cortázar: "Nadie puede pretender que los cuentos sólo deban
escribirse luego de conocer sus leyes. En primer lugar, no hay
tales leyes; a lo sumo cabe hablar de puntos de vista, de ciertas
constantes que dan una estructura a ese género tan poco
encasillable; en segundo lugar, los teóricos y los críticos no
tienen por qué ser los cuentistas mismos, y es natural que
aquéllos sólo entren en escena cuando exista ya un acervo, un
acopio de literatura que permita indagar y esclarecer su desarrollo
y sus cualidades."

Valgan las anteriores incompletas observaciones en torno a la
naturaleza del cuento como introducción a esta antología
de narraciones, cuyos autores tanto han enriquecido la literatura
hispanoamericana.

Breve noticia sobre el cuento hispanoamericano del siglo veinte

Esta antología contiene cuentos de autores hispanoamericanos del siglo veinte. Fuera de Alfonso Reyes, todos ellos viven y siguen publicando. No todos, sin embargo, pertenecen a la misma generación o escriben dentro de la misma corriente literaria. En verdad, son cuatro las generaciones representadas: los postmodernistas-vanguardistas (Reyes, Arévalo Martínez, Borges, Carpentier); los criollistas (Aguilera Malta, Novás Calvo, Pita Rodríguez); la generación de postguerra (Cardoso, Rulfo, Arreola, Cortázar, Monterroso, Denevi), y los jóvenes (Ribeyro, Lafourcade, García Márquez, Elizondo, Pacheco).

Los antecedentes del cuento hispanoamericano moderno los encontramos entre los modernistas. El modernismo es esencialmente un movimiento poético. Sin embargo, los principales modernistas (Gutiérrez Nájera, Martí, Darío, Nervo, Lugones) no desdeñan el cuento, forma breve como el poema lírico. Su aportación al género es, principalmente, la reforma del estilo, que se había anquilosado en manos de los realistas-naturalistas. Pero también contribuyen con la introducción de ambientes exóticos, personajes refinados y temas universales. El interés en la creación de una forma artística—que les interesa más que el devenir narrativo—es de primordial importancia en el desarrollo del cuento hispanoamericano moderno. Al mismo tiempo el cuento modernista se distingue del realista por su finalidad, que es la emoción lírica y no el elemento narrativo, aunque no se pueda decir que lo descuidan. El modernista busca la expresión individual y su actitud es, por tanto, subjetiva; no trata, como el realista, de pintar lo que es típico o popular en su medio ambiente, sino de dar expresión a lo que hay de universal en sí mismo. El cuento hispanoamericano con los modernistas, por tanto, gana nuevas dimensiones: la forma artística, el ambiente exótico, el personaje refinado. Así se incorpora el cuento americano a la narrativa universal. En la técnica, los modernistas introducen, por influencia de los franceses, el uso del marco artístico. En la estructura este cuento tiene menos rigidez; a veces no hay punto culminante, ya que no es el desarrollo del elemento narrativo lo que le interesa al modernista, sino el elemento lírico. El cuento se convierte, con frecuencia, en poema en prosa.

Todavía bajo la influencia de los modernistas, Horacio Quiroga (1878–1937) comienza a publicar cuentos hacia fines del siglo. Pronto, sin embargo, abandona el modernismo para dedicarse por completo al criollismo. En 1915 publica los *Cuentos de amor, de locura y de muerte,* en donde recoge sus mejores narraciones, ampliamente conocidas, ya que aparecen en todas las antologías. No todos los autores que escriben cuentos durante las primeras dos décadas del siglo veinte tratan temas criollos. El grupo de escritores que se conoce por "postmodernistas," entre quienes se encuentran Alfonso Reyes y Arévalo Martínez, escribe un cuento que se caracteriza por el interés en la forma, y en el que encontramos un mundo irreal, a veces fantástico, a veces irracional. En el estilo predominan los rasgos impresionistas. Estos autores, como también Borges, han de participar en el movimiento vanguardista corriente que es el resultado de los cambios sociales que ocurren en los años anteriores a la primera Guerra Mundial, lo mismo que a las nuevas tendencias en la filosofía y las ciencias, principalmente a las ideas de Bergson, Freud y Einstein.

Paralelo al vanguardismo se desarrolla en Hispanoamérica una fuerte corriente de arte social en la que el cuento ocupa un alto puesto. Dicho cuento gira en torno a los problemas y personajes típicos del pueblo americano. Entre los principales cuentistas de esta escuela se encuentran Francisco Rojas González (México, 1904–1951), Enrique Amorim (Uruguay, 1900–1960), José de la Cuadra (Ecuador, 1903–1941), Alfredo Pareja Díez Canseco (1908), Ramón Rubín (México, 1912), Demetrio Aguilera Malta, Félix Pita Rodríguez, Lino Novás Calvo y Jorge Onelio Cardoso. Esta tendencia social en el cuento predomina (mas no desaparece) hasta bien entrada la cuarta década del siglo. Hacia 1935, sin embargo, surgen nuevas preocupaciones, tanto en la actitud del cuentista hacia la realidad como en su temática y sus procedimientos. Las tendencias expresionistas de los escritores europeos y norteamericanos son asimiladas por los narradores de Hispanoamérica. Algunos de ellos rechazan el realismo social de sus contemporáneos y comienzan a escribir cuentos de tema universal y de contenido que va de lo personal a lo fantástico. Entre los representantes de esta escuela encontramos a Rulfo (que combina los asuntos criollos y la técnica más reciente), Arreola, Cortázar, Enrique Anderson Imbert (Argentina, 1910), María Luisa Bombal (Chile, 1910) y Juan Carlos Onetti (Uruguay, 1909).

La mayor parte de los jóvenes que hoy escriben cuentos en Hispanoamérica siguen las tendencias ya señaladas en los párrafos anteriores. Algunos cuantos, sin embargo, tratan de dar expresión a nuevas modalidades formales y hacen uso de nuevas técnicas, que no excluyen ni al anticuento ni al minicuento. En el contenido predomina lo absurdo, lo irreal y lo caótico, como se espera en un mundo en donde la norma de vida parece ser lo irracional. Entre los representantes de estas últimas tendencias encontramos a Marco Denevi, H. A. Murena (Argentina, 1923), José Donoso (Chile, 1924), José Emilio Pacheco, Lafourcade, Ribeyro y Elizondo.

Nuestro propósito en esta brevísima Noticia ha sido dar una idea general del desarrollo del cuento hispanoamericano moderno, con el objeto de ayudar al lector de esta antología que se interese en leerla en el orden en que hemos colocado los cuentos. El desarrollo de la narrativa corta en Hispanoamérica ha alcanzado un alto nivel artístico durante nuestros días. Las tendencias han sido dos: la social y la esteticista. La primera tiene por finalidad captar la realidad americana y darle un significado social, pero sin olvidar el aspecto artístico. En cambio los esteticistas se conforman con crear una obra de arte, ya sea con materiales nativos o exóticos. Ambas tendencias son manifestaciones genuinas del cuento hispanoamericano; entre las dos—que se complementan—nos dan una visión completa de la realidad americana, que es tanto social por lo que tiene de ambiental, de histórico—como artística—por lo que tiene de universal.

Bibliografía Mínima

1. *Teoría*

BOSCH, JUAN. "La forma en el cuento," *Revista Nacional de Cultura*, Caracas, XXIII, 144 (enero-febrero, 1961), 40–48.

CARILLA, EMILIO. *El cuento fantástico*. Buenos Aires, 1968.

CORTÁZAR, JULIO. "Algunos aspectos del cuento," *Casa de las Américas*, Habana, II, 15–16 (1962–1963), 3–14.

HUERTAS, JOSÉ GUILLERMO. *El cuento y su hora*. Buenos Aires, [1962].

LANCELOTTI, MARCO A. *De Poe a Kafka; para una teoría del cuento*. Buenos Aires, 1965.

OMIL, ALBA, y RAÚL A. PIÉROLA. *El cuento y sus claves*. Buenos Aires, *s.f.*

TORAL MORENO, ALFONSO. *La novela y el cuento como problema metafísico*. Guadalajara, México, 1960.

2. *Crítica*

ALDRICH, EARL M., JR. *The Modern Short Story in Peru*. Madison, Wisconsin, 1966.

ANDERSON IMBERT, ENRIQUE. *El cuento español*. Buenos Aires, 1959.

BUENO, SALVADOR. "The Short Story in Spanish America," *Americas*, VI, 12 (Dec., 1954), 18–21.

CASTELLANOS, LUIS ARTURO. *El cuento en la Argentina*. Santa Fe, 1967.

FABBIANI RUIZ, JOSÉ. *Cuentos y cuentistas [venezolanos]*. Caracas, 1951.

LEAL, LUIS. *Historia del cuento hispanoamericano*. México, 1966.

———. *El cuento hispanoamericano*. Buenos Aires, 1967.

———. *Breve historia del cuento mexicano*. México, 1956.

MASTRANGELO, CARLOS. *El cuento argentino*. Buenos Aires, 1963.

MENTON, SEYMOUR. *El cuento costarricense*. México, 1964.

PERALTA, JAIME. *Cuentistas chilenos de la generación de 1950*. Madrid, 1963.

QUILES DE LUZ, LILLIAN. *El cuento en la literatura puertorriqueña*. San Juan, Puerto Rico, 1969.

RIVERA SILVESTRINI, JOSÉ. *El cuento moderno venezolano*. Río Piedras, Puerto Rico, 1967.

YATES, DONALD A. *El cuento policial latinoamericano*. México, 1964.

Jorge Luis Borges

(Argentina, 1899–   )

Si bien Jorge Luis Borges no es el iniciador del cuento fantástico en Hispanoamérica, a él se debe el auge que esa modalidad narrativa ha alcanzado, especialmente desde 1935, año en que aparece el volumen *Historia universal de la infamia.* El cuento de Borges se caracteriza por la mezcla de motivos realistas y fantásticos, como podemos ver en aquellos recogidos en sus mejores libros, *Ficciones* (1944) y *El Aleph* (1949). Nunca deja, sin embargo, que lo real predomine sobre lo fantástico; el cuento puede tener su origen en un dato empírico, como ocurre en "El jardín de senderos que se bifurcan." Pero en torno a ese dato Borges sabe entretejer el más fantástico relato. Los temas que aborda son por lo general universales: el tiempo, el espacio, el ser, la muerte. Así ocurre en sus mejores narraciones, ya famosas en el mundo entero: "El Aleph," "El inmortal," "El sur," "La biblioteca de Babel," "El milagro secreto," "El muerto." Borges ha sabido equilibrar el contenido filosófico de la narración y la forma artística con la cual da expresión a la idea. Tan importantes como los temas son el brillante estilo, la ingeniosa estructura, el interés dramático y el ambiente irreal. Su técnica ha sido muy imitada, mas no igualada. Es el maestro de los cuentistas hispanoamericanos.

OBRAS. *Historia universal de la infamia,* Buenos Aires, 1935. *El jardín de senderos que se bifurcan,* Buenos Aires, 1941. *Ficciones,* Buenos Aires, 1944. *El Aleph,* Buenos Aires, 1949. *La muerte y la brújula,* Buenos Aires, 1951. *Manual de zoología fantástica,* México, 1957. *El informe de Brodie.* Buenos Aires, 1970.

El muerto

Que un hombre del suburbio de Buenos Aires, que un triste compadrito sin más virtud que la infatuación del coraje, se interne en los desiertos ecuestres de la frontera del Brasil y llegue a capitán de contrabandistas, parece de antemano imposible.
5 A quienes lo entienden así, quiero contarles el destino de Benjamín Otálora, de quien acaso no perdura un recuerdo en el barrio de Balvanera y que murió en su ley,[1] de un balazo, en los confines de Río Grande do Sul. Ignoro los detalles de su aventura; cuando me sean revelados, he de rectificar y ampliar
10 estas páginas. Por ahora, este resumen puede ser útil.

Benjamín Otálora cuenta, hacia 1891, diecinueve años. Es un mocetón de frente mezquina, de sinceros ojos claros, de reciedumbre vasca; una puñalada feliz le ha revelado que es un hombre valiente; no lo inquieta la muerte de su contrario,
15 tampoco la inmediata necesidad de huir de la República. El caudillo de la parroquia le da una carta para un tal Azevedo Bandeira, del Uruguay. Otálora se embarca, la travesía es tormentosa y crujiente; al otro día, vaga por las calles de Montevideo, con inconfesada y tal vez ignorada tristeza. No da con
20 Azevedo Bandeira; hacia la medianoche, en un almacén del Paso del Molino, asiste a un altercado entre unos troperos. Un cuchillo relumbra; Otálora no sabe de qué lado está la razón, pero lo atrae el puro sabor del peligro, como a otros la baraja o la música. Para, en el entrevero, una puñalada baja que un
25 peón le tira a un hombre de galera oscura y de poncho. Éste, después, resulta ser Azevedo Bandeira. (Otálora, al saberlo, rompe la carta, porque prefiere debérselo todo a sí mismo.) Azevedo Bandeira da, aunque fornido, la injustificable impresión de ser contrahecho; en su rostro, siempre demasiado cer-

[1] **en su ley** as he was destined to

cano, están el judío, el negro y el indio; en su empaque, el
mono y el tigre; la cicatriz que le atraviesa la cara es un adorno
más, como el negro bigote cerdoso.

Proyección o error del alcohol, el altercado cesa con la
misma rapidez con que se produjo. Otálora bebe con los tro- 5
peros y luego los acompaña a una farra y luego a un caserón
en la Ciudad Vieja, ya con el sol bien alto. En el último patio,
que es de tierra, los hombres tienden su recado para dormir.[2]
Oscuramente, Otálora compara esa noche con la anterior;
ahora ya pisa tierra firme, entre amigos. Lo inquieta algún 10
remordimiento, eso sí, de no extrañar a Buenos Aires. Duerme
hasta la oración, cuando lo despierta el paisano que agredió,
borracho, a Bandeira. (Otálora recuerda que ese hombre ha
compartido con los otros la noche de tumulto y de júbilo y que
Bandeira lo sentó a su derecha y lo obligó a seguir bebiendo.) 15
El hombre le dice que el patrón lo manda buscar. En una
suerte de escritorio que da al zaguán (Otálora nunca ha visto
un zaguán con puertas laterales) está esperándolo Azevedo
Bandeira, con una clara y desdeñosa mujer de pelo colorado.
Bandeira lo pondera, le ofrece una copa de caña, le repite que 20
le está pareciendo un hombre animoso, le propone ir al Norte
con los demás a traer una tropa. Otálora acepta; hacia la madrugada están en camino, rumbo a Tacuarembó.

Empieza entonces para Otálora una vida distinta, una vida
de vastos amaneceres y de jornadas que tienen el olor del ca- 25
ballo. Esa vida es nueva para él, y a veces atroz, pero ya está en
su sangre, porque lo mismo que los hombres de otras naciones
veneran y presienten el mar, así nosotros (también el hombre
que entreteje estos símbolos)[3] ansiamos la llanura inagotable
que resuena bajo los cascos. Otálora se ha criado en los barrios 30
del carrero y del cuarteador; antes de un año se hace gaucho.
Aprende a jinetear, a entropillar la hacienda,[4] a carnear, a
manejar el lazo que sujeta y las boleadoras que tumban, a
resistir el sueño, las tormentas, las heladas y el sol, a arrear con
el silbido y el grito.[5] Sólo una vez, durante ese tiempo de 35

[2] **tienden . . . dormir** spread out their saddles and trappings to sleep on
[3] **el hombre . . . símbolos** the author of this story
[4] **entropillar la hacienda** to form herds of horses (*tropillas*) from the livestock (*hacienda*)
[5] **arrear . . . grito** to round up by whistling and shouting

aprendizaje, ve a Azevedo Bandeira, pero lo tiene muy presente, porque ser *hombre de Bandeira* es ser considerado y temido, y porque, ante cualquier hombrada, los gauchos dicen que Bandeira lo hace mejor. Alguien opina que Bandeira na-
5 ció del otro lado del Cuareim, en Río Grande do Sul; eso, que debería rebajarlo, oscuramente lo enriquece de selvas populosas, de ciénagas, de inextricables y casi infinitas distancias. Gradualmente, Otálora entiende que los negocios de Bandeira son múltiples y que el principal es el contrabando. Ser tropero
10 es ser un sirviente; Otálora se propone ascender a contrabandista. Dos de los compañeros, una noche, cruzarán la frontera para volver con unas partidas de caña;[6] Otálora provoca a uno de ellos, lo hiere y toma su lugar. Lo mueve la ambición y también una oscura fidelidad. *Que el hombre* (piensa) *acabe*
15 *por entender que yo valgo más que todos sus orientales juntos.*
    Otro año pasa antes que Otálora regrese a Montevideo. Recorren las orillas, la ciudad (que a Otálora le parece muy grande); llegan a casa del patrón; los hombres tienden los recados en el último patio. Pasan los días y Otálora no ha visto
20 a Bandeira. Dicen, con temor, que está enfermo; un moreno suele subir a su dormitorio con la caldera y con el mate. Una tarde, le encomiendan a Otálora esa tarea. Éste se siente vagamente humillado, pero satisfecho también.
    El dormitorio es desmantelado y oscuro. Hay un balcón que
25 mira al poniente, hay una larga mesa con un resplandeciente desorden de taleros, de arreadores, de cintos, de armas de fuego y de armas blancas, hay un remoto espejo que tiene la luna empañada. Bandeira yace boca arriba; sueña y se queja; una vehemencia de sol último lo define. El vasto lecho blanco parece
30 disminuirlo y oscurecerlo; Otálora nota las canas, la fatiga, la flojedad, las grietas de los años. Lo subleva que los esté mandando ese viejo. Piensa que un golpe bastaría para dar cuenta de él. En eso, ve en el espejo que alguien ha entrado. Es la mujer de pelo rojo; está a medio vestir y descalza y lo observa
35 con fría curiosidad. Bandeira se incorpora; mientras habla de cosas de la campaña y despacha mate tras mate, sus dedos juegan con las trenzas de la mujer. Al fin, le da licencia a Otálora para irse.
    Días después, les llega la orden de ir al Norte. Arriban a una

---

[6] **unas partidas de caña** a shipment of sugar-cane brandy

estancia perdida, que está como en cualquier lugar de la interminable llanura. Ni árboles ni un arroyo la alegran, el primer sol y el último la golpean. Hay corrales de piedra para la hacienda, que es guampuda y menesterosa. *El Suspiro* se llama ese pobre establecimiento. 5

Otálora oye en rueda de peones[7] que Bandeira no tardará en llegar de Montevideo. Pregunta por qué; alguien aclara que hay un forastero agauchado que está queriendo mandar demasiado. Otálora comprende que es una broma, pero le halaga que esa broma ya sea posible. Averigua, después, que 10 Bandeira se ha enemistado con uno de los jefes políticos y que éste le ha retirado su apoyo. Le gusta esa noticia.

Llegan cajones de armas largas; llega una jarra y una palangana de plata para el aposento de la mujer; llegan cortinas de intrincado damasco; llega de las cuchillas, una mañana, un 15 jinete sombrío, de barba cerrada y de poncho. Se llama Ulpiano Suárez y es el *capanga* o guardaespaldas de Azevedo Bandeira. Habla muy poco y de una manera abrasilerada.[8] Otálora no sabe si atribuir su reserva a hostilidad, a desdén o a mera barbarie. Sabe, eso sí, que para el plan que está maqui- 20 nando tiene que ganar su amistad.

Entra después en el destino de Benjamín Otálora un colorado cabos negros[9] que trae del sur Azevedo Bandeira y que luce apero chapeado y carona con bordes de piel de tigre.[10] Ese caballo liberal es un símbolo de la autoridad del patrón y por 25 eso lo codicia el muchacho, que llega también a desear, con deseo rencoroso, a la mujer de pelo resplandeciente. La mujer, el apero y el colorado son atributos o adjetivos de un hombre que él aspira a destruir.

Aquí la historia se complica y se ahonda. Azevedo Bandeira 30 es diestro en el arte de la intimidación progresiva, en la satánica maniobra de humillar al interlocutor gradualmente, combinando veras y burlas; Otálora resuelve aplicar ese método ambiguo a la dura tarea que se propone. Resuelve suplantar, lentamente, a Azevedo Bandeira. Logra, en jornadas 35

---

[7] **en rueda de peones** around the campfire
[8] **de . . . abrasilerada** with a Portuguese accent
[9] **un [caballo] colorado cabos negros** a red [horse] with black hair at hooves, mane, and muzzle
[10] **que luce . . . tigre** sporting an inlaid saddle and a saddle pad trimmed with tiger fur

de peligro común, la amistad de Suárez. Le confía su plan;
Suárez le promete su ayuda. Muchas cosas van aconteciendo
después, de las que sé unas pocas. Otálora no obedece a Bandeira; da en olvidar, en corregir, en invertir sus órdenes. El
5 universo parece conspirar con él y apresura los hechos. Un
mediodía, ocurre en campos de Tacuarembó un tiroteo con
gente ríograndense; Otálora usurpa el lugar de Bandeira y
manda a los orientales. Le atraviesa el hombro una bala, pero
esa tarde Otálora regresa al *Suspiro* en el colorado del jefe y esa
10 tarde unas gotas de su sangre manchan la piel de tigre y esa
noche duerme con la mujer de pelo reluciente. Otras versiones
cambian el orden de estos hechos y niegan que hayan ocurrido
en un solo día.

Bandeira, sin embargo, siempre es nominalmente el jefe. Da
15 órdenes que no se ejecutan; Benjamín Otálora no lo toca, por
una mezcla de rutina y de lástima.

La última escena de la historia corresponde a la agitación
de la última noche. Esa noche, los hombres del *Suspiro* comen
carne recién matada y beben un alcohol pendenciero; alguien
20 infinitamente rasguea una trabajosa milonga. En la cabecera
de la mesa, Otálora, borracho, erige exultación sobre exultación, júbilo sobre júbilo; esa torre de vértigos es un símbolo de
su irresistible destino. Bandeira, taciturno entre los que gritan,
deja que fluya clamorosa la noche. Cuando las doce campa-
25 nadas resuenan, se levanta como quien recuerda una obligación. Se levanta y golpea con suavidad a la puerta de la mujer.
Ésta le abre en seguida, como si esperara el llamado. Sale a
medio vestir y descalza. Con una voz que se afemina y se arrastra,[11] el jefe ordena:
30 —Ya que vos y el porteño se quieren tanto, ahora mismo le
vas a dar un beso a vista de todos.

Agrega una circunstancia brutal.[12] La mujer quiere resistir,
pero dos hombres la han tomado del brazo y la echan sobre
Otálora. Arrasada en lágrimas, le besa la cara y el pecho. Ul-
35 piano Suárez ha empuñado el revólver. Otálora comprende,
antes de morir, que desde el principio lo han traicionado, que
ha sido condenado a muerte, que le han permitido el amor, el

---

[11] **Con . . . arrastra** With a high-pitched and dragging voice
[12] **una circunstancia brutal** an ignominious insult

mando y el triunfo, porque ya lo daban por muerto, porque para Bandeira ya estaba muerto.

Suárez, casi con desdén, hace fuego.

Cuestionario

A. 1. ¿Qué es un compadrito?
2. ¿Cómo descubre Otálora que es valiente?
3. ¿Qué es lo que más le atrae?
4. ¿Por qué rompe la carta?
5. ¿Cómo es Bandeira?
6. ¿Qué le propone Bandeira a Otálora?
7. ¿Cuáles son las nuevas actividades que tiene que aprender Otálora?
8. ¿Cuál es el principal negocio de Bandeira?
9. ¿Cómo es su dormitorio?
10. ¿Por qué no matan a Otálora antes?

B. 1. ¿A quién cuenta Borges el destino de Otálora? ¿Por qué?
2. ¿Por qué pretende el autor que ignora los detalles de la aventura de Otálora? *PARA CONSERVAR la distacia literaria*
3. ¿Qué objeto tiene revelar en el primer párrafo del cuento que Otálora murió de un balazo?
4. ¿Qué relación hay entre el narrador y los personajes?
5. ¿Cómo hace Borges para darle al cuento unidad temporal?
6. ¿Qué función desempeña en el cuento la mujer de pelo colorado?
7. ¿Qué motivos usa el autor para crear el ambiente gauchesco?
8. ¿Cuál es el tema del cuento? *IMPRESIONITA*
9. ¿Qué rasgos estilísticos predominan en el cuento?
10. ¿Qué cambios serían necesarios en la estructura si Bandeira fuera el narrador?

Temas

1. Hacer un estudio de las imágenes en "El muerto."
2. Hacer un análisis literario del cuento.
3. Leer otro cuento de Borges y compararlo con "El muerto."
4. Leer "En la playa" y compararlo con "El muerto."
5. Escribir sobre el estilo de Borges.

Alfonso Reyes

(México, 1889–1959)

Alfonso Reyes, el famoso polígrafo mexicano, escribió también cuentos, que han sido recogidos en los libros *El plano oblicuo, Dos o tres mundos, Verdad y mentira* y *Quince presencias.* Las ficciones de Reyes son casi siempre mezcla de relato, ensayo y nota autobiográfica; no siempre crea mundos enteramente ficticios. No porque no pueda, sino por otras razones. Para Reyes, el género literario no es un molde absoluto. Es, más bien, simple tipificación en el tratamiento de un asunto. Sus cuentos pocas veces son impersonales; el punto de vista no es objetivo. Reyes no creía que el cuentista pudiera esconderse tras de su obra o de un "yo" ficticio. El narrador debe, dice Reyes, expresarse en su obra, no esconderse. Un método que usa Reyes en sus narraciones para evadir lo impersonal es el empleo de personajes sacados de las lecturas; en torno a ellos imagina escenas que reflejan su propia reacción ante la obra.

Excelente ejemplo de esa técnica es el cuento aquí recogido, "El fraile converso," en donde el autor conjetura la suerte de dos personajes sacados de la comedia *Measure for Measure* de Shakespeare. Otros ejemplares cuentos de Alfonso Reyes son "La cena," "El rey del cocktail" y "En las repúblicas del Soconusco." No son, en todo rigor, cuentos herméticos, objetivos; pero tampoco lo son indiferentes, fríos, impersonales, desinteresados. En ellos palpita todo un ser, un personalísimo aliento expresado en un estilo que es modelo de buena prosa.

OBRAS. *El plano oblicuo,* Madrid, 1920. *El testimonio de Juan Peña,* Río de Janeiro, 1930. *Verdad y mentira,* Madrid, 1950. *Quince presencias,* México, 1955. *Vida y ficción.* México, 1970.

El fraile converso
(Diálogo Mudo)

Acaba de caer el telón sobre un mundo maravilloso. El público discute a Shakespeare, a la luz de las unidades dramáticas. Claudio[1] está dispuesto a reparar el honor de la que había ultrajado. Mariana se apresta a ser feliz. Ángelo, a amarla,
5 arrepentido. Escalo espera que el Duque sepa recompensar sus servicios. El Preboste confía en que se le dé un puesto más digno de su discreción. Isabel y el Duque se enamoran, pasados ya los sobresaltos de aquélla, y hecha ya por éste la famosa justicia. Lucio pasa por[2] casarse, a condición de no ser ahor-
10 cado. El verdugo, verdugo queda; el bufón, bufón y necio; y la señora Overdone, casamentera.

Fray Pedro tira penosamente del borracho Bernardino, que no se decide a seguirlo. (Bernardino, bohemio de nacimiento, crecido y educado en Venecia, nueve años de cárcel, es asesino.
15 No quiere salir cuando le llaman para confesarlo y ahorcarlo, porque "le da vergüenza" que lo vean borracho.)

El Duque ha dicho a fray Pedro:

—Religioso, lo dejo en vuestras manos; aconsejadlo.

Varios señores y ciudadanos, testigos de todo, lo comentan.
20 Luego se van a sus hogares a contarlo a sus esposas. El pueblo ensalza al soberano.

Lejos del teatro, por las calles alumbradas de luna, el religioso tira del borracho. Le ha atado al cuello el cordón del hábito, y lo lleva a rastras como a un perro.
25 Fray Pedro, como todo hombre limitado, tiene alma guerrera: mientras conduce a Bernardino por la soledad de los barrios, jura y perjura; maldice de los autores que dejan sus dramas a medio hacer; reniega de los puntos suspensivos; abomina de la lentitud o negligencia del comediógrafo que llega a un quinto acto dejándole al pobre fraile aquella prenda en las

---

[1] **Claudio, Mariana, Ángelo, etc.** personajes del drama *Measure for Measure* de Shakespeare
[2] **pasa por** agrees, consents

manos; piensa que el libre albedrío es lo peor, y que menos
mal mientras el autor se encargaba de moverlos con invisibles 5
hilos sobre el escenario del teatro. Pero ahora, abandonados a
sí mismos, ¿qué hacer, qué hacer por esas calles de Dios?

Bernardino, como todo espíritu analítico, es cobarde, y está
de acuerdo con el padre Pedro en maldecir del libre albedrío;
pero no se atreve. . . . Como es suspicaz y padece algunos deli- 10
rios, teme que aún lo lleven a ahorcar. Como lleva la soga al
cuello, más de una vez se figura que le están ya ahorcando y no
se da cuenta. Por las dudas, se resiste, patalea. Y fray Pedro le
propina puntapiés incansablemente.

Van por esos barrios como sombras chinescas. En su exas- 15
peración, fray Pedro se ha metido por el descampado de las
afueras, y no sabe adónde se encamina. Bernardino (nueve
años de cárcel) está borracho, más que de vino, de aire libre,
de calles, de noche, de luna.

Ya se han perdido tras de aquella casuca. Ya doblan una 20
esquina, ya reaparecen. Fray Pedro le ha liado los brazos al
borracho, para que no se resista a andar. El borracho, en un
pie, se apoya con el otro contra un farol público. Fray Pedro,
tira, tira; y, al fin, acaba por estrangular a Bernardino, que cae,
exánime, al suelo.   25

¿Habrá muerto? La sombra chinesca que viste hábitos se
acerca a la sombra chinesca que yace en tierra; se arrodilla, le
ausculta el corazón; le extrae quién sabe de dónde una botella
de aguardiente; le humedece las sienes; le empapa la frente;
le echa aguardiente por la entreabierta boca...   30

Y el muerto resucita al instante. Se incorpora, se sienta como
movido por un extraño resorte...Y ante la mente de fray Pedro
desfila una perspectiva de calles interminables, interminables; de casas negras con tejados en pico, recortadas sobre el
cielo claro...Y le parece verse otra vez tirando incesantemente 35
del borracho por esas calles interminables...Y algo súbito salta
en su corazón: un impulso de guerrero, de hombre que quiere
reducir al hombre cuanto antes, por los pendientes y rápidos
caminos de la violencia.

· · ·

Un instante después, la sombra chinesca que viste hábitos se
apoya con entrambas manos, cargando todo el peso del cuerpo,
sobre el pescuezo del borrachón, el cual—liado fuertemente de
los brazos—patalea un poco, y se queda rígido.

5   Y el fraile se sienta en el suelo sin saber qué hacer de su albedrío, dándose cuenta de que es el borracho asesino el que ha hecho de él su catecúmeno y su converso.

Caído acaso de la Luna, Shakespeare, a gatas, baja, por un tejado en declive; contempla la escena; saca un compás, una 10 brújula, una plomada, un astrolabio y otros instrumentos más insólitos. Hace cálculos sobre la pizarra del techo, y concluye que aquella es la prolongación única de las líneas que él dejó trazadas en la última escena de su comedia.

Cuestionario

A. 1. ¿Cuándo ocurre la acción del cuento?
   2. ¿A qué hora da principio la acción?
   3. ¿Qué sabemos de Bernardino?
   4. ¿Por qué ensalza el pueblo al Duque?
   5. ¿Por qué—según Reyes—tiene fray Pedro alma guerrera?
   6. ¿A quién maldice fray Pedro? ¿Por qué?
   7. Según Reyes, ¿cómo son los hombres de espíritu analítico?
   8. ¿Por qué lleva Bernardino la soga al cuello?
   9. ¿Cómo trata fray Pedro a Bernardino?
  10. ¿Por qué lo mata?

B. 1. ¿Es "El fraile converso" un verdadero cuento? Justifíquese.
   2. ¿Por qué usa Reyes el subtítulo "Diálogo mudo"?
   3. ¿Es el libre albedrío el tema del cuento? Justifíquese.
   4. ¿Tiene este cuento un marco? ¿Cuál es?
   5. ¿Por qué introduce Reyes la figura de Shakespeare al fin del cuento?
   6. ¿Sería posible darle otro desenlace al cuento?
   7. ¿Cuántos niveles de realidad hay en el cuento?
   8. ¿Cómo pasamos de un nivel al otro?
   9. ¿Qué hace el autor para crear la ilusión de la realidad?
  10. ¿Qué rasgos predominan en el estilo de Reyes?

Temas

1. Comparar los estilos de Borges y Reyes.
2. Hacer un análisis literario de "El fraile converso."
3. Leer otro cuento de Reyes y compararlo con "El fraile converso."
4. Hacer un estudio de los personajes en "El fraile converso."
5. Escribir sobre el tema principal de "El fraile converso."

Rafael Arévalo Martínez
(Guatemala, 1884–   )

Arévalo Martínez, decano de las letras guatemaltecas, se hizo famoso en 1915 con el cuento *El hombre que parecía un caballo.* Es significativa esta narración en el desarrollo del cuento hispanoamericano porque en ella encontramos una nueva perspectiva en la presentación del personaje central. El señor de Aretal refleja las características físicas y sicológicas de un caballo. La invención fue feliz y la repitió, dando al personaje las características de un perro ("El trovador colombiano"), de un águila ("Duelo de águilas"), de una leona ("La signatura de la esfinge"), de un tigre ("Las fieras del trópico") y de otros animales. Así nace el cuento sicozoológico, con el cual a veces hace veladas críticas personales. Pero Arévalo Martínez nunca olvida que lo importante es la anécdota (sin la cual no habría cuento) y no la crítica o la caracterización del personaje. En "El hombre verde," cuento elogiado por Federico de Onís, encontramos otra modalidad narrativa, la de la duplicación interior: el narrador escribe el cuento que le cuenta el personaje, el hombre verde. Tanto por las originales estructuras, como por el estilo mesurado, Arévalo Martínez ocupa un alto puesto en la narrativa hispanoamericana del siglo veinte.

OBRAS. *El señor de Monitot,* Guatemala, 1922. *La oficina de paz en Orolandia,* Guatemala, 1925. *Las noches en el Palacio de la Nunciatura,* Guatemala, 1927. *El hombre que parecía un caballo y Las rosas de Engaddi,* Guatemala, 1927. *¡Ecce Pericles!* Guatemala, 1945. *El hombre que parecía un caballo y otros cuentos,* Guatemala, 1951. *Cuentos y poesías,* Madrid, 1961. *Cratilo y otros cuentos,* Guatemala, 1968.

El hombre verde

1   El hombre verde

En la calle, donde me había detenido, aquel pobre muchacho, exaltado y nervioso, me contó la siguiente extraña historia, según me dijo "porque las espaldas de un solo corazón no podían con tanta pena".[1]

5   Habló así:

—Estaba sentado en una de las bancas que se encuentran en nuestro Parque Central, cabe[2] la estatua de Colón, donde había llegado, como siempre, vagabundo y ocioso, cuando se aproximó la desconocida, acompañada de otra mujer. Se sen-
10 taron en una banca cercana.

Permanecimos los tres algunos momentos en silencio, contemplándonos furtivamente, hasta que la desconocida habló, dirigiéndose a su amiga en voz queda,[3] pero que oí distintamente, al mismo tiempo que con sobrio movimiento me señalaba con
15 el dedo:

—Mira: el hombre verde. . .

Y hasta entonces no me fijé en que merecía esta denominación. En efecto, Ud. sabe que desde que me conoce me toco de verde: verde era mi traje, de un verde obscuro; de un verde
20 más claro mi sombrero; verde mi corbata; mis zapatos, aunque amarillos, estaban a tono.[4] Debo llamarle la atención sobre que[5] mis ojos también son verdes.

Dos o tres veces más sin previo acuerdo, pero con tanta exactitud como si acudiéramos a una cita, nos encontramos la

---

[1] "porque . . . pena" "because it was too much grief to bear alone"
[2] cabe = cerca de
[3] en voz queda = en voz baja
[4] estar a tono to match
[5] sobre [el hecho de] que

desconocida y yo a la misma hora de la tarde y al pie de la estatua de Colón.

A la semana siguiente, transitaba yo por una calle de la ciudad cuando se me acercó un chiquillo y me entregó un sobre abierto. No sé decirle por qué me estremecí violenta- 5 mente cuando leí en el sobrescrito: "Para el hombre verde."

Me daban una cita en una casa que a pesar de mi escaso conocimiento de esta ciudad, a donde llegué hace poco tiempo, comprendí que quedaba en los suburbios. Firmaba única- mente Alicia, pero no era posible equivocarse. Alicia era la 10 dama del Parque Central. Por lo demás, el texto no podía ser más lacónico:—"Necesito hablarle de toda necesidad hoy a las dos de la tarde, en la casa Nº X de tal calle."

Excuso decirle que concurrí. La casa quedaba, como había previsto, en los alrededores de la ciudad. Era casi una casa de 15 campo y a ella conducía una avenida de cipreses.

—¿Una señora que se llama Alicia?

—Sí; aquí es.

La pizpireta sirvienta me miró con curiosidad y agregó sin pedirme que dijese mi nombre: 20

—Hace un rato que lo está esperando. Pase Ud.

Entré a la habitación a que me condujeron. Casi estaba desnuda de muebles. En un ángulo había una pequeña mesita y en ella cigarrillos, y a lo largo de una pared un cómodo diván; y nada más, ni una silla siquiera. En el diván me 25 esperaba la dueña de la casa, semitendida.

¿Quiere que se la retrate? ¿Para qué? Todo huelga aquí. Por la historia Ud. comprenderá que su heroína no podía ser vieja ni fea. Sin necesidad de que se la describa puede Ud. imaginarse la indumentaria de mujeres de esta clase. 30

En el medio de la habitación, con el sombrero en la mano y sin hablar ni escuchar ninguna palabra, permanecí, sin exageración, como veinte minutos. Al fin Alicia habló. Y fíjese Ud. en todas y cada una de sus frases porque ellas se la darán a conocer mejor de lo que podría mi discurso. 35

¿En qué te ocupas?[6]

—En nada, le contesté cínicamente.

—¿Como que eres medio poeta?[7]

---

[6] **¿En qué te ocupas?** What do you do for a living?
[7] **¿Como . . . poeta?** I hear you're a would-be poet!

—Sí; es cierto.

Mis contestaciones parecían agradarle sobremanera. La complacía aquella fácil presa codiciada por su sensualidad: un adolescente ocioso y, hay que agregarlo, vicioso, que además hacía versos. Por eso su voz revelaba contento e interés cuando agregó:

—¿Entonces se puede decir de ti que eres un bohemio?

—Sí.

Después un largo silencio como de media hora. Aquella mujer me acechaba, acostada cómodamente y con los ojos semicerrados a veces. Me cansé de estar de pie y, fatalmente—no había ningún asiento en la habitación—y con lo que no puedo llamar osadía porque se caía de su peso[8]—todo estaba calculado—me fui a sentar a los pies del diván. Pero tengo que confesarlo que aunque yo no soy un colegial el lujo y la clase de aquel temible huésped me intimidaba y mis movimientos tuvieron la brusquedad del que necesita apelar a todo su valor para salir de una posición embarazosa.

Se sonrió al verme sentarme a su lado, y medio se incorporó murmurando, mientras me tomaba las manos:

—¡Vaya! Al fin.

Excuso contarle lo que siguió. Sólo tengo que decirle una cosa terrible: aquella mujer estaba loca. ¡Era sádica! Y ahora tengo que descubrirle algo que se le ha ocultado, a pesar de nuestras frecuentes relaciones: con Alicia fuimos tal para cual:[9] chocaron el hacha y la piedra. ¡Porque yo también soy sádico!

Yo entonces acudía a casa de Ud. a leerle mis versos con una especie de rabia, porque Ud. siempre los encontraba malos y me lo decía sin rebozo.[10] Y esto era precisamente lo que me hacía visitarlo: la verdad de sus palabras en que no había ni temor ni envidia! Ahora comprenderá Ud. por qué me vio de pronto vestirme bien y alhajarme. ¡De qué angustiosa manera pagaba aquellas dádivas![11]

Pero ahora llega lo terrible: lo que hace quince días me hace perecer de espanto. Hace ese tiempo que le señalo, como

---

[8] **se caía de su peso** it was obvious
[9] **tal para cual** two of a kind
[10] **sin rebozo** frankly
[11] **¡De . . . dádivas!** What a painful way of paying for those gifts!

medio mes, que llegué por la vez última a la casa de Alicia.
—No puedo, no podré volver nunca. Empezaba a obscurecer.
Había traspuesto la puerta de la verja que cierra la propiedad
y ya casi llegaba a su casa de habitación cuando de pronto vi
dos puntos brillantes, dos ojos luminosos que se fijaban en los 5
míos a muy corta distancia, y me alucinaban, al mismo tiempo
que dos manos invisibles me oprimían el cerebelo de una
manera dolorosa. Caí desvanecido bajo los cipreses.
El suave contacto de una mano húmeda y tibia en mis manos
y un olor a éter, a alcohol y al perfume de Alicia, por mí muy 10
conocido, fue lo primero que sentí al recobrar el conocimiento.
Alicia me acariciaba con ternura.
Cuando le conté lo que me había pasado me oyó con ojos
muy abiertos y a medida que avanzaba mi corta relación un
terror cada vez más vivo hacía estremecer sus miembros. 15
Cuando concluí, se cubrió los ojos con las manos y se dejó caer
murmurando con indefinible espanto:
—¡Es ella! ¡Es ella!

II   Como se compuso el "Hombre Verde"

Cuando Cornelio me contó, tembloroso, excitado, en plena
calle, cabe los derruidos muros de la iglesia de San Francisco, 20
su maravillosa historia de "El Hombre Verde," el artista impenitente que hay en mí prorrumpió en un caluroso aplauso.
—Pero, hombre, ¿por qué hace Ud. tan malos versos cuando
puede hacer tan admirables cuentos? Ud., como muchos, ha
desconocido hasta hoy su verdadero camino. Ud. es un cuen- 25
tista sin igual. Su extraña historia de "El Hombre Verde" es
digna de que la firmen Hoffmann o Poe.[12] En el difícil género,
—acaso el más sugestivo y digno de interés— de estos dos autores, no conozco nada más puro. Los dos caracteres del hombre
y de la mujer —sus protagonistas— están trazados de manera 30
magistral. ¡Qué sobriedad y qué discreción de líneas! Nada
falta, nada sobra, como en la obra de un buen escultor. Y
luego ¡son dos caracteres extraordinarios! La percepción que
del matiz tiene Alicia cuando exclama: —Mira: el hombre
verde, refleja toda una fisonomía moral y es digna de Lorr- 35

[12] **Ernst Theodor Amadeus Hoffman** (Alemania, 1767–1810) y **Edgar Allan Poe** (Estados Unidos, 1809–1849), autores de cuentos de horror

ain.[13] La aristocracia y la originalidad de sus personajes es
única. No hay nada en el breve cuento que no sea nuevo. Su
prostituta y su bohemio son singulares. Y luego, la composición del lugar del gabinete en que Alicia espera a, ¿a quién?
5 ¿Cómo se llama su héroe?
 —Pero si el héroe soy yo. Yo he vivido esa historia.
 —Pues bien, la composición de lugar del gabinete en que
Alicia recibe a Cornelio es originalísima. Aquella salita en que
no hay más muebles que un diván que sustenta a una mujer
10 en reclamo; y en que el hombre en pie, forzosamente, al cansarse y buscar reposo ha de aproximarse a la hembra que lo
codicia, es de una sencillez. . . Añada usted que Alicia sólo
pronuncia tres frases; pero que en estas tres frases, que son tres
preguntas, queda toda una psicología de hetaira. Le diré a
15 usted lo que a mí me dijo Darío:[14] —¿Pero qué minas nuevas ha
encontrado usted en un Eldorado ideal?
 Cornelio sonrió con la feroz, con la morbosa vanidad que lo
hacía un hombre de Lombroso,[15] completamente satisfecho.
Quiero recordar aquí al lector que la vanidad llevada a ex-
20 tremos inconcebibles para el hombre sano es uno de los más
comunes caracteres del criminal. Desde el que quemó el templo de Éfeso[16] hasta el artista descrito por la novela moderna
que mata para hacer una obra única, en este terrible estigma
del egoísmo llevado hasta el delito se encuentran muchas veces
25 el creador literario y el delincuente.
 Yo continué. Por otra parte, en su maravilloso cuento se
aúnan la belleza artística y la verosimilitud absoluta. Su héroe,
que cae desvanecido al ver dos ojos luminosos y sentir dolorosa
presión en el cerebro, para el lector corriente cae poseído por
30 un espíritu infernal de sensualidad, para el médico cae debilitado por excesos de lujuria. Para el médico sus dos protagonistas son desde el principio hasta el fin dos bonitos tipos de
degenerados. Yo afirmo que ambas versiones, la de la influencia de un espíritu del mal y la científica, acaso no se con-
35 tradicen. Pero eso no nos importa ahora. El hecho es que en

[13] **Claude Lorrain** (1600–1682), pintor francés
[14] **Rubén Darío** (1867–1916), poeta nicaragüense
[15] **Cesare Lombroso** (1836–1906), criminalista italiano
[16] **el templo de Éfeso**: el templo de Artemisa (Diana) en la ciudad de Éfeso,
en el Asia Menor, fue quemado por Eróstrato en el año 356 a.c.

su obra, como en toda obra bella, no falta el elemento de la verdad.

Cornelio se separó de mí. Con la admirable retentiva que constituye una de mis dotes de artista, yo conservé el cuento en la memoria palabra por palabra, y lo referí, mejor dicho, lo ⁵ leí a varios amigos literatos. Todos convinieron en su extrema belleza.

Un día llegó a mi casa Cornelio semibeodo y más loco que nunca.

—Usted me ha perdido. Usted es mi asesino, me dijo exa- ¹⁰ brupto; y por la exageración de su frase ya puede el lector darse cuenta de lo morboso que era mi amigo Cornelio.

—Pero, hombre, calma. Veamos por qué lo he perdido.

—Porque contó mi cuento a varios escritores y sé por lo menos de dos que ya lo están escribiendo. El primero, Ariel. ¹⁵ Hoy mismo me lo dijo. ¡Y óigame bien! Si Ariel lo escribe, si me roba la obra que me hará famoso, yo lo mato.

Volví a ver a Cornelio y pensé que acaso aquélla no era una vana amenaza. No puedo afirmar la exactitud de mi percep- ción, pero siempre lo había percibido como el tipo del delin- ²⁰ cuente. Un día aquel gran simulador me dijo que si él no hiciera literatura acabaría por ser homicida. Pero como yo recordé que hacía pocos días le había prestado una obra de criminología, en que se afirmaba que el arte es muchas veces válvula de escape de tendencias morbosas y preserva del ²⁵ crimen, no quise hacerle caso. Nunca creí a Cornelio capaz del crimen. Era más bien el tipo del parásito social, vagabundo, ocioso y vicioso, que llega hasta la estafa; pero se detiene ante el robo y el homicidio. Pero hay que confesar que a veces su cara de chacal inspiraba miedo, sentimiento del que él se ³⁰ prevalecía en el círculo de sus camaradas. Y esta ocasión era una de ésas. Con aquel hombre morboso no se sabía clara- mente qué esfera de la delincuencia limitaba sus acciones, y era preciso temerlo todo. Sobreexcitado por el alcohol y la vani- dad herida, daba vueltas en torno de la sala como una fiera ³⁵ enjaulada, vociferando. Su repulsivo rostro, animado por dos ojos verdosos, me inspiraba terror, a pesar del gran afecto que le tenía. Hubo un momento en que, con más o menos disi- mulo, llevé mi mano alrededor de su cadera derecha, sitio habitual del revólver. Allí podían estar, escondidas, las man- ⁴⁰

díbulas de aquel chacal. Las garras y los dientes de la fiera humana son artificiales. Por fortuna, busqué en vano.

El estigma que más lo marcaba, después de la vanidad, era el de la mentira. Insistentemente se había colocado ante mi
⁵ máquina fotográfica, a pesar de que conocía su exactitud y su crueldad. Pero es que acaso esperaba que lo hiciera salir airoso su constante simulación.

Tanto porque no podía prever hasta qué punto podía ser cierta su amenaza de castigar a Ariel, como porque le tenía
¹⁰ afecto (pues era un individuo muy interesante, inteligente y digno de cariño) y sobre todo, porque quería dar fin a sus molestas quejas, le dije:

—¿Por qué no escribe usted mismo su historia del hombre verde?
¹⁵ —Ya está hecho, me contestó sacando del bolsillo un manuscrito.

Sentado sobre una silla mecedora lo tomé y lo leí. En una silla de igual clase, en continuo movimiento, Cornelio tenía una expectación ansiosa.
²⁰ Su cuento era sencillamente lamentable. Las partes capitales de aquella bella historia, que constituían su magnífica estructura, estaban omitidas. Las había olvidado el presunto autor. En cambio, qué abundancia de detalles estúpidos. . .

Se lo hice ver. —Oiga, le dije. Toda su historia gira alrede-
²⁵ dor de cuatro momentos. Aquel en que Alicia dice: —Mira: el hombre verde. El de la misiva con el sobrescrito Para el Hombre Verde. El de las tres preguntas de la meretriz, que la retratan de cuerpo entero. Y por último, el momento en que se describe la sencillez del mueblaje de la habitación, en que
³⁰ no hay más que un canapé. La postrer pincelada que remata magistralmente su historia, está en las dos palabras que Alicia repite al caer desvanecida: ¡Es ella! ¡Es ella! ¡Y usted precisamente ha olvidado todo esto! ¿Tiene usted buena memoria? Le voy a contar lo que, según usted, le aconteció a usted
³⁵ mismo, no sin hacerle observar que es muy extraño que yo, el auditor, tenga que contarle la verdadera historia a usted, el protagonista. ¿O usted, como tantas otras veces, me ha contado en esta ocasión una mentira más? Entonces, es lástima que la haya olvidado, porque era una bella mentira.
⁴⁰ Cornelio me contestó que en su vida *no sabía dónde empe-*

zaba la realidad y acababa la ficción, hasta tal punto se confundían su mundo interior y el mundo exterior en su cerebro. No me extrañó aquella confesión de su mentalidad de penumbra, pues es la de casi todos los degenerados y la de muchos artistas. 5

—Está bien, le dije. Ahora, oiga su historia y procure recordar.

Le conté la historia del hombre verde. Fue todo oídos. A la mañana siguiente volvió a mi habitación más beodo que el día anterior y más excitado. 10

—Oiga, me dijo: su horrible, su espantosa vanidad de escritor me ha impedido escribir mi historia del hombre verde. Cada vez que tomaba la pluma *sentía como una negra mano gigantesca, erizada de horribles garfios a manera de uñas,* que recogía mis palabras y reclamaba su posesión. Aquellas manos teme- 15 rosas eran las de su vanidad de artista que me disputaban mi obra de arte. Era el recuerdo de que aquella frase que yo quería escribir *usted me la había dictado.* Sólo conozco un caso de una vanidad tan grande como la suya, y es el de una chiquilla que trabaja en la misma oficina en que yo estoy 20 empleado, y que cuando quedamos solos me peina los cabellos y me pregunta si es bonita. ¡Qué terrible es usted!

—¡Qué morboso es usted! Ah, pobre amigo Cornelio, qué lástima me da ver que el hombre, esa sombra, se agita y lucha por otras sombras vanas. La gloria es una quimera dolorosa- 25 mente vacía: una triste abstracción. ¡El nombre literario! Pero si no existe: todos somos innominados, excepto Aquel que es y a quien nombramos Dios. Usted dice con fruición: Rubén Darío. Y Rubén Darío también es un triste pseudónimo, que existe sólo para algunos hombres vivos, y que ya no existe para 30 el propio Rubén muerto. ¡Si cuando aún vivía el gran Poeta jamás existió tampoco ni aún para él mismo! Entre una viejecilla infeliz y cualquiera de los grandes poetas vivos que usted admira—Valencia, Lugones,[17] por ejemplo—no existe ni la menor diferencia esencial. Si ese pordiosero que usted ve pasar 35 desde esta ventana y Mauricio Maeterlinck[18] entraran en este instante a mi habitación, yo tendría para ambos la misma

---

[17] **Guillermo Valencia** (Colombia, 1873–1943) y **Leopoldo Lugones** (Argentina, 1874–1938), poetas modernistas
[18] **Mauricio Maeterlinck** (1862–1949), escritor belga

cortesía y el mismo profundo sentimiento de respeto. Y así
como no existe la fama tampoco existe el ridículo, que usted
tanto teme. Me parecen tan locos los hombres cuando se dan
sus vanos títulos y se llaman Príncipes de las Letras, Genios, el
5 Mayor Poeta del Habla Castellana, como si se apelasen: "El
Dueño del Mar," "El Señor de los Vientos y de las Tempes-
tades," y quisiesen que se les saludase así: "Buenos días, señor
dueño del mar." Usted habrá visto que yo tengo un fácil cariño
para todo el mundo y una fácil resignación cuando se apartan
10 de mí mis amigos. Por esto último usted mismo me ha llamado muchas veces ingrato y desamorado. Es que el que me
queda me consuela por el que se va. Todos son lo mismo. Yo
ya no sé ni odiar de ningún modo ni amar con amor especial.
De tal manera para mí la humanidad es Una, que creo que el
15 último criminal puede gloriarse con la gloria del héroe, que
le es común; y que el más grande santo debe entristecerse por
el pecado del criminal, que también le es común. Cuando veo
a los literatos viejos dolerse porque alguien murmuró ante su
última obra: "Fulano de tal, el gran artista, empieza a dege-
20 nerar," me conturbo. Son dueños de un día nada más, y sollo-
zan por una fracción de minuto. ¿No se marchitan también las
rosas sin que nadie las inculpe por ello? Pero en este momento,
mi pobre amigo, vamos a hacer un esfuerzo por calmar un poco
su dolencia. Yo mismo le voy a escribir el hombre verde, su
25 hombre verde. Siéntese un momento y espere.

Al terminar escasa media hora le entregué el trabajo con-
cluído. Quedaba fija la historia del hombre verde tal *como él
me la había contado*. No había en ella *ni una frase que fuera
mía*. Mi obra se había limitado a excluir de cada diez frases de
30 Cornelio, nueve; a seleccionar el material aprovechable. ¡Ah,
pero en cambio, con qué ojo certero había sabido distinguir la
verdadera gema del diamante falso!

El hombre verde recogió su historia y se marchó contento.
Y yo me quedé meditando en aquel singular caso. Indudable-
35 mente, yo era el verdadero autor de "El Hombre Verde" y no
Cornelio. Me había equivocado al atribuirle aquella historia.
Él no había sido sino el *mal actor*. Y aquello arrojaba viva luz
sobre la producción literaria. Hacía sentir la verdad de la
observación de Valencia: el arte se hace por restas.[19] Así como

---

[19] **por restas** by elimination (**resta** subtraction)

un centigramo de cera *menos* desfigura la copia que de un rostro humano en dicha sustancia hace el artista así la desfigura un centigramo de cera *más*. Y entonces recordé que cuando el exaltado Cornelio me hacía su narración, yo, que hacía muchos meses no componía, me entregué inconscientemente a un tra- 5 bajo de composición. Cuando Cornelio daba detalles de mal gusto, inverosímiles o poco originales, yo lo desaprobaba con el gesto o expresamente con la palabra: hombre, deje eso, que es tonto. Así, como un dócil médium, Cornelio rectificó su pensamiento. Después olvidó lo narrado. 10

Cuestionario

A. 1. ¿Cómo llegan a conocerse el hombre verde y la desconocida?
   2. ¿Quién es Alicia? ¿Cómo es?
   3. ¿Por qué dice el hombre verde que chocaron el hacha y la piedra?
   4. ¿Qué ocurre durante la última visita del hombre verde a la casa de Alicia?
   5. ¿Cómo es, según el narrador, la historia del hombre verde?
   6. ¿Quién es Cornelio? ¿A qué animal se parece?
   7. ¿Por qué no quería Cornelio que se supiera su historia?
   8. ¿Ha ocurrido verdaderamente la aventura de Cornelio?
   9. ¿Quién es el verdadero autor de "El hombre verde"?
   10. ¿De quién tiene celos Cornelio?

B. 1. ¿Cuántos puntos de vista hay en este cuento?
   2. ¿Están bien integradas las dos partes?
   3. ¿Cómo hace Arévalo para caracterizar a los personajes?
   4. ¿Hay más de un tema en este cuento?
   5. ¿Qué efecto tiene la mención de autores verdaderos, como Darío?
   6. ¿Qué principio estético pone Arévalo en boca del narrador?
   7. ¿Por qué es malo el cuento según lo escribe Cornelio? ¿Cómo lo sabemos?
   8. ¿Es original la estructura de este cuento?
   9. ¿Cómo hace el autor para crear la verosimilitud?
   10. ¿Son las imágenes que usa Arévalo adecuadas para dar expresión al tema?

Temas

1. El marco como recurso literario en "El hombre verde" y en otros cuentos leídos.
2. La duplicación interior en "El hombre verde" y en otros cuentos leídos.
3. El estilo de Arévalo Martínez según lo observamos en este cuento.
4. El cuento sicozoológico.
5. Hacer un estudio del carácter de Alicia y Cornelio.

Demetrio Aguilera Malta

(Ecuador, 1909–   )

Entre 1930 y 1934 floreció lo que en la historia literaria se
llama "El grupo de Guayaquil," asociación de jóvenes literatos
que renovaron las letras ecuatorianas. El grupo lo formaban
los escritores José de la Cuadra (1903–1941), Enrique Gil Gilbert
(1912), Joaquín Gallegos Lara (1911–1947), Alfredo Pareja
Díez Canseco (1908) y Demetrio Aguilera Malta. En 1930
Gil Gilbert, Aguilera Malta y Gallegos Lara publicaron la ya
famosa antología de cuentos *Los que se van,* cuyo subtítulo,
"Cuentos del cholo y del montuvio," indica su naturaleza criollista. Aguilera Malta, famoso también como dramaturgo y
novelista, contribuyó con ocho cuentos, todos ellos escritos entre
1928 y 1930. En los relatos de Aguilera Malta el personaje
central es un cholo, llámese Guayamabe ("El cholo que odió la
plata"), Nemesio Melgar ("El cholo del cuerito e venao") o
Melquíades ("El cholo que se vengó"). Los ocho cuentos se
caracterizan por el elemento dramático, la poética descripción del
paisaje (hábilmente integrado a la narración) y la fiel
reproducción del lenguaje de los cholos del litoral ecuatoriano.
"El cholo que se vengó" es uno de los mejores cuentos de la
colección, tanto por la economía narrativa como por la creación
del personaje central, caracterizado a través de su propio diálogo.
La irónica naturaleza de la anécdota le da a la narración un
sabor muy ecuatoriano.

OBRAS. *Los que se van,* Guayaquil, 1930; otra ed., Quito, 1955.
Don Goyo, Novela americana, Madrid, 1933. *Canal Zone*
[novela], Santiago, 1935. *Trilogía ecuatoriana; teatro breve,*
México, 1959. *La cabellera del sol,* Novela histórica, Madrid,
1964. *Siete lunas y siete serpientes* [novela], México, 1970.

41

El cholo que se vengó

—Tei[1] amao como naide ¿sabés vos? Por ti mei hecho marinero
y hei[2] viajao por otras tierras . . . Por ti hei estao a punto e[3]
ser criminal y hasta hei abandonao a mi pobre vieja: por ti que
me habís engañao y te habís burlao e mí . . . Pero mei vengao:
5 todo lo que te pasó ya lo sabía yo dende[4] antes. ¡Por eso te
dejé ir con ese borracho que hoi te alimenta con golpes a vos
y a tus hijos!
   La playa se cubría de espuma. Allí el mar azotaba con furor.
Y las olas enormes caían, como peces multicolores sobre las
10 piedras. Andrea lo escuchaba en silencio.
   —Si hubiera sío otro . . . ¡Ah! . . . Lo hubiera desafiao ar[5]
machete a Andrés y lo hubiera matao . . . Pero no. Ér no tenía
la curpa. La única curpable eras vos que me habías engañao.
Y tú eras la única que debía sufrir así como hei sufrío yo . . .
15   Una ola como *raya*[6] inmensa y transparente cayó a sus pies
interrumpiéndole. El mar lanzaba gritos ensordecedores. Para
oír a Melquíades ella había tenido que acercársele mucho. Por
otra parte el frío . . .
   —¿Te acordás de cómo pasó? Yo, lo mesmo que si juera
20 ayer.[7] Tábamos[8] chicos; nos habíamos criao juntitos. Tenía
que ser lo que jue. ¿Te acordás? Nos palabriamos,[9] nos íbamos

---

[1] **Tei, mei** = **Te he, me he,** *etc.*
[2] **hei** = **he**
[3] **e** = **de**
[4] **dende** = **desde**
[5] **ar** = **al** (*l* changes to *r*)
[6] **raya** ray, skate
[7] **Yo . . . ayer** I remember it as if it had happened yesterday (**mesmo** =
mismo; juera = **fuera;** *f* changes to *j*)
[8] **Tábamos** = **Estábamos**
[9] **Nos palabriamos** [palabreamos] We came to an agreement, We made a
vow

42

a casar . . . De repente me llaman pa trabajá en la barsa e don Guayamabe. Y yo, que quería plata, me jui. Tú hasta lloraste creo. Pasó un mes. Yo andaba po er Guayas,[10] con una madera, contento e regresar pronto . . . Y entonce me lo dijo er Badulaque: vos te habías largao con Andrés. No se sabía nada [5] e ti. ¿Te acordás?

El frío era más fuerte. La tarde más oscura. El mar empezaba a calmarse. Las olas llegaban a desmayar suavemente en la orilla. A lo lejos asomaba una vela de balandra.

—Sentí pena y coraje. Hubiera querido matarlo a ér. Pero [10] después vi que lo mejor era vengarme: yo conocía a Andrés. Sabía que con ér sólo te esperaban er palo y la miseria. Así que ér sería mejor quien me vengaría . . . ¿Después? Hei trabajao mucho, muchisísimo. Nuei[11] querido saber más de vos. Hei visitao muchas ciudades; hei conocío muchas mujeres. [15] Sólo hace un mes me ije:[12] ¡andá a ver tu obra!

El sol se ocultaba tras los manglares verdinegros. Sus rayos fantásticos danzaban sobre el cuerpo de la chola dándole colores raros. Las piedras parecían coger vida. El mar se dijera[13] una llanura de flores polícromas. [20]

—Tei hallao cambiada ¿sabés vos? Estás fea; estás flaca; andás sucia. Ya no vales pa nada. Sólo tienes que sufrir viendo cómo te hubiera ido conmigo y cómo estás ahora ¿sabés vos? Y andavete[14] que ya tu marido ha destar esperando la merienda, andavete que sinó tendrás hoi una paliza . . . [25]

La vela de la balandra crecía. Unos alcatraces cruzaban lentamente por el cielo. El mar estaba tranquilo y callado y una sonrisa extraña plegaba los labios del cholo que se vengó.

[10] **Yo andaba po [por] er [el] Guayas** I was in the Guayas; **Guayas** river that flows past Guayaquil
[11] **Nuei = No he**
[12] **ije = dije**
[13] **El mar se dijera** It could be said that the sea was [like a]
[14] **andavete** go, go away

Cuestionario

A. 1. ¿Quién es Andrés?
      2. ¿Cómo trata a la mujer?

3. ¿A quién culpa el cholo que se vengó?
4. ¿Cómo se gana la vida después de abandonar a su mujer?
5. ¿Por qué no mata a Andrés?
6. ¿Por qué vuelve?
7. ¿Qué ha hecho en todos esos años?
8. ¿Cómo encuentra a su mujer?
9. ¿Está satisfecho de su venganza?
10. ¿Recibirá la mujer otra paliza? ¿Por qué?

B. 1. ¿Es apropiado el título de este cuento?
2. ¿Están bien integradas a la narración las descripciones de la naturaleza?
3. ¿Cómo se caracteriza a los personajes?
4. ¿Cómo sería el cuento si lo relatara la mujer?
5. ¿Cómo logra Aguilera Malta darle al cuento unidad temporal?
6. ¿Es efectiva aquí la técnica del vistazo retrospectivo?
7. ¿Con qué propósito se reproduce el lenguaje popular?
8. ¿Logra el autor captar la sicología del cholo?
9. ¿Cómo es el desenlace de este cuento?
10. ¿Hay un punto culminante?

Temas

1. "El cholo que se vengó" como ejemplo del cuento criollista.
2. Elementos dramáticos en "El cholo que se vengó."
3. El paisaje en "El cholo que se vengó."
4. Hacer un análisis literario del cuento.
5. Hacer un estudio del lenguaje en "El cholo que se vengó."

Félix Pita Rodríguez

(Cuba, 1909–   )

Félix Pita Rodríguez, poeta, dramaturgo y cuentista, desde temprano se dedicó al periodismo y a la literatura. Sus primeras prosas y poesías se encuentran en el Suplemento Literario del *Diario de la Marina* y en la *Revista de Avance* (1927–1930), vocero la última del vanguardismo cubano. Los cuentos de Pita Rodríguez fueron recogidos en 1955 bajo el título *Tobías.* En 1960 se publicó una antología de sus mejores narraciones y en 1963 sus *Cuentos completos.* En varios de los relatos de Pita Rodríguez el interés recae sobre problemas sicológicos; en otros, sobre todo en aquellos de la colección *Tobías,* los personajes se mueven en un ambiente mágico. En el cuento "Esta larga tarea de aprender a morir" el personaje, como el famoso Artemio Cruz de Fuentes, medita en monólogo interior sobre su angustiada vida. La misma técnica utiliza en "La medalla," en donde un soldado, frente al cadáver de su amigo en el campo de batalla, medita sobre el destino del hombre. A su amigo no lo salvó la medalla que su novia le había colgado al cuello. Dos de los mejores cuentos de Pita Rodríguez son "Alarico, alfarero" y "El despojado." En ambos crea memorables personajes (en ambos cuentos son alfareros) que actúan motivados por fuerzas que emanan de un ambiente mágico. Son cuentos que reflejan una actitud optimista ante la vida, a pesar de que es una vida dolorida y angustiada.

OBRAS. *San Abul de Montecallado* [novela], México, 1946. *Tobías,* La Habana, 1955. *Esta larga tarea de aprender a morir y otros cuentos,* Godfrey, Illinois, 1960. *Cuentos completos,* La Habana, 1963. *Poemas y cuentos,* La Habana, 1965.

El despojado

Todo empezó por aquel cacharro de cerámica que vi en el tenderete de la india. Yo no sé si para los demás será igual: para mí, la cerámica es la cosa más misteriosa del mundo. Como está hecha con toda la fuerza de un hombre saliendo por las
5 yemas de los dedos, la siento como una cosa viva, a pesar de su apariencia, la más quieta y muerta que pueda encontrarse. A veces pienso que así debía lucir Adán, un minuto antes de que Dios le soplara en la boca, para llenarle el corazón de nostalgias y meterle el humor errático en las venas.
10 —¿Cuánto vale ese cacharro?—le dije a la india.
—Cuatro pesos, señor. Mire qué bonito es.
Yo quisiera explicar esto, aunque sé hace tiempo que hay cosas que no caben en palabras. Cosas que desbordan a la palabra que quiere encerrarlas, y uno oye el nombre y sabe de qué
15 se trata, pero está comprendiendo que no es enteramente así, que hay algo más. La india me había puesto el cacharro en las manos y yo lo estaba mirando. La cabeza hacía su trabajo y sumaba la forma, y el color, y los reflejos, valorizando. Pero estaba lo otro, lo que no cabe en palabras y yo no podía aña-
20 dirlo al resto para que mi cabeza le diera un nombre. Era el peso. Pero no el peso físico de la arcilla, convertida en forma armoniosa por el sueño de un hombre. Era otra cosa. Después iba a saber que lo que pesaba y yo sentía en las yemas de mis dedos, era la fuerza del corazón del hombre que la había mo-
25 delado en su torno de alfarero. Para comprender esto, no hace falta saber muchas cosas. Al contrario: el mucho saber estorba. Le quita misterio a las cosas, las reglamenta, las cataloga. Para mí, Linneo le hizo más daño a las flores que todas las tormentas de este mundo.
30 —¿Verdad que es bonito, señor? Don Isidro le pone un no

46

sé qué a sus cacharros, que se conocen siempre los salidos de
sus manos. No pueden ser de nadie más.

Quité la mirada del cacharro y la llevé al rostro oliváceo de
la india. Hablaba porque quería vender, pero en la entraña
de sus palabras había viejas verdades, deslizándose como la- 5
gartos de ruinas con mucho sol.

—Eso pasa—le dije.

—¿Se lo lleva entonces?

—Sí.

Lo estaba envolviendo cuando Dios quiso que hablara, por- 10
que todo es resonancia y la singular correspondencia entre el
cacharro y mi corazón, no podía quedar navegando sin destino
en el aire de la mañana.

—Si don Isidro quisiera, podía vender mucho más. Pero no
quiere. Y luego, lo que hace lo hace a su antojo. Porrones y 15
jofainas o azafatas, hechas por él con este primor, se me irían
de las manos en un decir Jesús. Pero no quiere.

—¿Qué es lo que no quiere?

—Pues ya le dije: hacer porrones, o jofainas, o azafatas.
Cosas de las que la gente tiene necesidad todos los días porque 20
se rompen más. Pero ahí tiene a don Isidro que no se le puede
hablar de eso. Se enoja, señor. Tiene una idea distinta.

—¿Entonces don Isidro no es un indio?—le dije.

—¡Oh, no señor! ¡Qué idea! ¿No ve que tiene don?—rió di-
vertida—. Si lo fuera, sería taita Isidro. Es el que cuida en la 25
casa grande.

Me tendió el cacharro con sus manos cortas y tostadas, como
de arcilla también, y recogió ávidamente las monedas, agra-
deciéndomelas con una sonrisa.

Salí de la plazuela de las cacharrerías pensando en las jofai- 30
nas y azafatas que don Isidro no quería hacer.

Había una tapia, pero como si no la hubiera, porque la enredadera, toda cuajada de pequeñas campánulas amarillas, la cubría por entero y la pesadez y el encierro de la piedra se hacía
libertad de valle.[1] Desde el portón sin rejas, marcado sólo por 35
el hueco de cielo azul que enmarcaban las campánulas, vi la
casa grande. Las muchas ventanas y el labrado de la piedra en

---

[1] **Había . . . valle** There was a wall fence, but the fact that its stone was
completely covered by a vine of yellow bellflowers made the enclosure
appear as free as a valley

sus columnas, proclamaban el señorío. Al final del sendero,
una fuente española enseñaba su agua delgada y solitaria. Pero
yo buscaba a don Isidro, el alfarero, y torcí para encontrarle en
su cabaña, al fondo de los jardines, entre una columnata de
5 eucaliptus.
—Quisiera comprar unos cacharros bonitos. Me mandaron
aquí—dije turbado, porque estaba mintiendo.
Era pequeño, delgado, apacible. Se me antojó pensar que
era todo él como labrado en una sola sonrisa.
10 —Entre, pues—me dijo al tiempo que se apartaba ceremonio-
so para dejarme pasar—, entre y tal vez pudiera ser.
Había muchos al alcance de los ojos, surgiendo magnificados
de la penumbra, y me detuve acongojado, sintiéndoles la fuerza
que no puede encerrarse en palabras.
15 —Yo los vendo—me dijo—, pero no los hago para vender. Es
diferente, aunque no lo parezca, así al decirlo. Yo digo que no
se puede hacer nada que valga la pena, previendo o calculando, diciéndose que va a ser así, o de la otra manera, o que
va a servir para esto o lo de más allá. ¿No le parece?
20 Sí que me lo parecía y se lo dije. Entonces él continuó:
—Si yo hiciera mis cacharros pensando en los hombres que
van a comprarlos después, ya no estaría yo en ellos. Estarían
esos hombres que los compran, y sus deseos, y la mirada de sus
ojos. ¿Y para qué podía servir eso? Un hijo tiene que ser como
25 el vaso del corazón del padre, ¿no? Y si no, dígame: ¿vio la
enredadera que hay sobre la tapia del frente?
—Sí que la vi. Y para decirle lo que estoy pensando, además
de lo que usted me pregunta, tengo que decir que se me antojó
como si estuviera allí separando, partiendo el mundo en dos,
30 entre el cielo y la tierra, pero no como una tapia precisamente,
que es siempre la hija sombría de un egoísmo, sino como otra
cosa que no sé. Fue uno de esos pensamientos que nos vienen
sin saber por qué.
Me miró con agrado.
35 —Yo creo que ésos son nuestros mejores pensamientos—dijo—.
Pero le quería poner la enredadera por ejemplo: ¿Cree usted
que la enredadera piensa en los que van a mirar sus flores,
mientras las está fabricando, allá en la hondura de sus tallos,
en el secreto de sus raíces?
40 Le dije que no, que no lo creía.

—Pues ahí tiene: por eso las flores cargan ese no se sabe qué, capaz de hacer pensar a un hombre que pasa, en un muro separando el mundo, dividiéndole en dos, entre el cielo y la tierra. Créame, en estas cosas no se puede ser más que el mensajero: un mensajero mudo entre dos sombras.   5

Por los ojos me adivinó que no comprendía. Y sonrió para aclarar sin ofenderme.

—Al decir dos sombras, quería decir lo que anda por dentro de uno, y lo que anda por dentro de los demás que le rodean. Si yo hiciera un cacharro pensando en el dinero que me van a 10 dar por él, estaría metiendo en la arcilla cosas de fuera. Y al salir del horno, puede que hasta fuera bonito, pero ya no podría contarle nada a nadie.

Me pidió permiso para seguir trabajando en el torno, porque la arcilla estaba a punto, y el pie menudo sobre el pedal de 15 madera hizo circular la energía, trasvasándola desde su cuerpo al torno. Era una imagen que venía repitiéndose desde el alba del mundo. ¿Había acaso alguna diferencia, algo que separase a don Isidro en aquel momento, del lejano antepasado neolítico que modeló en arcilla sus oscuros sueños? Desde el torno 20 me llegó su voz interrogante.

—Dicen que en la fábrica de cerámica de San Miguel del Monte, los tornos son eléctricos. ¿Se imagina?

Las dos palabras últimas venían envueltas en una sonrisa tan aguzada, que vi el absurdo de San Miguel del Monte sin 25 necesidad de pensar más en él. Don Isidro ondulaba la boca de un ánfora con las yemas de los dedos apenas posadas sobre la arcilla en movimiento.

—Y yo me digo, ¿qué puede salir de esos tornos? ¡Cadáveres solamente! A lo mejor un día se les ocurre también que los 30 dedos no son necesarios, y ponen una máquina a modelar la arcilla. Los alfareros desaparecerán y habrá sólo alfarerías. ¿Se da cuenta? Están matando al hombre, asesinando su sonrisa. Por pensar esas cosas es que me he preguntado muchas veces: ¿qué va a quedar de nosotros cuando nos vayamos, y unos 35 cuantos siglos dispersen el polvo que somos? Una máscara vacía: eso es lo que quedará de nosotros. ¡Le digo a usted que da pena!

En aquel momento yo tenía en las manos un ánfora, fina y frágil como el pensamiento. Y su peso estaba sobre mis dedos, 40

revelador: aquello era lo que me había misteriosamente acongojado, cuando tomara[2] en mis manos el cacharro, en el tenderete de la india: el peso inexpresable del corazón de un
hombre, su mensajero deslumbrador.

5 —¡Nunca los tornos de San Miguel del Monte podrán hacer
un ánfora como ésta!—le dije mostrándole la que tenía en mis
manos.

—Ya sé que no—se detuvo un instante sin separar los dedos
de la arcilla—, ya sé que no. Pero es que también los ojos van
10 perdiendo su fuerza. Pronto no serán capaces de distinguir.
Y entonces será como si se apagaran de una vez todas las lámparas que guían a los leñadores extraviados en medio de los
bosques. ¿No leyó eso cuando niño en muchos cuentos? Ahora
yo comprendo lo que querían decir.

15 —Tal vez el mal esté en que todo es demasiado fácil en estos
tiempos—le dije.

—Pudiera ser. Pero se me hace duro pensar que ése sea
nuestro destino sobre la tierra. ¿No ve adonde vamos a parar
por ese camino?

20 Hice un vago gesto de negativa.

—Yo digo que es como si camináramos hacia un hormiguero
de monstruosas hormigas ciegas, deslumbrantes, crueles. Un
mundo siniestro, en el que el acto de amamantar a un niño no
tendrá relación alguna con el hermoso fluir de la vida. Todo
25 será entonces como salido de los tornos de San Miguel del
Monte. Y los almarios[3] ya no tendrán almas.

Me escuché hablar como una voz ajena.

—Y si la sal pierde su sabor, ¿quién se lo devolverá?

—¡Más que la sal—dijo—, más que la sal! Es la sonrisa, y la
30 sangre de las venas, y la leche en los pechos de la madre. Todo
está perdiendo su sabor. Y si llegara a perderlo por entero,
¿quién podría devolvérselo?

—Será tal vez que hay un tope—aventuré[4] en un murmullo—.
Un tope, una medida fija de la que no puede pasarse, sino vol-
35 ver atrás para recomenzar.

—¡Quién sabe!—murmuró con el acento cantarino de los indios. —¡Quién sabe! Pero a mí se me hace difícil imaginar a

---

[2] **tomara** took
[3] **almario** abode of the soul; *also* cabinet (**armario**)
[4] **aventuré** = **me aventuré a decir** I took the risk of saying

Dios con una vara de medir entre los dedos, atisbando a los hombres desde sus nubes, para cortarles las alas tan pronto les han crecido demasiado. Ya está. ¿Qué le parece?

Me costó trabajo volver a la cabaña en penumbra y poner los ojos sobre el ánfora que las manos de don Isidro acababan ⁵ de sacar del torno y colocaban delicadamente sobre la mesa.

—Muy hermosa—le dije—, no sé por qué, me hace pensar en todo lo que acaba de decirme.

Sonrió complacido.

—Tenía que ser. Si le hiciera pensar en otra cosa, entonces ¹⁰ no valdría más que una cualquiera de las que salen de los tornos de San Miguel del Monte.

En aquel preciso momento, el hilo sutil, alucinador, que venía desde el tenderete de la india hasta la cabaña de don Isidro, se rompió. Vi las sandalias primitivas en los pies desnu- ¹⁵ dos, vi el pantalón de lienzo barato, vi el torno y la cabaña a la luz cruda de las cosas que son. Y quise saber dónde estaba la base de aquella espiral risueña, que buscaba el cielo modelando ánforas cargadas de misterio. Y se lo dije.

—¿No le contaron entonces?—me contestó con una sonrisa—. ²⁰ Pues es raro. Siempre lo cuentan, sobre todo si el que escucha es un forastero. Yo soy un poco como la catedral, la plaza de las cacharrerías y el viejo palacio colonial: una curiosidad del pueblo.

—No—le contesté—, no me contaron. Llegué anoche al pue- ²⁵ blo atraído por la fama de su cerámica. Y si vine aquí, fue porque compré un cacharro en la plazuela, y la india que me lo vendió, me dijo que era hecho por usted. El cacharro me gustó y vine.

—Pues ya van a hablarle, y sobre todo ahora, cuando sepan ³⁰ que vino a verme.

—¿Por qué lo cree?

—Es que en un tiempo yo fui el hombre de más riqueza en todo el Estado.

Le miré y él me vio en el mirar la duda y el pensamiento ³⁵ mezquino. Y añadió sonriendo:

—Puede creerme sin esperar a que se lo confirmen en el pueblo.

—Yo no tengo por qué dudarlo, don Isidro—me disculpé torpemente. ⁴⁰

—No importa. Yo era el dueño de la casa grande, como le
llaman los indios a esa que está al otro lado de los jardines.
Y tenía otras además. Y tierras hasta hacer horizonte.[5] En
aquel tiempo, yo no sabía aún hasta qué punto tener las cosas
5 es matarlas. Quiero decir, tenerlas de la mala manera. ¿Me
comprende?
Le confesé que no.
—Quiero decir, que en aquel tiempo yo no sabía. No sabía
que basta con que las cosas existan para tenerlas. Y eso va
10 desde el sol hasta la más pequeña de las mariposas. Puesto que
están ahí, son mías, que también estoy. Las miro, las tengo, me
pertenecen. Pero si cojo un pedazo de bosque y tiendo una
valla todo alrededor, con una puerta, y un cerrojo, y una llave
que me guardo bien profundo en el bolsillo, entonces empieza
15 la melancolía y la tristeza. Es así como de veras se tapa el sol
con un dedo.
Guardó silencio un momento, como para volver al punto de
partida.
—Yo andaba así, como ciego, poniendo vallas a pedazos de
20 bosque cada vez mayores. Y claro que no veía la hermosura de
los árboles. No podía verla. Pero un día vi a uno de mis indios
modelando en el torno una pieza. Y le escuché la congoja de
dentro. Aquel indio no tenía palabras para dejarla salir. Y
por eso le brotaba de las yemas de los dedos, y se mezclaba con
25 la arcilla. Y la congoja salía del horno encerrada en una bella
forma melancólica. Ese fue el punto de partida de la paz, la
primera vez que vi más allá de mis narices, por debajo de la
piel del mundo. Mire ese grillo que salta ahí. ¿Lo vio?
Me sobresaltó con la pregunta. Pensé que divagaba, pero no.
30 —¿Ha mirado alguna vez un grillo de cerca? ¡Seguro que
no! Y sin embargo, es un prodigio que emociona hasta dar
ganas de llorar. Todo su andamiaje es como tallado en esmeralda. Y tan perfecto, que parece mentira. ¿Cree que eso
puede estar en el mundo solamente para ocultarse entre la
35 hierba y saltar de tiempo en tiempo?
—A la verdad, nunca había pensado.
—Ahí está la semilla del mal. Por ese camino es por el que
se llega a los tornos eléctricos de San Miguel del Monte. Y de

[5] **hasta hacer horizonte** as far as the eye can see

San Miguel del Monte sale el otro, el que nos llevará hasta el
hormiguero sombrío de que le hablé antes.

Plantó sobre el torno una masa de arcilla y el pedal comenzó
de nuevo su trabajo. Pensé que olvidaba mi presencia allí,
entregado por entero al deleite de crear.   5

—Mire, no hablo por hablar. Una mañana por aquel tiempo, vi por primera vez un petirrojo posado en una rama, casi
al alcance de la mano. Fíjese bien que digo por primera vez,
aunque mis ojos se habían detenido millares y millares de veces
en otros petirrojos como aquél. Pero es que nunca los había   10
visto verdaderamente. Y así me fue pasando con todo. Estaba
ganando el mundo y al mismo tiempo comprendiendo lo fácilmente que puede perderse. ¿No iba a sentirme feliz si estaba
salvado?

Me miró con la interrogación, pero era evidente que no espe-   15
raba respuesta.

—Y claro, entonces los que me rodeaban, comenzaron a pensar que mi cabeza no funcionaba bien. ¿Se imagina? Ellos
hablaban de los negocios, del dinero, de colocar más vallas en
más pedazos de bosque. Y yo me estaba mientras tanto embe-   20
lesado, mirando a un petirrojo en el jardín. Y comenzaron.
Primero mis socios, luego mis dos yernos, y mi hermano.

—¿Comenzaron a qué?

Hizo una pausa para que el pensamiento no le estorbase a la
sonrisa.   25

—A despojarme. ¿Se va dando cuenta? Se tomaron un trabajo enorme para hacerlo sin que yo lo viera. Y a mí no se me
escapaba uno solo de sus movimientos, y me reía. Ya entonces
venía a refugiarme aquí. Un indio me enseñó a modelar, a
manejar el torno, a tomarle el pulso al horno para saber   30
cuándo es capaz de cocer un cacharro sin romperlo. Y me enseñó
también a tenderme bajo los eucaliptus y a mirar a las nubes
que pasan y a las estrellas quietas. Ya puede imaginarse el tamaño de mi alegría: había estado a punto de perder mi vida y
en un momento todo había cambiado y la ganaba. Mientras   35
tanto ellos, en la casa grande, se despedazaban por mis despo-
jos. Ya se habían repartido legalmente—¿no le hace gracia la
palabra?—ya se habían repartido legalmente mis casas y mis
tierras. Tenían un papel en el que decía no sé quien, que yo
estaba incapacitado mentalmente para administrar mi fortuna.   40

Después me olvidaron. Creo que por eso no me echaron también de esta cabaña. ¿No le parece maravillosa la historia?

Me adivinó en los ojos que me lo parecía. Sus dedos se deslizaban suavemente sobre la arcilla del torno. El cuello del
5 ánfora que modelaba, era alegre como la paz.

El dueño del hotel me oyó contarle que había estado en la casa grande para comprar unos cacharros a don Isidro. Y en seguida me contó la historia, como si hablara de la catedral, de la plazuela o del palacio colonial. Pero tenía en los ojos la
10 aspereza de los reproches.

—Le despojaron—decía—, le despojaron de todo lo que tenía. Poco a poco y con malas artes se lo quitaron todo. Entre los socios, el hermano y los yernos, le dejaron poco menos que a pedir limosna. Ya usted pudo ver en lo que le han convertido.
15 ¡Le digo que hay gentes que no pueden tener perdón de Dios!

—¡Quién sabe!—le respondí—. ¡Quién sabe!— A lo mejor Dios les perdona. A lo mejor hasta don Isidro intercede por ellos. Uno nunca puede decir.

Y sonreí, mientras él me miraba estupefacto, con el sol de
20 la tarde que se colaba por un cristal roto, reflejado en los ojos muy abiertos y asombrados.

Cuestionario

A. 1. ¿En qué se interesa el narrador?
  2. ¿Qué quiere comprarle a la india?
  3. ¿Qué entiende por "el peso"?
  4. ¿Quién es don Isidro?
  5. ¿Qué fabrica en el torno?
  6. Según don Isidro, ¿por qué no son buenos los tornos de San Miguel del Monte?
  7. ¿Qué había sido don Isidro en otros tiempos?
  8. ¿Cree el forastero lo que le cuenta don Isidro?
  9. ¿Qué es lo que descubrió don Isidro?
  10. ¿Quién lo despojó?

B. 1. ¿Quién narra la historia?
  2. ¿Qué elementos de realismo mágico se pueden observar?
  3. ¿Qué significado tiene la enredadera?
  4. ¿Quién es el protagonista del cuento?

5. ¿Cómo hace el autor para entrelazar el marco y la anécdota?
6. ¿Están bien integrados los motivos artísticos?
7. ¿Hay una moraleja en este cuento?
8. ¿Cuál es el tema?
9. ¿Qué rasgos estilísticos predominan?
10. ¿Cuál es la actitud del narrador ante don Isidro?

Temas

1. Hacer un análisis literario de "El despojado."
2. El ambiente en "El despojado."
3. Comparar a don Isidro y al personaje que busca el caballo de coral en el cuento de Cardoso.
4. El tema de "El despojado."
5. Leer el cuento "Alarico, alfarero" de Félix Pita Rodríguez y compararlo con "El despojado."

Lino Novás Calvo

(Cuba, 1905–   )

Lino Novás Calvo ha recogido sus mejores narraciones cortas en varios volúmenes, entre los que destacan *La luna nona y otros cuentos, Cayo Canas* y *En los traspatios*. Sus narraciones se distinguen por la técnica novedosa que ha aplicado; con frecuencia utiliza los procedimientos cinematográficos, a través de los cuales los personajes manifestan sus pensamientos y emociones por medio de gestos y ademanes. Los ambientes casi siempre son brumosos, lo que da al relato un aire mágico. También encontramos el mismo aire mágico en el deseo que el autor manifiesta en recrear formas primitivas de expresión, en el intento de borrar el tiempo por medio de la fusión del pasado y el presente y la creación de personajes que poseen un pronunciado sentimiento intuitivo, como en el caso de Ramón Yendía ("La noche de Ramón Yendía"), el viejo contrabandista en "Cayo Canas," y ese admirable personaje que aparece en "Trínquenme ahí a ese hombre." De este cuento dice el autor: "Fue escrito en 1941, y refleja (lo mismo que el cuento titulado 'La luna nona') una experiencia de mi vida en el cinturón de La Habana. El hecho fue cierto, aproximadamente; sólo la manera de contarlo es mentira. El ambiente es, en el cuento, lo que la experiencia dejó en la emoción. Todavía estaba yo influido por Faulkner—como Rulfo. El tema de la desviación ciega es uno de los que más me han fascinado, y aparece en varios otros cuentos míos. Aquí el viejo le pega al que cuenta porque no encontró al Ayudante, que fue quien le llevó la muchacha."

OBRAS. *La luna nona y otros cuentos,* Buenos Aires, 1942. *Cayo Canas,* Buenos Aires, 1946. *En los traspatios,* La Habana, 1946. *Maneras de contar,* New York, 1970.

¡Trínquenme ahí a ese hombre!

¡Amarren bien a ese hombre! Está loco. Loco-loco. Flaco, y viejo, como lo ven, y cubierto de flores-de-sepulcro, no se fíen. Ahora lo ven ahí, mansito, como gallo pillo, tomando resuello. De pronto puede dar un brinco. No lo dejen. ¡Trínquenme
5 bien ahí a ese hombre!

Yo soy el Pelado. Sí. Me llaman el Ruso. Fui barbero, y dicen que al hablar con alguien miro siempre al espejo. Pero ahora miro a ese hombre. Ahora sé lo que pasó, y quiero contarle algo a él mismo, corriendo, antes de que se lo lleven.
10 Atando cabos, me sé las cosas. De no haber estado loco.... Yo no lo sabía. No se faja uno con un loco; es fajarse con dos, el hombre y la locura. Yo andaba por aquí; vivo aquí, allá arriba, en el bajareque aquel del jardinero. Ahí está mi vieja. Tengo mi penco, mi arrenquín, voy con mis mandados, por mi
15 cuenta.[1] Entonces vengo aquí, le fío a este viejo. Nadie lo sabía—que era loco—. Sabía ocultarla—la locura—. Le fío, y doy vales a mi cuenta[2] en la bodega, y no sé, ni yo ni nadie, que el viejo está loco, ni que tiene guano en el güiro.[3] Trae la muchacha del campo, se echa[4] el ayudante con los gallos, cura con
20 hierbas y con Tulita[5] a la mujer vieja y enferma que tiene en cama, lleva gallos todas las temporadas a la valla y pierde. Y con todo nadie sabe que tiene guano escondido. Escondido, como la locura.

Esto fue hace un año. Trajo la muchacha. La vieja estaba
25 ya en cama, soldada a la cama.[6] Fue por entonces. El ayudante

[1] **Tengo ... cuenta** I have my nag, my bell-mare, I run errands on my own
[2] **doy ... cuenta** I sign I O U s for him
[3] **guano en el güiro** money [hidden] in a gourd; *also* [to have] rocks in one's head
[4] **se echa** he engages
[5] **con Tulita = con [la ayuda de] Tulita**
[6] **soldada a la cama** glued to her bed

estaba ya aquí. Antes iba por ahí, por los repartos, buscando gallos, que afeitaba y llevaba a las vallas y nunca casaba. Luego iba a los galleros, se los vendía por fonfones. Vino al viejo. Le trajo fonfones; y luego vino la muchacha, y el ayudante dió en dar vueltas.[7] Quizás como yo, según dicen, y [5] también él miraba al espejo, con su ojo haragán. Miraba a los gallos, los rejones, los pollos nuevos. Se agachaba, les pesaba la mano,[8] los abosaba contra sus fonfones, en el traspatio. Luego iba la muchacha con comida, por entre los plátanos, las cajeles y las guayabas, como bailando. Erguida, una caña [10] brava, de nudos altos y redondos, girando entre las matas. Se le veía desde fuera, del camino, del otro solar, del yerbazal, a través de la casa de ventanas abiertas, la casa de puertas abiertas: la mujer tirada en la cama, callada, mirando al techo, las goteras, las lagartijas, los sapos, las arañas. Ahí sujeta, fija, los [15] ojos abiertos, como una muerta. Pero viva, todavía, queriendo vivir, y pensando.

Primero, la vieja. La que primero lo vio todo, aun antes de que pasara. El viejo se fue al campo. Dijo que iba a comprar pollos finos. Tulita vino entonces con hierbas, se quedó en la [20] casa, con la enferma, cuidándola. O quizás velándola. El ayudante se quedó con los pollos, solo, durmiendo en el traspatio. La enferma no lo había visto. Ella no miraba a la gente ni a nada, salvo el techo. El ayudante no miraba tampoco a la gente. No iba a la calzada, a la bodega, a la esquina de noche [25] con el grupo de nosotros. Luego la enferma quiso verlo. Preguntó su edad, lo llamó junto a la cama. El viejo estaba aún en el campo. Había estado lloviendo y las gotas caían, lentas, sobre el rostro enfermo y blanco y verde y descarnado de la vieja. El ayudante se echó para atrás: Tulita lo emjujó para [30] alante. La vieja miraba aún al techo y a las gotas que le caían en la cara. Y luego, de noche, con la luz encendida y la ventana abierta miraba a las ranas, retrepadas en palitos,[9] el chinito encueros,[10] pegadas unas a otras, como mangos verdes y

---

[7] **dió en dar vueltas** took it upon himself to come back more frequently
[8] **les pesaba la mano** he held them in his hand and tried to guess their weight
[9] **retrepadas en palitos** resting on the branches (*of a plant named "palitochino"*)
[10] **chinito encueros** native Cuban plant whose branches have no leaves; also called "palitochino"

amarillos, mirando a la vieja con sus ojos sin párpados. Cientos de ranas verdes, amarillas, de ojos fijos y saltones, mirando a la enferma desde los palitos. Ella miraba el techo, inmóvil, como las ranas.

5   —Quiero ver al muchacho —dijo la enferma.
Tulita lo trajo. La enferma tardó en mirarlo. Luego volvió, lentamente, la cabeza en la almohada. No el cuerpo, ni siquiera los ojos. La cabeza tan sólo. Entonces él vio que no estaba muerta. Pero ella no habló. Quiso sonreírle, fue reco-
10 giendo los labios de encima del boquete sin dientes; volvió a juntarlos. Pero sonrió con los ojos, sin moverlos. Nada más. Volvió la cabeza, miró de nuevo al techo. El muchacho se fue hacia atrás, trastabillando. Después la enferma despegó de nuevo los labios.

15 —Es joven —dijo la enferma—. Está sucio, pero es joven. Y buen mozo.
Nada más. Tulita no entendió por de pronto. El viejo estaba aún en el campo, y volvió solo, y no trajo pollos ni nada. Venía chévere. Había ido a la Habana y traía un flus nuevo,
20 y pajilla y zapatos nuevos. Esos mismos que lleva, pero nuevos. Después fue al apeadero, una tarde, y salió a la calzada. Entonces traía la muchacha. La vimos salir a la calzada, zanqueando, subir al camino, la cabeza hacia atrás, la cintura allá arriba, los senos allá alante. El viejo iba delante. Una parien-
25 te, dijo luego. La traía —dijo— para cuidar a la enferma. Ésta no hablaba. Tulita siguió yendo, con preparos; callaba también. Sonreía. Miraba al ayudante, me miraba a mí, husmeando, sonreía. La enferma sabía mucho, dijo Tulita. No estaba viva ni muerta, por completo. Quizás haya un inter-
30 medio, un sitio desde donde la enferma veía, fríamente, las cosas. Por eso sonrió. Mandó llamar al muchacho, y vio que era joven, y ella sabía. Sólo ella. La joven no era pariente, y el viejo no había ido a comprar pollos finos. Pero la enferma no se iba. Acaso él pensara que al volver ya no estaría, pero
35 ella no quiso irse. Se estaba yendo, pero de pronto se detuvo y se quedó en ese rellano esperando. Desde allí vio fríamente lo de acá; no sé si lo de allá. Vio al viejo yéndose al campo a buscar a la muchacha, y quiso ver al ayudante.
—Es buen mozo —dijo la enferma—. Todavía no me he muerto.
40 No se murió todavía. Ya se estaba yendo, pero fue como si

hubiera pedido prestado algún tiempo para ver algo. Nada
más que para eso. Verlo, oírlo, saberlo: eso era todo. Le bas-
taba. Podía irse en paz. Ayer se fue. Ya lo sabía, ya lo había
visto.

La vieja no me llamó a mí, como al ayudante. Yo no impor- 5
taba, para ella. Sólo el ayudante.

—Ése es el hombre —le dijo a Tulita—. El ayudante.

Yo, nada. Si ella viviera y pudiera decirlo lo diría. Ella
sabía que yo, para la muchacha, nada. Yo venía aquí, le fiaba
al viejo, miraba a la muchacha, pasaba al traspatio, miraba a 10
los gallos, veía venir la muchacha, como bailando, entre las
matas. Veía al viejo entre las matas acechando, cortando
plátanos, recogiendo en pomos su zumo rojo, su sangre. Pensaba que era yo —el viejo lo pensaba. Me lo dijo:—Tú no te
acerques a ella, me dijo. Me enseñó el machete. Luego en- 15
tregó la sangre de plátano a Tulita y ésta la llevó a su casa.
El ayudante cuidaba los gallos por sí solo, y vino la temporada,
pero nada. Los gallos estaban cuidados, afeitados y todo, pero
el viejo no los llevó a la valla. El ayudante llevó tres, apostó a
los contrarios y cobró fuerte. Dijo que eran del viejo. La 20
cátedra les apostó por ser del viejo, y el ayudante, del otro lado,
cobró fuerte. Luego vino diciendo que les había apostado a
ellos y perdido. Le pasó la cuenta al viejo, y éste, de noche,
tuvo que ir a la botija y sacar plata, y dársela al ayudante,
encima. El viejo creyó estar solo. El ayudante dijo que se iba 25
a su casa, en Miraflores, a ver a la vieja, pero se quedó en el
yerbazal y vio al viejo ir a la botija. La muchacha se hizo
dormida, pero siguió también al viejo, por su lado, para ver lo
que no viese el ayudante. Ya estaban de acuerdo. La enferma
estaba en cama, con los ojos abiertos y todavía esperaba. 30

—Tú no te acerques —me dijo el viejo—. No te acerques a
ella o te chapeo.

A mí, no al ayudante, me lo dijo.

—¡No mires al espejo!— me dijo el viejo.

—¡El criar fama![11] El ayudante era quien miraba al espejo, 35
realmente. Allí estaba la muchacha. Los dos eran jóvenes, y
el viejo era viejo, y flaco, y seco, y lleno de flores-de-sepulcro.
Mírenle las manos. Mírenle la cara. ¡Agárrenlo! Trínquenlo

---

[11] **¡El criar [crear] fama!** That's what you get for having such a reputation
[with women]!

bien. Miren cómo me ha puesto. Trínquenlo, que está loco, bien a la silla.

Eso era. La enferma lo sabía, y por eso no se iba del todo. Sabía que el viejo había ido al campo por la muchacha, porque
5 era joven, y tenía ese cuerpo, pero que también el ayudante era joven, y tenía su cuerpo. La enferma no pensó en mí, ni dijo no te acerques, y en la calzada los otros me pinchaban, y no pensaban en el otro. ¡El no criar fama! El ayudante no la miraba a la muchacha. No andaba tras ella, mirándola, a la
10 vista de todos, bajeándola con los ojos.[12] No hablaba de muchachas sino de gallos, y sus gallos siempre perdían; y el viejo ya no pensaba en los gallos sino en la muchacha. Por eso la trajo. Creyó que la vieja estaría ya muerta o que se moriría en seguida. Tulita se lo dijo. Pero aún no era tiempo. —Todavía
15 me queda algo por ver— le dijo a Tulita; la vieja se lo dijo. Tú misma vas a ver algo. Luego me cuentas —dijo la vieja.

Pero nadie vio nada, realmente. Nadie los vio juntos, a la muchacha y el ayudante, desenterrando el guano, escapando, de noche, por el aromal, entre las cañas bravas, hacia el río.
20 Pero eso era lo cierto. El viejo no quería creerlo. Yo no estaba ya aquí. Me había ido. Yo no sabía nada, pero tenía que irme. No había chance. Yo sabía ya que no había chance con la muchacha y creí que era porque yo soy el Pelado, y me llaman el Ruso, y esas cosas. Me lo dijeron los otros, en la calzada.
25 Entonces me fui para otro barrio, el de Santa Amalia, para no verla. Fue cuando las lluvias. Se desbordó el arroyo y me arrastró durmiendo cinco cuadras. Pero eso es aparte. El viejo creyó que yo me había llevado la chiquita y matado, quizás, al ayudante. Me estuvo buscando, furioso, y yo sin saber nada.
30 Entonces volví. No podía evitarlo, y volví. Ya habían pasado las lluvias. Pero entonces ya el viejo sabía que la muchacha se había ido con el ayudante y con su guano en el güiro y que yo no era nada. Se lo dijeron, pero nadie cogió aún al ayudante ni a la muchacha, y quizás no los cojan más nunca. Entonces
35 la vieja había esperado bastante, y se fue también, para el otro lado,[13] muy tranquila. Fue cuando yo vine. El viejo no estaba aquí, y cuando vino, ya ustedes saben. Está loco. Loco. Uno no se faja jamás con un loco, porque son dos a fajarse contra

---

[12] **bajeándola con los ojos** trying to sway her by glances
[13] **se fue . . . lado** she died

uno. ¡Aguántenlo! Trínquenlo bien en esa silla. Ésa es la historia. ¡A él mismo se la cuento!

Cuestionario

A. 1. ¿Por qué amarran al viejo?
2. ¿Qué trae el viejo del campo?
3. ¿Para qué necesita al ayudante?
4. Qué le pasa a la mujer del viejo?
5. ¿Quién es Tulita?
6. ¿A quién quiere ver la enferma? ¿Por qué?
7. ¿Por qué no se acerca el narrador a la muchacha?
8. ¿Quién ve al viejo sacar dinero de la botija?
9. ¿Qué hacen el ayudante y la muchacha?
10. ¿A quién culpa el viejo? ¿Por qué?

B. 1. ¿Es apropiado el título de este cuento?
2. ¿Cómo es el ambiente?
3. ¿Están bien caracterizados los personajes?
4. ¿Cuál es el origen del conflicto?
5. ¿Es original el estilo?
6. ¿Hay un punto culminante?
7. ¿Es sorpresivo el desenlace?
8. ¿Hay elementos criollistas?
9. ¿Hay unidad temporal?
10. ¿Cómo es el ambiente sicológico?

Temas

1. Comparar este cuento con "El cholo que se vengó."
2. Analizar el cuento desde el punto de vista del conflicto.
3. Hacer un estudio de las imágenes.
4. Hacer un estudio del ambiente en el cuento de Novás Calvo.
5. El estilo de Lino Novás Calvo según se refleja en este cuento.

Alejo Carpentier

(Cuba, 1904–   )

Entre los cuentistas hispanoamericanos que han cultivado lo que
se llama "el realismo mágico" encontramos a Miguel Ángel
Asturias (Guatemala, 1899), Alejo Carpentier, Lino Novás Calvo,
Óscar Cerruto (Bolivia, 1907), Juan Rulfo, Félix Pita Rodríguez,
Óscar Guaramato (Venezuela, 1916) y Fernando Alegría (Chile,
1918). Carpentier es el escritor que más se ha preocupado por
captar la realidad mágica americana, sobre todo en sus novelas.
Pero en sus cuentos (coleccionados bajo el título *Guerra del
tiempo,* que también contiene "El acoso," novela corta) predomina la misma actitud, como podemos observar en "Viaje a la
semilla." Allí, y en los otros dos ("El camino de Santiago,"
"Semejante a la noche"), encontramos lo que el autor mismo ha
llamado "lo real maravilloso." Sin violar las leyes de la
naturaleza, Carpentier logra crear un mundo que no se rige
según la lógica empírica sino que es gobernado por un poder
inmanente. En "Viaje a la semilla" nos obliga a retroceder en el
tiempo, o mejor dicho, crea la ilusión de que el tiempo verdaderamente fluye hacia el pasado. Aunado a un rico contenido
ideológico encontramos en los cuentos de Carpentier una forma
perfecta, resultado del dominio de la técnica narrativa que
posee el autor de "Viaje a la semilla."

OBRAS. *Viaje a la semilla,* La Habana, 1944. *Guerra del tiempo,*
México, 1958. *El camino de Santiago,* Buenos Aires, 1967.
*Tres relatos: El camino de Santiago, Viaje a la semilla, Semejante
a la noche,* Montevideo, 1967.

Viaje a la semilla

A Lilia
este primer cuento de un libro
que te será dedicado, como todos
los que habrán de seguirle.

A. C.

I

—¿Qué quieres, viejo?...

Varias veces cayó la pregunta de lo alto de los andamios.
Pero el viejo no respondía. Andaba de un lugar a otro, fisgo-
neando, sacándose de la garganta un largo monólogo de frases
5 incomprensibles. Ya habían descendido las tejas, cubriendo
los canteros muertos con su mosaico de barro cocido. Arriba,
los picos desprendían piedras de mampostería, haciéndolas
rodar por canales de madera, con gran revuelo de cales y de
yesos. Y por las almenas sucesivas que iban desdentando las
10 murallas aparecían —despojados de su secreto— cielos rasos
ovales o cuadrados, cornisas, guirnaldas, dentículos, astrágalos,
y papeles encolados que colgaban de los testeros como viejas
pieles de serpiente en muda. Presenciando la demolición, una
Ceres con la nariz rota y el peplo desvaído, veteado de negro
15 el tocado de mieses,[1] se erguía en el traspatio, sobre fuentes de
mascarones borrosos. Visitados por el sol en horas de sombra,[2]
los peces grises del estanque bostezaban en agua musgosa y
tibia, mirando con el ojo redondo aquellos obreros, negros
sobre claro de cielo, que iban rebajando la altura secular de la
20 casa. El viejo se había sentado, con el cayado apuntalándole la
barba, al pie de la estatua. Miraba el subir y bajar de cubos en
que viajaban restos apreciables. Oíanse, en sordina, los rumores de la calle mientras, arriba, las poleas concertaban, sobre
ritmos de hierro con piedra, sus gorjeos de aves desagradables
25 y pechugonas.

Dieron las cinco. Las cornisas y entablamentos se despobla-

---

[1] **tocado de mieses** headdress of grains (symbolic of Ceres, protectress of
agriculture)
[2] **horas de sombra** hours in which it is necessary to take cover from the sun

ron. Sólo quedaron escaleras de mano, preparando el asalto del día siguiente. El aire se hizo más fresco, aligerado de sudores, blasfemias, chirridos de cuerdas, ejes que pedían alcuzas y palmadas en torsos pringosos. Para la casa mondada el crepúsculo llegaba más pronto. Se vestía de sombras en ⁵ horas en que su ya caída balaustrada superior solía regalar a las fachadas algún relumbre de sol. La Ceres apretaba los labios. Por primera vez las habitaciones dormirían sin persianas, abiertas sobre paisaje de escombros.

Contrariando sus apetencias, varios capiteles yacían entre las ¹⁰ hierbas. Las hojas de acanto descubrían su condición vegetal.³ Una enredadera aventuró sus tentáculos hacia la voluta jónica, atraída por un aire de familia. Cuando cayó la noche, la casa estaba más cerca de la tierra. Un marco de puerta se erguía aún, en lo alto, con tablas de sombra suspendidas de sus bisa- ¹⁵ gras desorientadas.

II

Entonces el negro viejo, que no se había movido, hizo gestos extraños, volteando su cayado sobre un cementerio de baldosas. Los cuadrados de mármol, blancos y negros, volaron a los pisos, vistiendo la tierra. Las piedras, con saltos certeros, fue- ²⁰ ron a cerrar los boquetes de las murallas. Hojas de nogal claveteadas se encajaron en sus marcos, mientras los tornillos de las charnelas volvían a hundirse en sus hoyos, con rápida rotación. En los canteros muertos, levantadas por el esfuerzo de las flores, las tejas juntaron sus fragmentos, alzando sonoro ²⁵ torbellino de barro, para caer en lluvia sobre la armadura del techo. La casa creció, traída nuevamente a sus proporciones habituales, pudorosa y vestida. La Ceres fue menos gris. Hubo más peces en la fuente. Y el murmullo del agua llamó begonias olvidadas. ³⁰

El viejo introdujo una llave en la cerradura de la puerta principal, y comenzó a abrir ventanas. Sus tacones sonaban a hueco. Cuando encendió los velones, un estremecimiento amarillo corrió por el óleo de los retratos de familia, y gentes

---

³ **Las . . . vegetal** The [ornamental] acanthus leaves were discovering their vegetable nature [by being in contact with real leaves]

vestidas de negro murmuraron en todas las galerías, al compás
de cucharas movidas en jícaras de chocolate.

Don Marcial, Marqués de Capellanías, yacía en su lecho de
muerte, el pecho acorazado de medallas, escoltado por cuatro
5 cirios con largas barbas de cera derretida.

III

Los cirios crecieron lentamente, perdiendo sudores. Cuando
recobraron su tamaño, los apagó la monja apartando una
lumbre. Las mechas blanquearon, arrojando el pabilo. La
casa se vació de visitantes y los carruajes partieron en la noche.
10 Don Marcial pulsó un teclado invisible y abrió los ojos.

Confusas y revueltas, las vigas del techo se iban colocando en
su lugar. Los pomos de medicinas, las borlas de damasco, el
escapulario de la cabecera, los daguerrotipos, las palmas de la
reja,[4] salieron de sus nieblas.[5] Cuando el médico movió la
15 cabeza con desconsuelo profesional, el enfermo se sintió mejor.
Durmió algunas horas y despertó bajo la mirada negra y cejuda
del Padre Anastasio. De franca, detallada, poblada de pecados,
la confesión se hizo reticente, penosa, llena de escondrijos.
¿Y qué derecho tenía, en el fondo, aquel carmelita, a entro-
20 meterse en su vida? Don Marcial se encontró, de pronto, tirado
en medio del aposento. Aligerado de un peso en las sienes, se
levantó con sorprendente celeridad. La mujer desnuda que se
desperezaba sobre el brocado del lecho buscó enaguas y cor-
piños, llevándose, poco después, sus rumores de seda estrujada
25 y su perfume. Abajo, en el coche cerrado, cubriendo tachuelas
del asiento, había un sobre con monedas de oro.

Don Marcial no se sentía bien. Al arreglarse la corbata
frente a la luna de la consola se vio congestionado. Bajó al
despacho donde lo esperaban hombres de justicia, abogados y
30 escribientes, para disponer la venta pública de la casa. Todo
había sido inútil. Sus pertenencias se irían a manos del mejor
postor, al compás de martillo golpeando una tabla. Saludó y
le dejaron solo. Pensaba en los misterios de la letra escrita, en
esas hebras negras que se enlazan y desenlazan sobre anchas
35 hojas filigranadas de balanzas, enlazando y desenlazando com-

---

[4] **las palmas de la reja** the grating's palm-leaf motif
[5] **salieron de sus nieblas** appeared from under their clouds [of dust]

promisos, juramentos, alianzas, testimonios, declarac.ones,
apellidos, títulos, fechas, tierras, árboles y piedras; maraña de
hilos, sacada del tintero, en que se enredaban las piernas del
hombre, vedándole caminos desestimados por la Ley; cordón al
cuello, que apretaba su sordina al percibir el sonido temible de ⁵
las palabras en libertad. Su firma lo había traicionado, yendo a
complicarse en nudo y enredos de legajos. Atado por ella, el
hombre de carne se hacía hombre de papel.

Era el amanecer. El reloj del comedor acababa de dar las
seis de la tarde. ¹⁰

IV

Transcurrieron meses de luto, ensombrecidos por un remordimiento cada vez mayor. Al principio, la idea de traer una
mujer a aquel aposento se le hacía casi razonable. Pero, poco
a poco, las apetencias de un cuerpo nuevo fueron desplazadas
por escrúpulos crecientes, que llegaron al flagelo. Cierta noche, ¹⁵
Don Marcial se ensangrentó las carnes con una correa, sintiendo luego un deseo mayor, pero de corta duración. Fue
entonces cuando la Marquesa volvió, una tarde, de su paseo a
las orillas del Almendares. Los caballos de la calesa no traían
en las crines más humedad que la del propio sudor. Pero, ²⁰
durante todo el resto del día, dispararon coces a las tablas de la
cuadra, irritados, al parecer, por la inmovilidad de nubes bajas.

Al crepúsculo, una tinaja llena de agua se rompió en el baño
de la Marquesa. Luego, las lluvias de mayo rebosaron el estanque. Y aquella negra vieja, con tacha de cimarrona y palo- ²⁵
mas debajo de la cama, que andaba por el patio murmurando:
"¡Desconfía de los ríos, niña; desconfía de lo verde que corre!"
No había día en que el agua no revelara su presencia. Pero esa
presencia acabó por no ser más que una jícara derramada sobre
vestido traído de París, al regreso del baile aniversario dado ³⁰
por el Capitán General de la Colonia.

Reaparecieron muchos parientes. Volvieron muchos amigos.
Ya brillaban, muy claras, las arañas del gran salón. Las grietas
de la fachada se iban cerrando. El piano regresó al clavicordio.
Las palmas perdían anillos. Las enredaderas soltaban la pri- ³⁵
mera cornisa. Blanquearon las ojeras de la Ceres y los capiteles
parecieron recién tallados. Más fogoso, Marcial solía pasarse

tardes enteras abrazando a la Marquesa. Borrábanse patas de
gallinas, ceños y papadas, y las carnes tornaban a su dureza.
Un día, un olor de pintura fresca llenó la casa.

V

Los rubores eran sinceros. Cada noche se abrían un poco más
⁵ las hojas de los biombos, las faldas caían en rincones menos
alumbrados y eran nuevas barreras de encajes. Al fin la Marquesa sopló las lámparas. Sólo él habló en la oscuridad.

Partieron para el ingenio, en gran tren de calesas —relum-
brante de grupas alazanas, bocados de plata y charoles al sol.
¹⁰ Pero, a la sombra de las flores de Pascua que enrojecían el
soportal interior de la vivienda, advirtieron que se conocían
apenas. Marcial autorizó danzas y tambores de Nación, para
distraerse un poco en aquellos días olientes a perfumes de
Colonia, baños de benjuí, cabelleras esparcidas, y sábanas
¹⁵ sacadas de armarios que, al abrirse, dejaban caer sobre las losas
un mazo de vetiver. El vaho del guarapo giraba en la brisa con
el toque de oración. Volando bajo, las auras anunciaban lluvias reticentes, cuyas primeras gotas, anchas y sonoras, eran
sorbidas por tejas tan secas que tenían diapasón de cobre.
²⁰ Después de un amanecer alargado por un abrazo deslucido,
aliviados de desconciertos y cerrada la herida, ambos regresaron
a la ciudad. La Marquesa trocó su vestido de viaje por traje de
novia, y, como era costumbre, los esposos fueron a la iglesia
para recobrar su libertad. Se devolvieron presentes a parientes
²⁵ y amigos, y, con revuelo de bronces y alardes de jaeces, cada
cual tomó la calle de su morada. Marcial siguió visitando a
María de las Mercedes por algún tiempo, hasta el día en que
los anillos fueron llevados al taller del orfebre para ser desgra-
bados. Comenzaba, para Marcial, una vida nueva. En la casa
³⁰ de altas rejas, la Ceres fue sustituida por una Venus italiana,
y los mascarones de la fuente adelantaron casi impercepti-
blemente el relieve al ver todavía encendidas, pintada ya el
alba, las luces de los velones.

VI

Una noche, después de mucho beber y marearse con tufos de
³⁵ tabaco frío, dejados por sus amigos, Marcial tuvo la sensación

extraña de que los relojes de la casa daban las cinco, luego las cuatro y media, luego las cuatro, luego las tres y media. . . Era como la percepción remota de otras posibilidades. Como cuando se piensa, en enervamiento de vigilia, que puede andarse sobre el cielo raso con el piso por cielo raso, entre mue- 5 bles firmemente asentados entre las vigas del techo. Fue una impresión fugaz, que no dejó la menor huella en su espíritu, poco llevado, ahora, a la meditación.

Y hubo un gran sarao, en el salón de música, el día en que alcanzó la minoría de edad. Estaba alegre, al pensar que su 10 firma había dejado de tener un valor legal, y que los registros y escribanías, con sus polillas, se borraban de su mundo. Llegaba al punto en que los tribunales dejan de ser temibles para quienes tienen una carne desestimada por los códigos. Luego de achisparse con vinos generosos, los jóvenes descolgaron de la 15 pared una guitarra incrustada de nácar, un salterio y un serpentón. Alguien dio cuerda al reloj que tocaba la Tirolesa de las Vacas y la Balada de los Lagos de Escocia.[6] Otro embocó un cuerno de caza que dormía, enroscado en su cobre, sobre los fieltros encarnados de la vitrina, al lado de la flauta traversera 20 traída de Aranjuez. Marcial, que estaba requebrando atrevidamente a la de Campoflorido, se sumó al guirigay, buscando en el teclado, sobre bajos falsos, la melodía del Trípili-Trápala.[7] Y subieron todos al desván, de pronto, recordando que allá, bajo vigas que iban recobrando el repello, se guardaban los 25 trajes y libreas de la Casa de Capellanías. En entrepaños escarchados de alcanfor descansaban los vestidos de corte, un espadín de Embajador, varias guerreras emplastronadas, el manto de un Príncipe de la Iglesia, y largas casacas, con botones de damasco y difuminos de humedad en los pliegues. Matizáronse 30 las penumbras con cintas de amaranto, miriñaques amarillos, túnicas marchitas y flores de terciopelo. Un traje de chispero con redecilla de borlas, nacido en una mascarada de carnaval, levantó aplausos. La de Campoflorido redondeó los hombros empolvados bajo un rebozo de color de carne criolla, que 35 sirviera a cierta abuela, en noche de grandes decisiones familiares, para avivar los amansados fuegos de un rico Síndico de Clarisas.

[6] **Tirolesa . . . Escocia** eighteenth-century popular songs
[7] **Trípili-Trápala** famous eighteenth-century musical

Disfrazados regresaron los jóvenes al salón de música. Tocado con un tricornio de regidor, Marcial pegó tres bastonazos
en el piso, y se dio comienzo a la danza de la valse, que las ma-
dres hallaban terriblemente impropio de señoritas, con eso de
5 dejarse enlazar por la cintura, recibiendo manos de hombre
sobre las ballenas del corset que todas se habían hecho según
el reciente patrón de "El Jardín de las Modas." Las puertas se
oscurecieron de fámulas, cuadrerizos, sirvientes, que venían de
sus lejanas dependencias y de los entresuelos sofocantes, para
10 admirarse ante fiesta de tanto alboroto. Luego, se jugó a la
gallina ciega y al escondite. Marcial, oculto con la de Campoflorido detrás de un biombo chino, le estampó un beso en la
nuca, recibiendo en respuesta un pañuelo perfumado, cuyos
encajes de Bruselas guardaban suaves tibiezas de escote. Y
15 cuando las muchachas se alejaron en las luces del crepúsculo,
hacia las atalayas y torreones que se pintaban en grisnegro
sobre el mar, los mozos fueron a la Casa de Baile, donde tan
sabrosamente se contoneaban las mulatas de grandes ajorcas,
sin perder nunca —así fuera de movida una guaracha— sus zapa-
20 tillas de alto tacón. Y como se estaba en carnavales, los del
Cabildo Arará Tres Ojos levantaban un trueno de tambores
tras de la pared medianera, en un patio sembrado de granados.
Subidos en mesas y taburetes, Marcial y sus amigos alabaron el
garbo de una negra de pasas entrecanas, que volvía a ser her-
25 mosa, casi deseable, cuando miraba por sobre el hombro, bailando con altivo mohín de reto.

VII

Las visitas de Don Abundio, notario y albacea de la familia,
eran más frecuentes. Se sentaba gravemente a la cabecera de la
cama de Marcial, dejando caer al suelo su bastón de ácana para
30 despertarlo antes de tiempo. Al abrirse, los ojos tropezaban
con una levita de alpaca, cubierta de caspa, cuyas mangas lus-
trosas recogían títulos y rentas. Al fin sólo quedó una pensión
razonable, calculada para poner coto a toda locura. Fue entonces cuando Marcial quiso ingresar en el Real Seminario de
35 San Carlos.
Después de mediocres exámenes, frecuentó los claustros,
comprendiendo cada vez menos las explicaciones de los dó-

mines. El mundo de las ideas se iba despoblando. Lo que había sido, al principio, una ecuménica asamblea de peplos, jubones, golas y pelucas, controversistas y ergotantes, cobraba la inmovilidad de un museo de figuras de cera. Marcial se contentaba ahora con una exposición escolástica de los sistemas, 5 aceptando por bueno lo que se dijera en cualquier texto. "León," "Avestruz," "Ballena," "Jaguar," leíase sobre los grabados en cobre de la Historia Natural. Del mismo modo, "Aristóteles," "Santo Tomás," "Bacon," "Descartes," encabezaban páginas negras, en que se catalogaban aburridamente las inter- 10 pretaciones del universo, al margen de una capitular espesa. Poco a poco, Marcial dejó de estudiarlas, encontrándose librado de un gran peso. Su mente se hizo alegre y ligera, admitiendo tan sólo un concepto instintivo de las cosas. ¿Para qué pensar en el prisma, cuando la luz clara de invierno daba ma- 15 yores detalles a las fortalezas del puerto? Una manzana que cae del árbol sólo es incitación para los dientes. Un pie en una bañadera no pasa de ser un pie en una bañadera.[8] El día que abandonó el Seminario, olvidó los libros. El gnomon recobró su categoría de duende; el espectro fue sinónimo de fantasma; 20 el octandro era bicho acorazado, con púas en el lomo.

Varias veces, andando pronto, inquieto el corazón, había ido a visitar a las mujeres que cuchicheaban, detrás de puertas azules, al pie de las murallas. El recuerdo de la que llevaba zapatillas bordadas y hojas de albahaca en la oreja lo perseguía, 25 en tardes de calor, como un dolor de muelas. Pero, un día, la cólera y las amenazas de un confesor le hicieron llorar de espanto. Cayó por última vez en las sábanas del infierno, renunciando para siempre a sus rodeos por calles poco concurridas, a sus cobardías de última hora que le hacían regresar 30 con rabia a su casa, luego de dejar a sus espaldas cierta acera rajada —señal, cuando andaba con la vista baja, de la media vuelta que debía darse para hollar el umbral de los perfumes.

Ahora vivía su crisis mística, poblada de detentes, corderos pascuales, palomas de porcelana, Vírgenes de manto azul ce- 35 leste, estrellas de papel dorado, Reyes Magos, ángeles con alas de cisne, el Asno, el Buey, y un terrible San Dionisio que se le aparecía en sueños, con un gran vacío entre los hombros y el

---

[8] **Una manzana . . . Un pie . . .** References to the discovery of the laws of gravity and refraction

andar vacilante de quien busca un objeto perdido. Tropezaba
con la cama y Marcial despertaba sobresaltado, echando mano
al rosario de cuentas sordas. Las mechas, en sus pocillos de
aceite, daban luz triste a imágenes que recobraban su color
5 primero.

VIII

Los muebles crecían. Se hacía más difícil sostener los antebra-
zos sobre el borde de la mesa del comedor. Los armarios de
cornisas labradas ensanchaban el frontis. Alargando el torso,
los moros[9] de la escalera acercaban sus antorchas a los balaus-
10 tres del rellano. Las butacas eran más hondas y los sillones de
mecedora tenían tendencia a irse para atrás. No había ya que
doblar las piernas al recostarse en el fondo de la bañadera con
anillas de mármol.
  Una mañana en que leía un libro licencioso, Marcial tuvo
15 ganas, súbitamente, de jugar con los soldados de plomo que
dormían en sus cajas de madera. Volvió a ocultar el tomo bajo
la jofaina del lavabo, y abrió una gaveta sellada por las telara-
ñas. La mesa de estudio era demasiado exigua para dar cabida
a tanta gente. Por ello, Marcial se sentó en el piso. Dispuso los
20 granaderos por filas de ocho. Luego, los oficiales a caballo, ro-
deando al abanderado. Detrás, los artilleros, con sus cañones,
escobillones y botafuegos. Cerrando la marcha, pífanos y tim-
bales, con escolta de redoblantes. Los morteros estaban dota-
dos de un resorte que permitía lanzar bolas de vidrio a más de
25 un metro de distancia.
  —¡Pum! . . . ¡Pum! . . . ¡Pum! . . .
  Caían caballos, caían abanderados, caían tambores. Hubo
de ser llamado tres veces por el negro Eligio, para decidirse a
lavarse las manos y bajar al comedor.
30 Desde ese día, Marcial conservó el hábito de sentarse en el
enlosado. Cuando percibió las ventajas de esa costumbre, se
sorprendió por no haberlo pensado antes. Afectas al terciopelo
de los cojines, las personas mayores sudan demasiado. Algunas
huelen a notario —como Don Abundio— por no conocer, con el
35 cuerpo echado, la friadad del mármol en todo tiempo. Sólo
desde el suelo pueden abarcarse totalmente los ángulos y pers-

9 los moros = las estatuas de los moros

pectivas de una habitación. Hay bellezas de la madera, misteriosos caminos de insectos, rincones de sombra, que se ignoran a altura de hombre. Cuando llovía, Marcial se ocultaba debajo del clavicordio. Cada trueno hacía temblar la caja de resonancia, poniendo todas las notas a cantar. Del cielo caían los rayos ⁵ para construir aquella bóveda de calderones—órgano, pinar al viento, mandolina de grillos.

IX

Aquella mañana lo encerraron en su cuarto. Oyó murmullos en toda la casa y el almuerzo que le sirvieron fue demasiado suculento para un día de semana. Había seis pasteles de la con- ¹⁰ fitería de la Alameda —cuando sólo dos podían comerse, los domingos, después de misa. Se entretuvo mirando estampas de viajes, hasta que el abejeo creciente, entrando por debajo de las puertas, lo hizo mirar entre persianas. Llegaban hombres vestidos de negro, portando una caja con agarraderas de bronce. ¹⁵ Tuvo ganas de llorar, pero en ese momento apareció el calesero Melchor, luciendo sonrisa de dientes en lo alto de sus botas sonoras. Comenzaron a jugar al ajedrez. Melchor era caballo. Él, era Rey. Tomando las losas del piso por tablero, podía avanzar de una en una, mientras Melchor debía saltar una de ²⁰ frente y dos de lado, o viceversa. El juego se prolongó hasta más allá del crepúsculo, cuando pasaron los Bomberos del Comercio.

Al levantarse, fue a besar la mano de su padre que yacía en su cama de enfermo. El Marqués se sentía mejor, y habló a su ²⁵ hijo con el empaque y los ejemplos usuales. Los "Sí, padre" y los "No, padre," se encajaban entre cuenta y cuenta del rosario de preguntas, como las respuestas del ayudante en una misa. Marcial respetaba al Marqués, pero era por razones que nadie hubiera acertado a suponer. Lo respetaba porque era de ele- ³⁰ vada estatura y salía, en noches de baile, con el pecho rutilante de condecoraciones; porque le envidiaba el sable y los entorchados de oficial de milicias; porque, en Pascuas, había comido un pavo entero, relleno de almendras y pasas, ganando una apuesta; porque, cierta vez, sin duda con el ánimo de azotarla, ³⁵ agarró a una de las mulatas que barrían la rotonda, llevándola en brazos a su habitación. Marcial, oculto detrás de una cortina, la vio salir poco después, llorosa y desabrochada, alegrándose del castigo, pues era la que siempre vaciaba las fuentes de compota devueltas a la alacena.

5   El padre era un ser terrible y magnánimo al que debía amarse después de Dios. Para Marcial era más Dios que Dios, porque sus dones eran cotidianos y tangibles. Pero prefería el Dios del cielo, porque fastidiaba menos.

X

Cuando los muebles crecieron un poco más y Marcial supo como nadie lo que había debajo de las camas, armarios y var-
10 gueños, ocultó a todos un gran secreto: la vida no tenía encanto fuera de la presencia del calesero Melchor. Ni Dios, ni su padre, ni el obispo dorado de las procesiones del Corpus, eran tan importantes como Melchor.

Melchor venía de muy lejos. Era nieto de príncipes venci-
15 dos. En su reino había elefantes, hipopótamos, tigres y jirafas. Ahí los hombres no trabajaban, como Don Abundio, en habitaciones oscuras, llenas de legajos. Vivían de ser más astutos que los animales. Uno de ellos sacó el gran cocodrilo del lago azul, ensartándolo con una pica oculta en los cuerpos apretados de
20 doce ocas asadas. Melchor sabía canciones fáciles de aprender, porque las palabras no tenían significado y se repetían mucho. Robaba dulces en las cocinas; se escapaba, de noche, por la puerta de los cuadrerizos, y, cierta vez, había apedreado a los de la guardia civil, desapareciendo luego en las sombras de la
25 calle de la Amargura.

En días de lluvia, sus botas se ponían a secar junto al fogón de la cocina. Marcial hubiese querido tener pies que llenaran tales botas. La derecha se llamaba *Calambín*. La izquierda, *Calambán*. Aquel hombre que dominaba los caballos cerreros
30 con solo encajarles dos dedos en los belfos; aquel señor de terciopelos y espuelas, que lucía chisteras tan altas, sabía también lo fresco que era un suelo de mármol en verano, y ocultaba debajo de los muebles una fruta o un pastel arrebatados a las bandejas destinadas al Gran Salón. Marcial y Melchor tenían
35 en común un depósito secreto de grageas y almendras, que llamaban el "Urí, urí, urá," con entendidas carcajadas. Ambos habían explorado la casa de arriba abajo, siendo los únicos en

saber que existía un pequeño sótano lleno de frascos holande-
ses, debajo de las cuadras, y que en desván inútil, encima de los
cuartos de criadas, doce mariposas polvorientas acababan de
perder las alas en caja de cristales rotos.

XI

Cuando Marcial adquirió el hábito de romper cosas, olvidó a ⁵
Melchor para acercarse a los perros. Había varios en la casa.
El atigrado grande; el podenco que arrastraba las tetas; el
galgo, demasiado viejo para jugar; el lanudo que los demás
perseguían en épocas determinadas, y que las camareras tenían
que encerrar. Marcial prefería a Canelo porque sacaba zapatos ¹⁰
de las habitaciones y desenterraba los rosales del patio. Siempre negro de carbón o cubierto de tierra roja, devoraba la
comida de los demás, chillaba sin motivo, y ocultaba huesos
robados al pie de la fuente. De vez en cuando, también vaciaba
un huevo acabado de poner, arrojando la gallina al aire con ¹⁵
brusco palancazo del hocico. Todos daban de patadas al Canelo. Pero Marcial se enfermaba cuando se lo llevaban. Y el
perro volvía triunfante, moviendo la cola, después de haber
sido abandonado más allá de la Casa de Beneficencia, recobrando un puesto que los demás, con sus habilidades en la caza ²⁰
o desvelos en la guardia, nunca ocuparían.
 Canelo y Marcial orinaban juntos. A veces escogían la alfombra persa del salón, para dibujar en su lana formas de
nubes pardas que se ensanchaban lentamente. Esto costaba
castigo de cintarazos. Pero los cintarazos no dolían tanto como ²⁵
creían las personas mayores. Resultaban, en cambio, pretexto
admirable para armar concertantes de aullidos, y provocar la
compasión de los vecinos. Cuando la bizca del tejadillo califi-
caba a su padre de "bárbaro," Marcial miraba a Canelo, riendo
con los ojos. Lloraban un poco más para ganarse un bizcocho, ³⁰
y todo quedaba olvidado. Ambos comían tierra, se revolcaban
al sol, bebían en la fuente de los peces, buscaban sombra y perfume al pie de las albahacas. En horas de calor, los canteros
húmedos se llenaban de gente. Ahí estaba la gansa gris, con
bolsa colgante entre las patas zambas; el gallo viejo del culo ³⁵
pelado; la lagartija que decía, "urí, urá," sacándose del cuello
una corbata rosada; el triste jubo, nacido en ciudad sin hem-

bras; el ratón que tapiaba su agujero con una semilla de carey.
Un día, señalaron el perro a Marcial.

—¡Guau, guau!—dijo.

Hablaba su propio idioma. Había logrado la suprema liber-
5 tad. Ya quería alcanzar, con sus manos, objetos que estaban
fuera del alcance de sus manos.

XII

Hambre, sed, calor, dolor, frío. Apenas Marcial redujo su percepción a la de estas realidades esenciales, renunció a la luz que
ya le era accesoria. Ignoraba su nombre. Retirado el bautismo,
10 con su sal desagradable, no quiso ya el olfato, ni el oído, ni
siquiera la vista. Sus manos rozaban formas placenteras. Era
un ser totalmente sensible y táctil. El universo le entraba por
todos los poros. Entonces cerró los ojos que sólo divisaban
gigantes nebulosos y penetró en un cuerpo caliente, húmedo,
15 lleno de tinieblas, que moría. El cuerpo, al sentirlo arrebozado
con su propia sustancia, resbaló hacia la vida.

Pero ahora el tiempo corrió más pronto, adelgazando sus
últimas horas. Los minutos sonaban a glissando de naipes bajo
pulgar de jugador.

20 Las aves volvieron al huevo en torbellino de plumas. Los peces
cuajaron la hueva, dejando nevada de escamas en el fondo del
estanque. Las palmas doblaron las pencas, desapareciendo en
la tierra como abanicos cerrados. Los tallos sorbían sus hojas
y el suelo tiraba de todo lo que le perteneciera. El trueno re-
25 tumbaba en los corredores. Crecían pelos en la gamuza de los
guantes. Las mantas de lana se destejían, redondeando el vellón de carneros distantes. Los armarios, los vargueños, las
camas, los crucifijos, las mesas, las persianas, salieron volando
en la noche, buscando sus antiguas raíces al pie de las selvas.
30 Todo lo que tuviera clavos se desmoronaba. Un bergantín,
anclado no se sabía dónde, llevó presurosamente a Italia los
mármoles del piso y de la fuente. Las panoplias, los herrajes,
las llaves, las cazuelas de cobre, los bocados de las cuadras, se
derretían, engrosando un río de metal que galerías sin techo
35 canalizaban hacia la tierra. Todo se metamorfoseaba, regre-

sando a la condición primera. El barro volvió al barro, dejando un yermo en lugar de la casa.

XIII

Cuando los obreros vinieron con el día para proseguir la demolición, encontraron el trabajo acabado. Alguien se había llevado la estatua de Ceres, vendida la víspera a un anticuario. [5] Después de quejarse al Sindicato, los hombres fueron a sentarse en los bancos de un parque municipal. Uno recordó entonces la historia, muy difuminada, de una Marquesa de Capellanías, ahogada, en tarde de mayo, entre las malangas del Almendares. Pero nadie prestaba atención al relato, porque el sol viajaba de [10] oriente a occidente, y las horas que crecen a la derecha de los relojes deben alargarse por la pereza, ya que son las que más seguramente llevan a la muerte.

Cuestionario

A. 1. ¿Qué hace el viejo mientras los obreros trabajan?
2. ¿Qué ocurre cuando el viejo voltea el cayado?
3. ¿Qué título tiene don Marcial?
4. ¿Cómo murió la Marquesa?
5. ¿Qué estatua substituye a la de Ceres? ¿Qué significa el cambio?
6. ¿Quién es la de Campoflorido?
7. ¿Quién es don Abundio?
8. ¿Quién es Melchor?
9. ¿Qué le pasó a su madre cuando nació Marcial?
10. Al día siguiente, ¿qué encuentran los obreros?

B. 1. ¿Por qué es necesario utilizar un marco en este cuento?
2. ¿Participan los personajes del marco en el desarrollo de la anécdota?
3. ¿Con qué objeto se divide el cuento en partes?
4. ¿Cómo hace Carpentier para crear la ilusión de que el tiempo fluye hacia el pasado?
5. ¿Qué clase de imágenes predominan en el cuento? ¿Son las más apropiadas para dar expresión al tema?
6. ¿Sería posible que un personaje en vez del autor omnisciente contara la historia?

7. ¿En qué época se desarrolla la acción? ¿Cómo lo sabemos?
8. ¿Hay más de una anécdota en este cuento?
9. ¿Qué rasgos de realismo mágico encontramos en el cuento?
10. ¿Cómo es el estilo de Carpentier?

Temas

1. El problema del tiempo en "Viaje a la semilla."
2. Hacer un estudio de los motivos artísticos en el cuento.
3. La arquitectura y la música en "Viaje a la semilla."
4. El ambiente en "Viaje a la semilla."
5. El estilo de Alejo Carpentier según se refleja en este cuento.

Onelio Jorge Cardoso

(*Cuba, 1914–*   )

José Onelio Cardoso ganó en 1936 un premio con el cuento
"El milagro," hecho que le animó a seguir escribiendo. Después
de obtener otros premios, publicó en México, en 1945, su
primer libro, *Taita, diga usted cómo.* Desde ese año su
producción ha sido constante. En sus cuentos Cardoso pinta con
realismo, profundidad y comprensión la vida campesina de su
país. Mas no hay que pensar que su obra es monótona.
También tiene cuentos que se desarrollan en la ciudad y, con
frecuencia, en el mar. En sus mejores narraciones ("Mi hermana
Visia," "El cuentero," "El caballo de coral"), Cardoso logra
dar valor universal a esos temas y asuntos nacionales. En el
cuento que hemos seleccionado nos hace ver que los problemas
metafísicos no son patrimonio del erudito encerrado en su torre
de marfil. También desvelan al hombre común. El narrador
en el cuento es representativo del hombre al que le preocupan los
problemas trascendentales, a pesar de su simple estado social.
Ni para el más insignificante pescador de langostas, nos dice
Cardoso, es suficiente una vida limitada a las actividades
económicas. El caballo de coral se convierte en símbolo de la vida
espiritual necesaria en la existencia humana.

●BRAS. *Taita diga usted cómo,* México, 1945. *El cuentero,* La
Habana, 1958. *El caballo de coral,* Santa Clara, Cuba, 1960.
Cuentos completos, La Habana, 1960. *Gente de pueblo,* Las
Villas, Cuba, 1962. *La otra muerte del gato,* La Habana, 1964.
El perro, La Habana, 1964. *Iba caminando,* La Habana, 1965.

El caballo de coral

Éramos cuatro a bordo y vivíamos de pescar langostas. El "Eumelia" tenía un solo palo y cuando de noche un hombre llevaba entre las manos o las piernas el mango del timón, tres dormíamos hacinados en el oscuro castillo de proa y sintiendo
5 cómo con los vaivenes del casco nos llegaba el agua sucia de la cala a lamernos los tobillos.

Pero éramos cuatro obligados a aquella vida, porque cuando un hombre coge un derrotero y va echando cuerpo en el camino ya no puede volverse atrás. El cuerpo tiene la configuración
10 del camino y ya no puede en otro nuevo. Eso habíamos creído siempre, hasta que vino el quinto entre nosotros y ya no hubo manera de acomodarlo en el pensamiento. No tenía razón ni oficio de aquella vida y a cualquiera de nosotros le doblaba los años.[1] Además era rico y no había porqué enrolarlo por unos
15 pesos de participación. Era una cosa que no se entiende, que no gusta, que un día salta y se protesta después de haberse anunciado mucho en las miradas y en las palabras que no se quieren decir. Y al tercer día se dijo, yo por mí, lo dije:

—Mongo, ¿qué hace el rico aquí?, explícalo.
20 —Mirar el fondo del mar.

—Pero si no es langostero.

—Mirarlo por mirar.

—Eso no ayuda a meter la presa en el chapingorro.

—No, pero es para nosotros como si ya se tuviera la langosta
25 en el bolsillo vendida y cobrada.

—No entiendo nada.

—En buenas monedas, Lucio, en plata que rueda y se gasta.[2]

—¿Paga entonces?

[1] a cualquiera . . . años was twice as old as any of us
[2] en . . . gasta in hard cash

—Paga.
—¿Y a cuánto tocamos?[3]
—A cuanto queramos tocar.

Y Mongo empezó a mirarme fijamente y a sonreír como cuando buscaba que yo entendiera, sin más palabras, alguna [5] punta pícara de su pensamiento.

—¿Y sabe que a veces estamos algunas semanas sin volver a puerto?

Lo sabe.

—¿Y que el agua no es de nevera ni de botellón con el cuello [10] para abajo?

—Lo sabe.

—¿Y que aquí no hay dónde dormir que no sea tabla pura y dura?

—También lo sabe y nada pide, pero guárdate algunas pre- [15] guntas, Lucio, mira que en el mar son como los cigarros; luego las necesitas y ya no las tienes.

Y me volvió la espalda el patrón cuando estaba empezando a salir sobre El Cayuelo el lucero de la tarde.

Aquella noche yo pensé por dónde acomodaba al hombre en [20] mi pensamiento. Mirar, cara al agua, cuando hay sol y se trabaja, ¿acaso no es bajar el rostro para no ser reconocido de otro barco? ¿Y qué puede buscar un hombre que deja la tierra segura, y los dineros seguros? ¿Qué puede buscar sobre la pobre "Eumelia" que una noche de éstas se la lleva el viento [25] norte sin decir a dónde? Me dormí porque me ardían los ojos de haber estado todo el día mirando por el fondo de la cubeta y haciendo entrar de un culatazo las langostas en el chapingorro.[4] Me dormí como se duerme uno cuando es langostero, desde el fondo del pensamiento hasta la yema de los dedos. [30]

Al amanecer, como si fuera la luz, hallé la respuesta; otro barco de más andar ha de venir a buscarlo. A Yucatán irá, a tierra de mexicanos, por alguna culpa de las que no se tapan con dinero y hay que poner agua, tierra y cielo por medio. Por eso dice el patrón que tocaremos a como queramos tocar. Y me [35] pasé el día entero boca abajo sobre el bote con Pedrito a los

[3] ¿Y . . . tocamos? And what's our share?
[4] mirando . . . chapingorro looking through the bottom of the bucket and striking at the lobsters to make them go into the net

remos y el "Eumelia" anclado en un mar dulce y quieto, sin brisa, dejando mirarse el cielo en él.

—El hombre ha hecho lo mismo que tú; todo el día con la cabeza para abajo mirando el fondo—dijo sonriendo Pedrito y
5 yo, mientras me restregaba las manos para no mojar el segundo cigarro del día, le pregunté:

—¿No te parece que espera un barco?

—¿Qué barco?

—¡Vete tú a ponerle el nombre, qué sé yo! Acaso de matrí-
10 cula de Yucatán.

Los ojos azules de Pedrito se me quedaron mirando, inocentemente, con sus catorce años de edad y de mar.

—No sé lo que dices.

—Querrá irse de Cuba.

15 —Dijo que volvía a puerto, que cuando se vayan las calmas arribará a la costa de nuevo.

—¿Tú lo oíste?

—¡Claro! Se lo dijo a Mongo: "Mientras no haya viento estaré con ustedes, después volveré a casa."

20 —¡Cómo!

—El acuerdo es ése, Lucio, volverlo a puerto cuando empiecen aunque sean las brisas del mediodía.

Luego el hombre no quería escapar, y era rico. Hay que ser langostero para comprender que estas cosas no se entienden;
25 porque hasta una locura cualquiera piensa uno hacer un día por librarse para siempre de las noches en el castillo y proa y los días con el cuerpo boca abajo.

Le quité los remos y nos fuimos para el barco sin más palabras.
30 Cuando pasé por frente de la popa miré; estaba casi boca abajo. No miró nuestro bote ni pareció siquiera oír el golpe de los remos y sólo tuvo una expresión de contrariedad cuando una onda del remo vino a deshacer bajo su mirada el pedazo de agua clara por donde metía los ojos hasta el fondo del mar.
35 Uno puede hacer sus cálculos con un dinero por venir, pero hay una cosa que importa más: saber por qué se conduce un hombre que es como un muro sin sangre y con los ojos grandes y con la frente despejada. Por eso volví a juntarme con el patrón: —Mongo, ¿qué quiere? ¿Qué busca? ¿Por qué paga?
40 Mongo estaba remendando el jamo de un chapingorro y en-

treabrió los labios para hablar, pero sólo le salió una nubecita del cigarro que se partió en el aire en seguida.

—¿No me estás oyendo? —insistí.

—Sí.

—¿Y qué esperas para contestar?   5

—Porque sé lo que vas a preguntarme y estoy pensando de qué manera te puedo contestar.

—Con palabras.

—Sí, palabras, pero la idea . . .

Se volvió de frente a mí y dejó a su lado la aguja de trenzar.   10

Yo me mantuve unos segundos esperando y al fin quise apurarlo:

—La pregunta que yo hago no es nada del otro mundo ni de éste.

—Pero la respuesta sí tiene que ver con el otro mundo, Lucio   15 —me dijo muy serio y cuando yo cogí aire para decir mi sorpresa fue que[5] Pedrito dio la voz:

—¡Ojo, que nos varamos!

Nos echamos al mar y con el agua al cuello fuimos empujando el vientre del "Eumelia" hasta que se recobró y quedó de   20 nuevo flotando sobre un banco de arenilla que giraba sus remolinos. Mongo aprovechó para registrar el vivero por si las tablas del fondo,[6] y a mí me tocó hacer el almuerzo. De modo y manera que en todo el día no pude hablar con el patrón. Mas, pude ver mejor el rostro del hombre y por primera vez   25 comprendí que aquellos ojos, claros y grandes, no se podían mirar mucho rato de frente. No me dijo una palabra pero se tumbó junto a la barra del timón y se quedó dormido como una piedra. Cuando vino la noche el patrón lo despertó y en la oscuridad sorbió sólo un poco de sopa y se volvió a dormir otra   30 vez.

Estaba soplando una brisita suave que venía de los uveros de El Cayuelo y fregué como pude los platos en el mar para ir luego a la proa donde el patrón se había tumbado panza arriba bajo la luna llena. No le dije casi nada, empecé por donde   35 había dejado pendiente la cosa:

—La pregunta que yo hago no es nada del otro mundo ni de éste.

[5] fue que = fue cuando
[6] por si [acaso] las tablas del fondo [hubieran sido dañadas]

Sonrió blandamente bajo la luna. Se incorporó sin palabras y mientras prendía su tabaco, habló iluminándose la cara a relámpagos.

—Ya sé lo que puedo contestarte, Lucio, siéntate.

5 Pegué la espalda al palo de proa y me fui resbalando hasta quedar sentado.

—Escúchame, piensa que no está bien de la cabeza y que le vuelve el cuerpo a su dinero por estar aquí.

—¿Cabecibajo todo el día mirando el agua?

10 —El fondo.

—El agua o el fondo, ¿no es un disparate?

—¿Y qué importa si un hombre paga por su disparate?

—Importa.

—¿Por qué?

15 De pronto yo no sabía por qué, pero le dije algo como pude:

—Porque no basta sólo con tener un dinero ajeno al trabajo, uno quiere saber qué inspira la mano que lo da.

—La locura, suponte.

—¿Y es sano estar con un loco a bordo de cuatro tablas?

20 —Es una locura especial, Lucio, tranquila, sólo irreconciliable con el viento.

Aquello otra vez, y me enderecé para preguntarle:

—¿Qué juega el viento aquí, Mongo? Ya me lo dijo Pedrito. ¿Por qué quiere el mar como una balsa?

25 —Lo digo: locura, Lucio.

—¡No!—le contesté levantando la voz, y miré hacia popa en seguida seguro de haberlo despertado, pero sólo vi sus pies desnudos que se salían de la sombra del toldo y los bañaba la luna. Luego, cuando me volví a Mongo vi que tenía toda la cara

30 llena de risa:

—¡No te asustes, hombre! Es una locura tonta y paga por ella. Es incapaz de hacer daño.

—Pero un hombre tiene que desesperarse por otro—le dije rápido y comprendí que ahora sí había podido contestar lo que

35 quería.

—Bueno, pues te voy a responder: el hombre cree que hay alguien debajo del mar.

—¿Alguien?

—Un caballo.

40 —¡Cómo!

—Un caballo rojo, dice, muy rojo como el coral—. Y Mongo soltó una carcajada demasiado estruendosa, tanto que no me equivoqué; de pronto entre nosotros estaba el hombre y Mongo medio que se turbó preguntando:

—¿Qué pasa, paisano, se le fue el sueño?[7]

—Usted habla del caballo y yo no miento, yo en estas cosas no miento.

Me fui poniendo de pie poco a poco porque no le veía la cara. Solamente el contorno de la cabeza contra la luna y aquella cara sin duda había de estar molesta a pesar de que sus palabras habían sonado tranquilas; pero no, estaba quieto el hombre como el mar. Mongo no le dio importancia a nada, se puso mansamente de pie y dijo:

—Yo no pongo a nadie por mentiroso, pero no buscaré nunca un caballo vivo bajo el mar—y se deslizó en seguida a dormir por la boca cuadrada del castillo de proa.

—No, no lo buscará nunca—murmuró el hombre—y aunque lo busque no lo encontrará.

—¿Por qué no? —dije yo de pronto como si Mongo no supiera más del mar que nadie, y el hombre se ladeó ahora de modo que le dio la luna en la cara:

—Porque hay que tener ojos para ver. "El que tenga ojos vea."

—¿Ver qué, ver qué cosa?

—Ver lo que necesitan ver los ojos cuando ya lo han visto todo repetidamente.

Sin duda aquello era locura; locura de la buena y mansa . . .

Mongo tenía razón, pero a mí no me gusta ganar dinero de locos ni perder el tiempo con ellos. Por eso quise irme y di cuatro pasos para la popa cuando el hombre volvió a hablarme:

—Oiga, quédese; un hombre tiene que desesperarse por otro.

Eran mis propias palabras y sentí como si tuviera que responder por ellas:

—Bueno, ¿y qué?

—Usted se desespera por mí.

—No me interesa si quiere pasarse la vida mirando el agua o el fondo.

—No, pero le interesa saber por qué.

[7] **se le fue el sueño** can't you go back to sleep

—Ya lo sé.

—¿Locura?

—Sí, locura.

El hombre empezó a sonreír y habló dentro de su sonrisa:

5 —Lo que no se puede entender hay que ponerle algún nombre.

—Pero nadie puede ver lo que no existe. Un caballo está hecho para el aire con sus narices, para el viento con sus crines y las piedras con sus cascos.

10 —Pero también está hecho para la imaginación.

—¡Qué!

—Para echarlo a correr donde le plazca al pensamiento.

—Por eso usted lo pone a correr bajo el agua.

—Yo no lo pongo, él está bajo el agua; lo veo pasar y lo oigo.

15 Distingo entre la calma el lejano rumor de sus cascos que se vienen acercando al galope desbocado y luego veo sus crines de algas y su cuerpo rojo como los corales, como la sangre vista dentro de la vena sin contacto con el aire todavía.

Se había excitado visiblemente y yo sentí ganas de volverle

20 la espalda. Pero en secreto yo había advertido una cosa: que es lindo ver pasar un caballo así, aunque sea en palabras y ya se le quiere seguir viendo, aunque siga siendo en palabras de un hombre excitado. Este sentimiento, desde luego tenía que callarlo, porque tampoco me gustaba que me ganara la dis-

25 cusión.

—Está bien que se busque un caballo porque no tiene que buscarse el pan.

—Todos tenemos necesidad de un caballo.

—Pero el pan lo necesitan más hombres.

30 —Y todos el caballo.

—A mí déjeme con el pan porque es vida perra la que llevamos.

—Hártate de pan y luego querrás también el caballo.

Quizás yo no podía entender bien pero hay una zona de uno

35 en la cabeza o una luz relumbrada en las palabras que no se entienden bien, cuya luz deja un relámpago suficiente. Sin embargo, era una carga más pesada para mí que echarme todo el día boca abajo tras la langosta. Por eso me fui sin decir nada, con paso rápido que no permitía llamar otra vez, ni mucho

40 menos volverme atrás.

Como siempre el día volvió a apuntar por encima del Cayuelo y el viento a favor trajo los chillidos de las corúas. Yo calculé encontrarme a solas con Mongo y se lo dije ligero, sin esperar respuesta, mientras entraba con Pedrito en el bote:

—Olvídate de la parte mía, no le quito dinero al hombre.   5

Y nos fuimos a lo mismo de toda la vida: al agua transparente, el chapingorro y el fondo sembrado de hierbas, donde por primera vez eché a reír de pronto volviendo la cabeza a Pedrito:

—¿Qué te parece —le dije—, qué te parece si pesco en el cha-   10
pingorro un caballo de coral?

Sus ojos inocentes me miraron sin contestar, pero de pronto me sentí estremecido por sus palabras:

—Cuidado, Lucio, que el sol te está calentando demasiado la cabeza.   15

"El sol no, el hombre," pensé sin decirlo y con un poco de tristeza no sé por qué.

Pasaron tres días, como siempre iguales y como siempre el hombre callado comiendo poco y mirando mucho, siempre inclinado sobre la borda sin hacerles caso a aquellas indirectas   20
de Vicente que había estado anunciando en sus risitas y que acabaron zumbando en palabras:

—¡Hey!, paisano, más al norte las algas del fondo son mayores, parece que crecen mejor con el abono del animalito.

Aquello no me parecía una crueldad, sino una torpeza.   25
Antes yo me reía siempre con las cosas de Vicente pero ahora aquellas palabras eran tan por debajo y tristes al lado de la idea de un caballo rojo, desmelenado, libre, que pasaba haciendo resonar sus cascos en las piedras del fondo, y tanto me dolían que a la otra noche me acerqué de nuevo al hombre   30
aunque dispuesto a no ceder.

—Suponga que existe, suponga que pasa galopando por debajo. ¿Qué hace con eso? ¿Cuál es su destino?

—Su destino es pasar, deslumbrar, o no tener destino.

—¿Y vale el suplicio de pasarse los días como usted se los   35
pasa sólo por verlo correr y desvanecerse?

—Todo lo nuevo vale el suplicio, todo lo misterioso por venir vale siempre un sacrificio.

¡Tonterías, no pasará nunca, no existe, nadie lo ha visto!

—Yo lo he visto y lo volveré a ver.   40

Iba a contestarle, pero le estaba mirando los ojos y me quedé sin hablar. Tenía una fuerza tal de sinceridad en su mirada y una nobleza en su postura que no me atreví a desmentirlo. Tuve que separar la mirada para seguir sobre su
5 hombro el vuelo cercano de un alcatraz que de pronto cerró las alas y se tiró de un chapuzón al mar.

El hombre me puso entonces su mano blanda en el hombro:
—Usted también lo verá, júntese conmigo esta tarde.

Le tumbé la mano casi con rabia por decirme aquello. A mí
10 no me calentaba más la cabeza; que lo hiciera el sol que estaba en su derecho pero él no, él no tenía que hacerme mirar visiones ni de este ni del otro mundo.

—Me basta con las langostas. No tengo necesidad de otra cosa—. Y le volví la espalda, pero en el aire oí sus palabras.
15 —Tiene tanta necesidad como yo. "Tiene ojos para ver."

Aquel día casi no almorcé, no tenía apetito. Además, había empezado a correr en firme la langosta y había mucho que hacer. Así que antes que se terminara el reposo me fui con Pedrito en el bote y me puse a trabajar hasta las cinco de la
20 tarde en que ya no era posible distinguir en el fondo ningún animalito regular. Volvimos al barco y lo peor para mí, fue que los tres: Vicente, Pedrito y Mongo se fueron a la costa a buscar hicacos. Yo me hubiera ido con ellos, pero no los vi cuando se pusieron a remar. Me quedé en popa remendando
25 jamos y buscando cualquier trabajo que no me hiciera levantar la cabeza y encontrar al hombre. Estábamos anclados por el sur del Cayuelo, en el hondo. La calma era más completa que nunca. Ni las barbas del limo bajo el timón del "Eumelia" se movían. Sólo un agujón verde ondeaba el cristal del agua tras
30 la popa. El cielo estaba alto y limpio y el silencio dejaba oír la respiración misma en el aire. Así estaba cuando lo oí:
—¡Venga!

Se me cayó un jamo de la mano y las piernas quisieron impulsarme, pero me contuve.
35 —¡Venga, que viene!
—¡Usted no tiene derecho a contagiar a nadie de su locura!
—¿Tiene miedo de encontrarse con la verdad?

Aquello era mucho más de lo que yo esperaba. No dije nada entonces. De una patada me quité la canasta de enfrente y
40 corrí a popa para tirarme a su lado:

—Yo no tengo miedo—le dije.

—¡Oiga . . . es un rumor!

Aguanté cuanto pude la respiración[8] y luego me volví a él:

—Son las olas.

—No.

—Es el agua de la cala, las basuras que se fermentan allá abajo.

—Usted sabe que no.

—Es algo entonces, pero no puede ser eso.

—¡Óigalo, óigalo . . . a veces toca en las piedras!

¿Qué oía yo? Yo lo que oía, ¿lo estaba oyendo con mis oídos o con los de él? No sé, quizás me ardía demasiado la frente y la sangre me latía en las venas del cuello.

—Ahora, mire abajo, mire fijo.

Era como si me obligara, pero uno pone los ojos donde le da la gana y yo volví la cara al mar, sólo que me quedé mirando una hoja de mangle que flotaba en la superficie junto a nosotros.

—¡Viene, viene!—me dijo casi furiosamente, agarrándome el brazo hasta clavarme las uñas, pero yo seguí obstinadamente mirando la hoja de mangle. Sin embargo, el oído era libre, no había donde dirigirlo, hasta que el hombre se estremeció de pies a cabeza y casi gritó:

—¡Mírelo!

De un salto llevé los ojos de la hoja de mangle a la cara de él. Yo no quería ver nada de este mundo ni del otro. Tenía que matarme si me obligaba, pero súbitamente él se olvidó de mí; me fue soltando el brazo mientras abría cada vez más los ojos, y en tanto yo sin quererlo, miraba pasar por los ojos reflejado desde el fondo, un pequeño caballito rojo como el coral, encendido de las orejas a la cola, y que se perdía dentro de los propios ojos del hombre.

Hace algún tiempo de todo esto, y ahora de vez en cuando voy al mar a pescar bonito y alguna que otra vez langosta. Lo que no resisto es el pan escaso, ni tampoco me resigno a que no se converse de cosas de cualquier mundo, porque yo no sé si pasó galopando bajo el "Eumelia" o si lo vi sólo en los ojos de él, creado por la fiebre de su pensamiento que ardía en mi

---

[8] **Aguanté . . . respiración** I held my breath as long as I could

propia frente. El caso es que mientras más vueltas le doy a las ideas más fija se me hace una sola: aquélla de que el hombre siempre tiene dos hambres.

Cuestionario

A. 1. ¿Quién es Mongo?
  2. ¿Qué oficio tiene Lucio?
  3. ¿Por qué consiente Mongo en llevar al rico a bordo?
  4. ¿Cuántos hombres van en el "Eumelia"?
  5. ¿Qué le preocupa a Lucio?
  6. ¿Quién es Pedrito?
  7. ¿Qué busca el rico?
  8. ¿Qué edad tiene el rico?
  9. ¿Cómo es el caballo que busca el rico?
  10. ¿Ve Lucio al caballo?

B. 1. ¿Cuál es el tema de este cuento?
  2. ¿Son realistas las descripciones del ambiente?
  3. ¿Qué motivos artísticos encontramos en el cuento?
  4. ¿Está bien captada la sicología de los personajes?
  5. ¿Es verosímil la anécdota?
  6. ¿Hay unidad temporal?
  7. ¿Qué rasgos estilísticos predominan?
  8. ¿Qué función tienen los diálogos?
  9. ¿Está bien motivada la acción?
  10. ¿Cómo es el desenlace?

Temas

  1. Realidad y fantasía en "El caballo de coral."
  2. Caracterización de los personajes en "El caballo de coral."
  3. Tema y estructura de este cuento.
  4. Motivos y símbolos en "El caballo de coral."
  5. La función de la naturaleza en este cuento.

Juan Rulfo
(*México, 1918–*)

Juan Rulfo es autor de dos excelentes libros de ficciones, uno de cuentos (*El llano en llamas,* 1953) y una novela (*Pedro Páramo,* 1955). En ambos recrea el mundo campesino de México, dándole énfasis a los elementos mágico-realistas, los cuales expresa en estilo de origen popular pero artísticamente elaborado.

El interés en los cuentos de Rulfo no se halla en los desenlaces sino en el modo de desarrollar la anécdota, en los personajes, en los ambientes y en las emociones que comunica. Predomina la narración en primera persona ("Macario," "Nos han dado la tierra," "Luvina," "Talpa"), los personajes trágicos ("El hombre," "En la madrugada," "No oyes ladrar los perros"), los ambientes desolados ("Es que somos muy pobres," "Paso del norte"), hostiles, en donde el hombre lucha constantemente para sobrevivir. El ambiente mágico lo crea Rulfo por medio de la mezcla de motivos reales y fantásticos, o mejor, fantasmales.

El cuento que hemos seleccionado, "En la madrugada," es importante por varias razones. En primer lugar, Rulfo crea aquí personajes y ambientes no muy distantes de los que encontramos en su única novela. Don Justo ya prefigura al protagonista y Esteban a su asesino Abundio. Pero de mayor interés sin duda es el tema, que gira en torno a la idea de que es imposible esclarecer la verdad. ¿Quién mató a don Justo? En el fondo, hábilmente desarrollado, se encuentra el tema de los amores de don Justo y su sobrina, que sirve de motivación. Lo bien integrado de todos los motivos, lo bien delineado de los personajes, el fuerte conflicto emotivo, el estilo bien adaptado a la narración y lo complejo del problema temático hacen de éste uno de los mejores cuentos de Rulfo.

OBRAS. *El llano en llamas,* México, 1953. *Pedro Páramo,* México, 1955; ed. escolar, New York, 1970. "Tres relatos," en *Pedro Páramo y El llano en llamas,* Barcelona, 1969.

En la madrugada

San Gabriel sale de la niebla húmedo de rocío. Las nubes de la noche durmieron sobre el pueblo buscando el calor de la gente. Ahora está por salir el sol y la niebla se levanta despacio, enrollando su sábana, dejando hebras blancas encima de
5 los tejados. Un vapor gris, apenas visible, sube de los árboles y de la tierra mojada atraído por las nubes; pero se desvanece en seguida. Y detrás de él aparece el humo negro de las cocinas, oloroso a encino quemado, cubriendo el cielo de cenizas. Allá lejos los cerros están todavía en sombras.
10 Una golondrina cruzó las calles y luego sonó el primer toque del alba.

Las luces se apagaron. Entonces una mancha como de tierra envolvió al pueblo, que siguió roncando un poco más, adormecido en el color del amanecer.

15 Por el camino de Jiquilpan, bordeado de camichines, el viejo Esteban viene montado en el lomo de una vaca, arreando el ganado de la ordeña. Se ha subido allí para que no le brinquen a la cara los chapulines. Se espanta los zancudos con su sombrero y de vez en cuando intenta chiflar, con su boca sin
20 dientes, a las vacas, para que no se queden rezagadas. Ellas caminan rumiando, salpicándose con el rocío de la hierba. La mañana está aclarando. Oye las campanadas del alba en San Gabriel y se baja de la vaca, arrodillándose en el suelo y haciendo la señal de la cruz con los brazos extendidos.
25 Una lechuza grazna en el hueco de los árboles y entonces él brinca de nuevo al lomo de la vaca, se quita la camisa para que con el aire se le vaya el susto, y sigue su camino.

"Una, dos . . . diez," cuenta las vacas al estar pasando el guardaganado que hay a la entrada del pueblo. A una de ellas la detiene por las orejas y le dice estirando la trompa: "Ora te van a desahijar, motilona.[1] Llora si quieres; pero es el último día que verás a tu becerro." La vaca lo mira con sus ojos tranquilos, se lo sacude con la cola y camina hacia adelante. Están dando la última campanada del alba. 5

No se sabe si las golondrinas vienen de Jiquilpan o salen de San Gabriel; sólo se sabe que van y vienen zigzagueando, mojándose el pecho en el lodo de los charcos sin perder el vuelo;[2] algunas llevan algo en el pico, recogen el lodo con las plumas timoneras y se alejan, saliéndose del camino, perdiéndose en el 10 sombrío horizonte.

Las nubes están ya sobre las montañas, tan distantes, que sólo parecen parches grises prendidos a las faldas de aquellos cerros azules.

El viejo Esteban mira las serpentinas de colores que corren 15 por el cielo: rojas, anaranjadas, amarillas. Las estrellas se van haciendo blancas. Las últimas chispas se apagan y brota el sol, entero, poniendo gotas de vidrio en la punta de la hierba.

"Yo tenía el ombligo frío de traerlo al aire. Ya no me acuerdo por qué. Llegué al zaguán del corral y no me abrieron. 20 Se quebró la piedra con la que estuve tocando la puerta y nadie salió. Entonces creí que mi patrón don Justo se había quedado dormido. No les dije nada a las vacas, ni les expliqué nada; me fui sin que me vieran, para que no fueran a seguirme. Busqué donde estuviera bajita la barda y por allí me 25 trepé y caí al otro lado, entre los becerros. Y ya estaba yo quitando la tranca del zaguán cuando vi al patrón don Justo que salía de donde estaba el tapanco, con la niña[3] Margarita dormida en sus brazos y que atravesaba el corral sin verme. Yo me escondí hasta hacerme perdedizo arrejolándome contra la 30 pared,[4] y de seguro no me vio. Al menos eso creí."

El viejo Esteban dejó entrar las vacas una por una, mientras las ordeñaba. Dejó al último a la desahijada, que se estuvo brame y brame, hasta que por pura lástima la dejó entrar.

---

[1] **Ora [Ahora]** . . . **motilona** Now they are going to take your calf, you hornless one
[2] **sin perder el vuelo** without interrupting their flight
[3] **niña** Miss (*title of respect*)
[4] **Yo** . . . **pared** I hid myself from sight by pressing closely against the wall

"Por última vez —le dijo—; míralo y lengüetéalo; míralo como si fuera a morir. Estás ya por parir y todavía te encariñas con este grandullón." Y a él: "Saboréalas nomás, que ya no son tuyas; te darás cuenta de que esta leche es leche tierna como para un recién nacido." Y le dio de patadas cuando vio que mamaba de las cuatro tetas. "Te romperé las jetas, hijo de res."

"Y le hubiera roto el hocico si no hubiera surgido por allí el patrón don Justo, que me dio de patadas a mí para que me calmara. Me zurró una sarta de porrazos⁵ que hasta me quedé dormido entre las piedras, con los huesos tronándome de tan zafados que los tenía. Me acuerdo que duré todo ese día entelerido y sin poder moverme por la hinchazón que me resultó después y por el mucho dolor que todavía me dura.

"¿Qué pasó luego? Yo no lo supe. No volví a trabajar con él. Ni yo ni nadie, porque ese mismo día se murió. ¿No lo sabía usted? Me lo vinieron a decir a mi casa, mientras estaba acostado en el catre, con la vieja allí a mi lado poniéndome fomentos y cataplasmas. Me llegaron con ese aviso. Y que dizque yo lo había matado, dijeron los díceres. Bien pudo ser; pero yo no me acuerdo. ¿No cree usted que matar a un prójimo deja rastros? Los debe de dejar, y más tratándose de un superior de uno. Pero desde el momento que⁶ me tienen aquí en la cárcel por algo ha de ser, ¿no cree usted? Aunque, mire, yo bien que me acuerdo de hasta el momento que le pegué al becerro y de cuando el patrón se me vino encima, hasta allí va muy bien la memoria; después todo está borroso. Siento que me quedé dormido de a tiro y que cuando desperté estaba en mi catre, con la vieja allí a mi lado consolándome de mis dolencias como si yo fuera un chiquillo y no este viejo desportillado que yo soy. Hasta le dije: ¡Ya cállate! Me acuerdo muy bien que se lo dije, ¿cómo no iba a acordarme de que había matado a un hombre? Y, sin embargo, dicen que maté a don Justo. ¿Con qué dicen que lo maté? ¿Que dizque con una piedra, verdad? Vaya, menos mal, porque si dijeron que había sido con un cuchillo estarían zafados, porque yo no cargo cuchillo desde que era muchacho y de eso hace ya una buena hilera de años."

⁵ **Me . . . porrazos** He thrashed me so soundly
⁶ **desde el momento que** since

Justo Brambila dejó a su sobrina Margarita sobre la cama, cuidando de no hacer ruido. En la pieza contigua dormía su hermana, tullida desde hacía dos años, inmóvil, con su cuerpo hecho de trapo; pero siempre despierta. Solamente tenía un rato de sueño, al amanecer; entonces se dormía como si se en- 5 tregara a la muerte.

Despertaba al salir el sol, ahora. Cuando Justo Brambila dejaba el cuerpo dormido de Margarita sobre la cama, ella comenzaba a abrir los ojos. Oyó la respiración de su hija y preguntó: "¿Dónde has estado anoche, Margarita?" Y antes 10 que comenzaran los gritos que acabarían por despertarla, Justo Brambila abandonó el cuarto, en silencio.

Eran las seis de la mañana.

Se dirigió al corral para abrirle el zaguán al viejo Esteban. Pensó también en subir al tapanco, para deshacer la cama 15 donde él y Margarita habían pasado la noche. "Si el señor cura autorizara esto, yo me casaría con ella; pero estoy seguro de que armará un escándalo si se lo pido. Dirá que es un incesto y nos excomulgará a los dos. Más vale dejar las cosas en secreto." En eso iba pensando cuando se encontró al viejo Esteban pele- 20 ándose con el becerro, metiendo sus manos como de alambre en el hocico del animal y dándole de patadas en la cabeza. Parecía que el becerro ya estaba derrengado[7] porque restregaba sus patas en el suelo sin poder enderezarse.

Corrió y agarró al viejo por el cuello y lo tiró contra las 25 piedras, dándole de puntapiés y gritándole cosas de las que él nunca conoció su alcance.[8] Después sintió que se le nublaba la cabeza y que caía rebotando contra el empedrado del corral. Quiso levantarse y volvió a caer, y al tercer intento se quedó quieto. Una nublazón negra le cubrió la mirada cuando quiso 30 abrir los ojos. No sentía dolor, sólo una cosa negra que le fue oscureciendo el pensamiento hasta la oscuridad total.

El viejo Esteban se levantó ya alto el sol. Se fue caminando a tientas, quejándose. No se supo cómo abrió la puerta y se echó a la calle. No se supo cómo llegó a su casa, llevando los 35 ojos cerrados, dejando aquel reguero de sangre por todo el camino. Llegó y se recostó en su catre y volvió a dormirse.

---

[7] **estaba derrengado** had its spine broken
[8] **de las . . . alcance** the intent of which he never knew

Serían las once de la mañana cuando entró Margarita en el corral, buscando a Justo Brambila, llorando porque su madre le había dicho después de mucho sermonearla que era una prostituta.
5 Encontró a Justo Brambila muerto.

"Que dizque yo lo maté. Bien pudo ser. Pero también pudo ser que él se haya muerto de coraje. Tenía muy mal genio. Todo le parecía mal: que estaban sucios los pesebres; que las pilas no tenían agua; que las vacas estaban re flacas. Todo le
10 parecía mal; hasta que yo estuviera flaco no le gustaba. Y cómo no iba a estar flaco si apenas comía. Si me la pasaba⁹ en un puro viaje con las vacas: las llevaba a Jiquilpan, donde él había comprado un potrero de pasturas; esperaba a que comieran y luego me las traía de vuelta para llegar con ellas de madrugada.
15 Aquello parecía una eterna peregrinación.

"Y ahora ya ve usted, me tienen detenido en la cárcel y que me van a juzgar la semana que entra porque criminé¹⁰ a don Justo. Yo no me acuerdo; pero bien pudo ser. Quizá los dos estábamos ciegos y no nos dimos cuenta de que nos matábamos
20 uno al otro. Bien pudo ser. La memoria, a esta edad mía, es engañosa; por eso yo le doy gracias a Dios, porque si acaban con todas mis facultades, ya no pierdo mucho, ya que casi no me queda ninguna. Y en cuanto a mi alma, pues áhi también a Él se la encomiendo."

25 Sobre San Gabriel estaba bajando otra vez la niebla. En los cerros azules brillaba todavía el sol. Una mancha de tierra cubría el pueblo. Después vino la oscuridad. Esa noche no encendieron las luces, de luto, pues don Justo era el dueño de la luz. Los perros aullaron hasta el amanecer. Los vidrios de
30 colores de la iglesia estuvieron encendidos hasta amanecer con la luz de los cirios, mientras velaban el cuerpo del difunto. Voces de mujeres cantaban en el semisueño de la noche: "Salgan, salgan, salgan, ánimas de penas" con voz de falsete. Y las campanas estuvieron doblando a muerto toda la noche,
35 hasta el amanecer, hasta que fueron cortadas por el toque del alba.

⁹ me la pasaba = me pasaba la vida
¹⁰ criminé (here) = maté

Cuestionario

A. 1. ¿Quién es Esteban?
2. ¿Qué relación hay entre Esteban y don Justo?
3. ¿Por qué no le abren la puerta a Esteban?
4. ¿Cómo entra? ¿Qué ve?
5. ¿Por qué castiga don Justo a Esteban?
6. ¿Qué le pasa a don Justo?
7. ¿A quién acusan de la muerte de don Justo? ¿Por qué?
8. ¿Qué tiene la madre de Margarita?
9. ¿Por qué no se casa don Justo con Margarita?
10. ¿Quién mató a don Justo?

B. 1. ¿Hay un marco en este cuento? ¿Una introducción?
2. ¿Qué función desempeña la naturaleza en el cuento?
3. ¿Hay elementos de realismo mágico?
4. ¿A quién relata Esteban los hechos ocurridos?
5. ¿Cómo se desarrolla la acción?
6. ¿Es el incesto el tema del cuento?
7. ¿Hay protesta social?
8. ¿Cuál es el origen del conflicto?
9. ¿Qué rasgos estilísticos predominan?
10. ¿Es original la estructura del cuento?

Temas

1. Hacer un análisis literario de este cuento.
2. Comparar las estructuras de "En la madrugada" y "El muerto."
3. Escribir un diálogo imitando el estilo de Rulfo.
4. Leer otro cuento de Rulfo y compararlo con éste.
5. El tema de "En la madrugada."

Juan José Arreola

(México, 1918–)

El primer libro de cuentos de Arreola, *Varia invención* (1949),
contiene diecisiete prosas, entre las que se encuentran "Un pacto
con el diablo" y "La migala," cuentos que marcan una nueva
trayectoria a la narrativa mexicana. En el primero introduce
la nota fantástica y en el segundo el horror, reminiscente de la
manera de Edgar Allan Poe. Este libro da al cuento mexicano
un tono cosmopolita que ha de crear toda una tradición.
Al mismo tiempo, el autor se revela como gran prosista y como
dominador de la técnica del cuento. Esas prosas, poéticas muchas
de ellas, sirven de introducción al mundo imaginativo de
Arreola, mundo en el cual predomina la ironía, sobre todo en la
caracterización de los personajes y en la actitud ante los
problemas del hombre contemporáneo. Las mismas características
encontramos en los cuentos de su mejor libro, *Confabulario*
(1952), colección de veinte narraciones escritas en estilo sutil,
efectivo, rico en imágenes poéticas que representan punto
culminante en el desarrollo de la prosa mexicana. Destacan los
cuentos "El guardagujas," "En verdad os digo," "Pueblerina,"
"Corrido" y "El prodigioso miligramo." Pero todos estos
cuentos son significativos, por la excelente prosa, por la compleja
sicología de los personajes, por la profundidad de los temas
desarrollados. Lo esencial en Arreola, como podemos ver en
"El prodigioso miligramo," es tanto la creación de mundos
irreales como la sutileza con que sabe burlarse de las instituciones
humanas.

OBRAS. *Gunther Stapenhorst*, México, 1946. *Varia invención,*
México, 1949. *Cinco cuentos*, México, 1951. *Confabulario,*
México, 1952. *Bestiario*, México, 1958. *Confabulario total,*
México, 1962. *Palindroma*, México, 1971.

El prodigioso miligramo

> *. . . moverán prodigiosos miligramos.*
> CARLOS PELLICER.[1]

Una hormiga censurada por la sutileza de sus cargas y por sus frecuentes distracciones, encontró una mañana, al desviarse nuevamente del camino, un prodigioso miligramo.

5 Sin detenerse a meditar en las consecuencias del hallazgo, cogió el miligramo y se lo puso en la espalda. Comprobó con alegría una carga justa para ella. El peso ideal de aquel objeto daba a su cuerpo extraña energía: como el peso de las alas en el cuerpo de los pájaros. En realidad, una de las causas que anticipan la muerte de las hormigas es la ambiciosa desconsi-
10 deración de sus propias fuerzas. Después de entregar en el depósito de cereales un grano de maíz, la hormiga que lo ha conducido a través de un kilómetro, apenas tiene fuerzas para arrastrar al cementerio su propio cadáver.

La hormiga del hallazgo ignoraba su fortuna, pero sus pasos
15 demostraron la prisa ansiosa del que huye llevando un tesoro. Un vago y saludable sentimiento de reivindicación comenzaba a henchir su espíritu. Después de un larguísimo rodeo, hecho con alegre propósito, se unió al hilo de sus compañeras que regresaban todas, al caer la tarde, con la carga solicitada ese
20 día: pequeños fragmentos de hoja de lechuga cuidadosamente recortados. El camino de las hormigas formaba una delgada y confusa crestería de diminuto verdor. Era imposible engañar a nadie: el miligramo desentonaba violentamente en aquella perfecta uniformidad.

25 Ya en el hormiguero, las cosas empezaron a agravarse. Las guardianas de la puerta, y las inpectoras situadas en todas las galerías, fueron poniendo objeciones cada vez más serias al extraño cargamento. Las palabras "miligramo" y "prodigioso" sonaron aisladamente, aquí y allá, en labios de algunas enten-

---

[1] **Carlos Pellicer** (1899–   ), poeta mexicano

didas. Hasta que la inspectora jefe, sentada con gravedad ante una mesa imponente, se atrevió a unirlas diciendo con sorna a la hormiga confundida: "Probablemente nos ha traído usted un prodigioso miligramo. La felicito de todo corazón, pero mi deber es dar parte a la policía." 5

Los funcionarios del orden público son las personas menos aptas para resolver cuestiones de prodigios y de miligramos. Ante un caso imprevisto por el código penal, procedieron con apego a las ordenanzas comunes y corrientes, confiscando el miligramo con hormiga y todo. Como los antecedentes de la 10 acusada eran pésimos, se juzgó que un proceso era de trámite legal. Y las autoridades competentes se hicieron cargo del asunto.

La lentitud habitual de los procedimientos judiciales iba en desacuerdo con la ansiedad de la hormiga, cuya extraña con- 15 ducta la predispuso hasta con sus propios abogados. Obedeciendo al dictado de convicciones cada vez más profundas, respondía con altivez a todas las preguntas que se le hacían. Propagó el rumor de que se cometían en su caso gravísimas injusticias, y anunció que muy pronto sus enemigos tendrían 20 que reconocer forzosamente la importancia del hallazgo. Tales despropósitos atrajeron sobre ella todas las sanciones disponibles. En el colmo del orgullo, dijo que lamentaba sinceramente formar parte de un hormiguero tan imbécil. Al oír semejantes palabras, el fiscal pidió con voz estentórea una 25 sentencia de muerte.

En esa circunstancia vino a salvarla el informe de un célebre alienista, que puso en claro su desequilibrio mental. Por las noches, en vez de dormir, la prisionera se ponía a darle vueltas a su miligramo, lo pulía cuidadosamente, y pasaba largas horas 30 en una especie de éxtasis contemplativo. Durante el día lo llevaba a cuestas, de un lado a otro, en el estrecho y oscuro calabozo. Se acercó al fin de su vida presa de terrible agitación. Tanto, que el médico de guardia pidió tres veces que se le cambiara de celda. La celda era cada vez más grande, pero la 35 agitación de la hormiga crecía con el espacio disponible. No hizo el menor caso a todos los curiosos que iban a contemplar, en número creciente, el espectáculo de su desordenada agonía. Dejó de comer casi por completo, se negó a recibir a los periodistas y guardó un mutismo absoluto. 40

Las autoridades superiores decidieron finalmente trasladar a un sanatorio a la hormiga enloquecida. Pero las decisiones oficiales adolecen siempre de lentitud.

Un día, al amanecer, el carcelero halló quieta la celda, y
5 llena de un extraño esplendor. El prodigioso miligramo brillaba en el suelo, como un diamente inflamado de luz propia. Cerca de él yacía la hormiga heroica, patas arriba, consumida y transparente.

La noticia de su muerte y la virtud prodigiosa del miligramo
10 se derramaron como inundación en todas las galerías. Caravanas de visitantes recorrían la celda, improvisada en capilla ardiente. Las hormigas se daban contra el suelo en su desesperación. De sus ojos, deslumbrados por la visión del miligramo, corrían las lágrimas en tal abundancia que la organización de
15 los funerales se vio complicada con un problema de drenaje. A falta de ofrendas florales suficientes, las hormigas conmovidas saqueaban los depósitos para cubrir el cadáver de la víctima con pirámides de alimentos.

El hormiguero vivió días indescriptibles, mezcla de admira-
20 ción, de orgullo y de dolor. Se organizaron exequias suntuosas, colmadas de bailes y banquetes. Rápidamente se inició la construcción de un santuario para el miligramo, y la hormiga incomprendida y asesinada obtuvo el honor de un mausoleo. Las autoridades fueron depuestas y acusadas de traición.

25 A duras penas logró funcionar poco después un consejo de ancianos que puso término a la prolongada etapa de orgiásticos honores. La vida volvió a su curso normal, gracias a innumerables fusilamientos. Los ancianos más sagaces derivaron entonces la corriente de admiración devota que despertara el mili-
30 gramo a una forma cada vez más rígida de religión oficial. Se nombraron guardianes y sacerdotes. En torno al santuario fue surgiendo un círculo de grandes edificios, y una extensa burocracia comenzó a ocuparlos en rigurosa jerarquía. La capacidad económica del floreciente hormiguero se vio seriamente
35 comprometida.

Lo peor de todo fue que el desorden, expulsado de la superficie, prosperaba una vida inquietante y subterránea. Aparentemente, el hormiguero vivía tranquilo y compacto, dedicado al trabajo y al culto, pese al gran número de funcionarios
40 que se pasaban la vida desempeñando tareas cada vez menos

apreciables. Es imposible decir cuál hormiga albergó en su
mente los primeros pensamientos funestos. Tal vez fueron
muchas las que pensaron al mismo tiempo, cayendo en la
tentación.

En todo caso, se trataba de hormigas ambiciosas y ofuscadas 5
que consideraron, blasfemas, la humilde condición de la hormiga descubridora. Entrevieron la posibilidad de que todos
los homenajes tributados a la gloriosa difunta les fueran dis-
cernidos a ellas en vida. Empezaron a tomar actitudes sospe-
chosas. Divagadas y melancólicas, se extraviaban adrede del 10
camino y volvían al hormiguero con las manos vacías. Contes-
taban a las inspectoras sin disimular su arrogancia; frecuente-
mente se hacían pasar por enfermas y anunciaban para muy
pronto un hallazgo sensacional. Y las propias autoridades no
podían evitar la idea de que una de aquellas lunáticas llegara 15
con un prodigio sobre sus débiles espaldas.

Las hormigas comprometidas obraban en secreto, y digámos-
lo así, por cuenta propia. De haber sido posible un interroga-
torio general, las autoridades habrían llegado a la conclusión
de que un cincuenta por ciento de las hormigas, en lugar de 20
preocuparse por mezquinos cereales y frágiles hortalizas, tenía
los ojos puestos en la incorruptible sustancia del miligramo.

Un día ocurrió lo que debía ocurrir. Como si se hubieran
puesto de acuerdo, seis hormigas comunes y corrientes, que
parecían de las más normales, llegaron al hormiguero con 25
sendos objetos extraños² que hicieron pasar, ante la general
expectación, por miligramos de prodigio. Naturalmente, no
obtuvieron los honores que esperaban, pero fueron exoneradas
ese mismo día de todo servicio, y se les otorgó una renta vitalicia.

Acerca de los seis miligramos, fue imposible decir nada en 30
concreto. El recuerdo de la imprudencia anterior apartó a las
autoridades de todo propósito judicial. Los ancianos se lava-
ron las manos en consejo, y dieron a la población una amplia
libertad de juicio. Los supuestos miligramos se ofrecieron a la
admiración pública en las vitrinas de un modesto recinto, y 35
todas las hormigas opinaron según su leal saber y entender.

Esta debilidad por parte de las autoridades, sumada al silencio culpable de la crítica, precipitó la ruina del hormiguero.
De allí en adelante cualquier hormiga, agotada por el trabajo

² **con . . . extraños** each one with a strange object

o tentada por la pereza, podía reducir sus ambiciones de gloria a los límites de una pensión vitalicia, libre de obligaciones serviles. Y el hormiguero comenzó a llenarse de falsos miligramos.

⁵ En vano algunas hormigas viejas y sensatas recomendaron medidas precautorias, tales como el uso de balanzas y la confrontación minuciosa de cada nuevo miligramo con el modelo original. Nadie les hizo caso. Sus proposiciones, que ni siquiera fueron discutidas en asamblea, hallaron punto final en ¹⁰ las palabras de una hormiga flaca y descolorida que proclamó abiertamente y en voz alta sus opiniones personales. Según la irreverente, el famoso miligramo original, por más prodigioso que fuera, no tenía por qué sentar un precedente de calidad. Lo prodigioso no debía ser impuesto en ningún caso como una ¹⁵ condición forzosa a los nuevos miligramos encontrados.

El poco de contención que les quedaba a las hormigas desapareció en un momento. En adelante las autoridades fueron incapaces de reducir o tasar la cuota de objetos que el hormiguero podía recibir diariamente bajo el título de miligramos. ²⁰ Se les negó cualquier derecho de veto, y ni siquiera lograron que cada hormiga cumpliera con sus obligaciones. Todas quisieron salvar su condición de trabajadoras, mediante la búsqueda de miligramos.

El depósito para esta clase de artículos llegó a ocupar las dos ²⁵ terceras partes del hormiguero, sin contar las colecciones particulares, algunas de ellas famosas por la valía de sus piezas. Respecto a los miligramos comunes y corrientes, descendió tanto su precio que en los días de mayor afluencia podían obtenerse a cambio de una bicoca. No debe negarse que de cuando ³⁰ en cuando llegaban al hormiguero algunos ejemplares estimables. Pero corrían la suerte de las peores bagatelas. Legiones de aficionados se dedicaron a exaltar el mérito de los miligramos de más dudosa calidad, fomentando así un general desconcierto.

³⁵ En su desesperación de no hallar miligramos auténticos, muchas hormigas acarreaban verdaderas obscenidades e inmundicias. Galerías enteras fueron clausuradas por razones de salubridad. El ejemplo de una hormiga extravagante hallaba al día siguiente millares de imitadores. A costa de grandes esfuer⁴⁰ zos, y empleando todas sus reservas de sentido común, los

ancianos del consejo seguían llamándose autoridades y hacían vagos ademanes de gobierno.

Los burócratas y los miembros del culto, no contentos con su holgada situación, abandonaron el templo y las oficinas para echarse a la busca de miligramos, tratando de aumentar gajes y 5 honores. La policía dejó prácticamente de existir, y los motines y las revoluciones eran cotidianas. Bandas de asaltantes profesionales aguardaban en las cercanías del hormiguero para despojar a las afortunadas que volvían con un miligramo valioso. Coleccionistas resentidos denunciaban a sus rivales y pro- 10 movían largos juicios, buscando la venganza del cateo y la expropiación. Las disputas dentro de las galerías degeneraban fácilmente en riñas, y éstas en asesinatos. . . El índice de mortalidad alcanzó una cifra pavorosa. Los nacimientos disminuyeron de manera alarmante, y las criaturas, faltas de aten- 15 ción adecuada, morían por centenares.

El santuario que custodiaba el miligramo verdadero se convirtió en tierra de nadie. Las hormigas, ocupadas en la discusión de los hallazgos más escandalosos, ni siquiera acudían a visitarlo. De vez en cuando, algún devoto rezagado llamaba 20 la atención de las autoridades sobre su estado de ruina y de abandono. Lo más que se conseguía era un poco de limpieza. Media docena de irrespetuosas barrenderas daban unos cuantos escobazos, mientras decrépitos ancianos pronunciaban largos discursos y cubrían la tumba de la hormiga con deplorables 25 ofrendas, hechas casi de puros desperdicios.

Sepultado entre nubarrones de desorden, el prodigioso miligramo brillaba en el olvido. Llegó incluso a circular la especie escandalosa de que había sido robado por manos sacrílegas. Una copia de mala calidad suplantaba al miligramo auténtico, 30 que pertenecía ya a la colección de una hormiga criminal, enriquecida en el comercio de miligramos. Rumores sin fundamento, pero nadie se inquietaba ni se conmovía; nadie llevaba a cabo una investigación que les pusiera fin. Y los ancianos del consejo, cada día más débiles y achacosos, se cruzaban de brazos 35 ante el desastre inminente.

El invierno se acercaba, y la amenaza de muerte detuvo el delirio de las imprevisoras hormigas. Ante la crisis alimenticia, las autoridades decidieron ofrecer en venta un gran lote de miligramos a una comunidad vecina, compuesta de acaudaladas 40 hormigas. Todo lo que consiguieron fue deshacerse de unas cuantas piezas de verdadero mérito, por un puñado de hortalizas y cereales. Pero se les hizo una oferta de alimentos suficientes para todo el invierno, a cambio del miligramo original.

5   El hormiguero en bancarrota se aferró a su miligramo como a una tabla de salvación. Después de interminables conferencias y discusiones, cuando ya el hambre mermaba el número de las supervivientes en beneficio de las hormigas ricas, éstas abrieron la puerta de su casa a las dueñas del prodigio. Contra-
10 jeron la obligación de alimentarlas hasta el fin de sus días, exentas de todo servicio. Al ocurrir la muerte de la última hormiga extranjera, el miligramo pasaría a ser propiedad de las compradoras.

¿Hay que decir lo que ocurrió poco después en el nuevo hor-
15 miguero? Las huéspedes difundieron allí el germen de su contagiosa idolatría.

Actualmente las hormigas afrontan una crisis universal. Olvidando sus costumbres, tradicionalmente prácticas y utilitarias, se entregan en todas partes a una desenfrenada búsque-
20 da de miligramos. Comen fuera del hormiguero, y sólo almacenan sutiles y deslumbrantes objetos. Tal vez muy pronto desaparezcan como especie zoológica y solamente nos quedará, encerrado en dos o tres fábulas ineficaces, el recuerdo de sus antiguas virtudes.

Cuestionario

A. 1. ¿Cuál era la carga solicitada ese día?
    2. ¿Qué trae una de las hormigas?
    3. ¿Qué dicen las guardianas?
    4. ¿Cómo se salva la hormiga de la pena de muerte?
    5. ¿Qué ocurre en su celda?
    6. ¿Qué pasa en el hormiguero después de la muerte de la hormiga?
    7. ¿Qué entrevén otras hormigas?
    8. ¿Qué es lo que precipita la ruina del hormiguero?
    9. ¿Cómo se soluciona la crisis alimenticia?
   10. ¿Qué ocurrió en el nuevo hormiguero?

B. 1. ¿Se podría decir que "El prodigioso miligramo" es una fábula?
    2. ¿Qué simboliza el prodigioso miligramo?

3. ¿A qué instituciones sociales se satiriza?
4. ¿Qué tono predomina en el cuento?
5. ¿Es el punto de vista el más adecuado?
6. ¿Logra Arreola crear la verosimilitud a pesar de que no utiliza un marco?
7. ¿Por qué no optaría el autor por el uso de diálogos?
8. ¿Qué simbolizan los hormigueros?
9. ¿Hay algunos elementos poéticos en el estilo?
10. ¿Cómo hace Arreola para crear el tono satírico?

Temas

1. Comparar "El prodigioso miligramo" y "Fragmentos de un diario íntimo."
2. Hacer un análisis literario de "El prodigioso miligramo."
3. El estilo de Arreola según se refleja en este cuento.
4. Simbolismo y crítica social en "El prodigioso miligramo."
5. Leer otro cuento de Arreola y compararlo con éste.

Julio Cortázar

(*Argentina, 1914–*)

Julio Cortázar se dio a conocer como cuentista en 1951 con los ocho relatos publicados bajo el título *Bestiario,* aunque no todos traten de animales. En algunos, como "Casa tomada," sólo se sugiere la presencia de un bicho, que no llegamos a saber qué sea. En *Final del juego* hay un excelente relato, "Axólotl," en donde la transformación del narrador en ese enigmático animal de los aztecas está hábilmente captada. Su tercer libro de cuentos, *Las armas secretas* (1959), le da fama internacional. Allí aparece "El perseguidor," cuento que representa un cambio en el desarrollo de Cortázar como narrador, ya que es allí donde primero trata de profundizar en problemas sicológicos en vez de crear mundos fantásticos. La misma tendencia reaparece en su siguiente libro de cuentos, *Historias de cronopios y de famas* (1962), aunque este libro es más bien una combinación de las dos técnicas, la del cuento sicológico y la del cuento fantástico. Todos estos experimentos en el arte de la narración se convierten en normas expresivas en *Todos los fuegos el fuego* (1966), colección de ocho significativos cuentos entre los que destacan "La autopista del sur," relato a la manera de Kafka en torno a un problema contemporáneo, y "La señorita Cora," en donde se expresan admirablemente los sentimientos de un adolescente a través del múltiple punto de vista. Estos cambios, dentro de la misma frase, nos parecen enteramente adecuados, ya que no confunden al lector, una vez que se ha enterado del procedimiento. Cortázar es sin duda uno de los maestros de la narración corta.

OBRAS. *Bestiario,* Buenos Aires, 1951. *Final del juego,* México, 1956. *Las armas secretas,* Buenos Aires, 1959. *Historias de cronopios y de famas,* Buenos Aires, 1962. *Todos los fuegos el fuego,* Buenos Aires, 1966. *Relatos,* Buenos Aires, 1970 [contiene los libros anteriores].

La señorita Cora

We'll send your love to college, all for a year or two,
And then perhaps in time the boy will do for you.

> The trees that grow so high.
> (*Canción folklórica inglesa.*)

No entiendo por qué no me dejan pasar la noche en la clínica
con el nene, al fin y al cabo soy su madre y el doctor De Luisi
nos recomendó personalmente al director. Podrían traer un
sofá cama y yo lo acompañaría para que se vaya acostum-
5 brando, entró tan pálido el pobrecito como si fueran a operarlo
en seguida, yo creo que es ese olor de las clínicas, su padre
también estaba nervioso y no veía la hora de irse,[1] pero yo
estaba segura de que me dejarían con el nene. Después de todo
tiene apenas quince años y nadie se los daría,[2] siempre pegado
10 a mí aunque ahora con los pantalones largos quiere disimular
y hacerse el hombre grande. La impresión que le habrá hecho
cuando se dio cuenta de que no me dejaban quedarme, menos
mal que su padre le dio charla, le hizo poner el piyama y meterse en la cama. Y todo por esa mocosa de enfermera, yo me
15 pregunto si verdaderamente tiene órdenes de los médicos o si
lo hace por pura maldad. Pero bien que se lo dije, bien que le
pregunté si estaba segura de que tenía que irme. No hay más
que mirarla para darse cuenta de quién es, con esos aires de
vampiresa y ese delantal ajustado, una chiquilina de porquería
20 que se cree la directora de la clínica. Pero eso sí, no se la llevó
de arriba,[3] le dije lo que pensaba y eso que el nene no sabía
dónde meterse de vergüenza y su padre se hacía el desentendido y de paso seguro que le miraba las piernas como de costumbre. Lo único que me consuela es que el ambiente es
25 bueno, se nota que es una clínica para personas pudientes; el
nene tiene un velador de lo más lindo para leer sus revistas, y
por suerte su padre se acordó de traerle caramelos de menta

---

[1] **no . . . irse** he could hardly wait to leave
[2] **nadie se los daría** no one would believe it
[3] **no . . . arriba** she did not get away with it so easily

que son los que más le gustan. Pero mañana por la mañana,
eso sí, lo primero que hago es hablar con el doctor De Luisi
para que la ponga en su lugar a esa mocosa presumida. Habrá
que ver si la frazada lo abriga bien al nene, voy a pedir que por
las dudas le dejen otra a mano. Pero sí, claro que me abriga, 5
menos mal que se fueron de una vez, mamá cree que soy un
chico y me hace hacer cada papelón.[4] Seguro que la enfermera
va a pensar que no soy capaz de pedir lo que necesito, me miró
de una manera cuando mamá le estaba protestando. . . Está
bien, si no la dejaban quedarse qué le vamos a hacer, ya soy 10
bastante grande para dormir solo de noche, me parece. Y en
esta cama se dormirá bien, a esta hora ya no se oye ningún
ruido, a veces de lejos el zumbido del ascensor que me hace
acordar a esta película de miedo que también pasaba en una
clínica, cuando a medianoche se abría poco a poco la puerta y 15
la mujer paralítica en la cama veía entrar al hombre de la
máscara blanca. . .

La enfermera es bastante simpática, volvió a las seis y media
con unos papeles y me empezó a preguntar mi nombre completo, la edad y esas cosas. Yo guardé la revista en seguida 20
porque hubiera quedado mejor estar leyendo un libro de veras
y no una fotonovela, y creo que ella se dio cuenta pero no dijo
nada, seguro que todavía estaba enojada por lo que le había
dicho mamá y pensaba que yo era igual que ella y que le iba a
dar órdenes o algo así. Me preguntó si me dolía el apéndice y 25
le dije que no, que esa noche estaba muy bien. "A ver el
pulso," me dijo, y después de tomármelo anotó algo más en la
planilla y la colgó a los pies de la cama. "¿Tenés hambre?,"
me preguntó, y yo creo que me puse colorado porque me tomó
de sorpresa que me tuteara, es tan joven que me hizo impre- 30
sión. Le dije que no, aunque era mentira porque a esa hora
siempre tengo hambre. "Esta noche vas a cenar muy liviano,"
dijo ella, y cuando quise darme cuenta ya me había quitado el
paquete de caramelos de menta y se iba. No sé si empecé a
decirle algo, creo que no. Me daba una rabia que me hiciera 35
eso como a un chico, bien podía haberme dicho que no tenía
que comer caramelos, pero llevárselos. . . Seguro que estaba
furiosa por lo de mamá y se desquitaba conmigo, de puro re-

[4] **me . . . papelón** makes me perform such ridiculous acts

sentida; qué sé yo, después que se fue se me pasó de golpe el fastidio, quería seguir enojado con ella pero no podía. Qué joven es, clavado que no tiene ni diecinueve años, debe haberse recibido de enfermera hace muy poco. A lo mejor viene para
5 traerme la cena; le voy a preguntar cómo se llama, si va a ser mi enfermera tengo que darle un nombre. Pero en cambio vino otra, una señora muy amable vestida de azul que me trajo un caldo y bizcochos y me hizo tomar unas pastillas verdes. También ella me preguntó cómo me llamaba y si me sentía
10 bien, y me dijo que en esta pieza dormiría tranquilo porque era una de las mejores de la clínica, y es verdad porque dormí hasta casi las ocho en que me despertó una enfermera chiquita y arrugada como un mono pero muy amable, que me dijo que podía levantarme y lavarme pero antes me dio un termómetro
15 y me dijo que me lo pusiera como se hace en estas clínicas, y yo no entendí porque en casa se pone debajo del brazo, y entonces me explicó y se fue. Al rato vino mamá y qué alegría verlo tan bien, yo que me temía que hubiera pasado la noche en blanco el pobre querido, pero los chicos son así, en la casa tanto tra-
20 bajo y después duermen a pierna suelta aunque estén lejos de su mamá que no ha cerrado los ojos la pobre. El doctor De Luisi entró para revisar al nene y yo me fui un momento afuera porque ya está grandecito, y me hubiera gustado en-contrármela a la enfermera de ayer para verle bien la cara y
25 ponerla en su sitio nada más que mirándola de arriba abajo, pero no había nadie en el pasillo. Casi en seguida salió el doctor De Luisi y me dijo que al nene iban a operarlo a la mañana siguiente, que estaba muy bien y en las mejores con-diciones para la operación, a su edad una apendicitis es una
30 tontería. Le agradecí mucho y aproveché para decirle que me había llamado la atención la impertinencia de la enfermera de la tarde, se lo decía porque no era cosa de que a mi hijo fuera a faltarle la atención necesaria. Después entré en la pieza para acompañar al nene que estaba leyendo sus revistas y ya sabía
35 que lo iban a operar al otro día. Como si fuera el fin del mundo, me mira de un modo la pobre, pero si no me voy a morir, mamá, haceme un poco el favor.[5] Al Cacho le sacaron el apéndice en el hospital y a los seis días ya estaba queriendo

---

[5] haceme [hacedme; *instead of* hazme] . . . favor please!

jugar al fútbol. Andate tranquila que estoy muy bien y no me
falta nada. Sí, mamá, sí, diez minutos queriendo saber si me
duele aquí o más allá, menos mal que se tiene que ocupar de
mi hermana en casa, al final se fue y yo pude terminar la fotonovela que había empezado anoche.   5

La enfermera de la tarde se llama la señorita Cora, se lo pregunté a la enfermera chiquita cuando me trajo el almuerzo; me
dieron muy poco de comer y de nuevo pastillas verdes y unas
gotas con gusto a menta; me parece que esas gotas hacen dormir
porque se me caían las revistas de la mano y de golpe estaba   10
soñando con el colegio y que íbamos a un picnic con las chi-
cas del normal como el año pasado y bailábamos a la orilla de
la pileta, era muy divertido. Me desperté a eso de las cuatro y
media y empecé a pensar en la operación, no que tenga miedo,
el doctor De Luisi dijo que no es nada, pero debe ser raro la   15
anestesia y que te corten cuando estás dormido, el Cacho decía
que lo peor es despertarse, que duele mucho y por ahí vomitás
y tenés fiebre. El nene de mamá ya no está tan garifo como
ayer, se le nota en la cara que tiene un poco de miedo, es tan
chico que casi me da lástima. Se sentó de golpe en la cama   20
cuando me vio entrar y escondió la revista debajo de la almohada. La pieza estaba un poco fría y fui a subir la calefacción,
después traje el termómetro y se lo di. "¿Te lo sabés poner?",
le pregunté, y las mejillas parecía que iban a reventársele de
rojo que se puso. Dijo que sí con la cabeza y se estiró en la   25
cama mientras yo bajaba las persianas y encendía el velador.
Cuando me acerqué para que me diera el termómetro seguía
tan ruborizado que estuve a punto de reírme, pero con los
chicos de esa edad siempre pasa lo mismo, les cuesta acos-
tumbrarse a esas cosas. Y para peor me mira en los ojos, por   30
qué no le puedo aguantar esa mirada si al final no es más que
una mujer, cuando saqué el termómetro de debajo de las frazadas y se lo alcancé, ella me miraba y yo creo que se sonreía
un poco, se me debe notar tanto que me pongo colorado, es
algo que no puedo evitar, es más fuerte que yo. Después anotó 35
la temperatura en la hoja que está a los pies de la cama y se
fue sin decir nada. Ya casi no me acuerdo de lo que hablé con
papá y mamá cuando vinieron a verme a las seis. Se quedaron
poco porque la señorita Cora les dijo que había que pre-
pararme y que era mejor que estuviese tranquilo la noche   40

antes. Pensé que mamá iba a soltarle alguna de las suyas[6] pero
la miró nomás de arriba abajo, y papá también pero yo al viejo
le conozco las miradas, es algo muy diferente. Justo cuando se
estaba yendo la oí a mamá que le decía a la señorita Cora: "Le
5 agradeceré que lo atienda bien, es un niño que ha estado siempre muy rodeado por su familia," o alguna idiotez por el estilo,
y me hubiera querido morir de rabia, ni siquiera escuché lo
que le contestó la señorita Cora, pero estoy seguro de que no le
gustó, a lo mejor piensa que me estuve quejando de ella o algo
10 así.

Volvió a eso de las seis y media con una mesita de esas de
ruedas llena de frascos y algodones, y no sé por qué de golpe
me dio un poco de miedo, en realidad no era miedo pero
empecé a mirar lo que había en la mesita, toda clase de frasco
15 azules o rojos, tambores de gasa y también pinzas y tubos de
goma, el pobre debía estar empezando a asustarse sin la mamá
que parece un papagayo endomingado, le agradeceré que
atienda bien al nene, mire que he hablado con el doctor De
Luisi, pero sí, señora, se lo vamos a atender como a un prín-
20 cipe. Es bonito su nene, señora, con esas mejillas que se le
arrebolan apenas me ve entrar. Cuando le retiré las frazadas
hizo un gesto como para volver a taparse, y creo que se dio
cuenta de que me hacía gracia verlo tan pudoroso. "A ver,
bajate el pantalón del piyama," le dije sin mirarlo en la cara.
25 "¿El pantalón?", preguntó con una voz que se le quebró en un
gallo.[7] "Sí, claro, el pantalón", repetí, y empezó a soltar el
cordón y a desabotonarse con unos dedos que no le obedecían.
Le tuve que bajar yo misma el pantalón hasta la mitad de los
muslos, y era como me lo había imaginado. "Ya sos un chico
30 crecidito," le dije, preparando la brocha y el jabón aunque la
verdad es que poco tenía para afeitar. "¿Cómo te llaman en tu
casa?," le pregunté mientras lo enjabonaba. "Me llamo Pablo,"
me contestó con una voz que me dio lástima, tanta era la vergüenza. "Pero te darán algún sobrenombre," insistí, y fue
35 todavía peor porque me pareció que se iba a poner a llorar
mientras yo le afeitaba los pocos pelitos que andaban por ahí.
"¿Así que no tenés ningún sobrenombre? Sos el nene solamente, claro." Terminé de afeitarlo y le hice una seña para

[6] **iba . . . suyas** was going to give forth with one of her customary remarks
[7] **se . . . gallo** ended on a false note

que se tapara, pero él se adelantó y en un segundo estuvo cubierto hasta el pescuezo. "Pablo es un bonito nombre," le dije para consolarlo un poco; casi me daba pena verlo tan avergonzado, era la primera vez que me tocaba atender a un muchachito tan joven y tan tímido, pero me seguía fastidiando algo ⁵ en él que a lo mejor le venía de la madre, algo más fuerte que su edad y que no me gustaba, y hasta me molestaba que fuera tan bonito y tan bien hecho para sus años, un mocoso que ya debía creerse un hombre y que a la primera de cambio sería capaz de soltarme un piropo.   10

Me quedé con los ojos cerrados, era la única manera de escapar un poco de todo eso, pero no servía de nada porque justamente en ese momento agregó: "¿Así que no tenés ningún sobrenombre? Sos el nene solamente, claro," y yo hubiera querido morirme, o agarrarla por la garganta y ahogarla, y ¹⁵ cuando abrí los ojos le vi el pelo castaño casi pegado a mi cara porque se había agachado para sacarme un resto de jabón, y olía a shampoo de almendra como el que se pone la profesora de dibujo, o algún perfume de esos, y no supe qué decir y lo único que se me ocurrió fue preguntarle: "¿Usted se llama ²⁰ Cora, verdad?" Me miró con aire burlón, con esos ojos que ya me conocían y que me habían visto por todos lados, y dijo: "La señorita Cora." Lo dijo para castigarme, lo sé, igual que antes había dicho: "Ya sos un chico crecidito," nada más que para burlarse. Aunque me daba rabia tener la cara colorada, ²⁵ eso no lo puedo disimular nunca y es lo peor que me puede ocurrir, lo mismo me animé a decirle: "Usted es tan joven que . . . Bueno, Cora es un nombre muy lindo." No era eso, lo que yo había querido decirle era otra cosa y me parece que se dio cuenta y le molestó, ahora estoy seguro de que está resen- ³⁰ tida por culpa de mamá, yo solamente quería decirle que era tan joven que me hubiera gustado poder llamarla Cora a secas, pero cómo se lo iba a decir en ese momento cuando se había enojado y ya se iba con la mesita de ruedas y yo tenía unas ganas de llorar, esa es otra cosa que no puedo impedir, de golpe ³⁵ se me quiebra la voz y veo todo nublado, justo cuando necesitaría estar más tranquilo para decir lo que pienso. Ella iba a salir pero al llegar a la puerta se quedó un momento como para ver si no se olvidaba de alguna cosa, y yo quería decirle lo que estaba pensando pero no encontraba las palabras y lo único ⁴⁰

que se me ocurrió fue mostrarle la taza con el jabón, se había
sentado en la cama y después de aclararse la voz dijo: "Se le
olvida la taza con el jabón," muy seriamente y con un tono de
hombre grande. Volví a buscar la taza y un poco para que se
5 calmara le pasé la mano por la mejilla. "No te aflijas, Pablito,"
le dije. "Todo irá bien, es una operación de nada." Cuando lo
toqué echó la cabeza atrás como ofendido, y después resbaló
hasta esconder la boca en el borde de las frazadas. Desde ahí,
ahogadamente, dijo: "Puedo llamarla Cora, ¿verdad?" Soy
10 demasiado buena, casi me dio lástima tanta vergüenza que buscaba desquitarse por otro lado, pero sabía que no era el caso de
ceder porque después me resultaría difícil dominarlo, y a un
enfermo hay que dominarlo o es lo de siempre, los líos de
María Luisa en la pieza catorce o los retos del doctor De Luisi
15 que tiene un olfato de perro para esas cosas. "Señorita Cora,"
me dijo tomando la taza y yéndose. Me dio una rabia, unas
ganas de pegarle, de saltar de la cama y echarla a empujones,
o de . . . Ni siquiera comprendo cómo pude decirle: "Si yo
estuviera sano a lo mejor me trataría de otra manera." Se hizo
20 la que no oía, ni siquiera dio vuelta la cabeza, y me quedé solo
y sin ganas de leer, sin ganas de nada, en el fondo hubiera
querido que me contestara enojada para poder pedirle disculpas porque en realidad no era lo que yo había pensado decirle,
tenía la garganta tan cerrada que no sé cómo me habían salido
25 las palabras, se lo había dicho de pura rabia pero no era eso, o
a lo mejor sí pero de otra manera.

Y sí, son siempre lo mismo, una los acaricia, les dice una frase
amable, y ahí nomás asoma el machito, no quieren conven-
cerse de que todavía son unos mocosos. Esto tengo que con-
30 társelo a Marcial, se va a divertir y cuando mañana lo vea en la
mesa de operaciones le va a hacer todavía más gracia, tan tier-
nito el pobre con esa carucha arrebolada, maldito calor que me
sube por la piel, cómo podría hacer para que no me pase eso, a
lo mejor respirando hondo antes de hablar, qué sé yo. Se debe
35 haber ido furiosa, estoy seguro de que escuchó perfectamente,
no sé cómo le dije eso, yo creo que cuando le pregunté si podía
llamarla Cora no se enojó, me dijo lo de señorita porque es su
obligación pero no estaba enojada, la prueba es que vino y me
acarició la cara; pero no, eso fue antes, primero me acarició y
40 entonces yo le dije lo de Cora y lo eché todo a perder. Ahora

estamos peor que antes y no voy a poder dormir aunque me
den un tubo de pastillas. La barriga me duele de a ratos, es
raro pasarse la mano y sentirse tan liso, lo malo es que me
vuelvo a acordar de todo y del perfume de almendras, la voz de
Cora, tiene una voz muy grave para una chica tan joven y 5
linda, una voz como de cantante de boleros, algo que acaricia
aunque esté enojada. Cuando oí pasos en el corredor me acosté
del todo y cerré los ojos, no quería verla, no me importaba
verla, mejor que me dejara en paz, sentí que entraba y que
encendía la luz del cielo raso, se hacía el dormido como un 10
angelito, con una mano tapándose la cara, y no abrió los ojos
hasta que llegué al lado de la cama. Cuando vio lo que traía se
puso tan colorado que me volvió a dar lástima y un poco de
risa, era demasiado idiota realmente. "A ver, m'hijito, bájese
el pantalón y dése vuelta para el otro lado," y el pobre a punto 15
de patalear como haría con la mamá cuando tenía cinco años,
me imagino, a decir que no y a llorar y a meterse debajo de las
cobijas y a chillar, pero el pobre no podía hacer nada de eso
ahora, solamente se había quedado mirando el irrigador y
después a mí que esperaba, y de golpe se dio vuelta y empezó a 20
mover las manos debajo de las frazadas pero no atinaba a nada
mientras yo colgaba el irrigador en la cabecera, tuve que bajarle
las frazadas y ordenarle que levantara un poco el trasero para
correrle mejor el pantalón y deslizarle una toalla. "A ver, subí
un poco las piernas, así está bien, echate más de boca, te digo 25
que te eches más de boca, así." Tan callado que era casi como
si gritara, por una parte me hacía gracia estarle viendo el culito
a mi joven admirador, pero de nuevo me daba un poco de
lástima por él, era realmente como si lo estuviera castigando
por lo que me había dicho. "Avisá si está muy caliente," 30
le previne, pero no contestó nada, debía estar mordiéndose un
puño y yo no quería verle la cara y por eso me senté al borde
de la cama y esperé a que dijera algo, pero aunque era mucho
líquido lo aguantó sin una palabra hasta el final, y cuando
terminó le dije, y eso sí se lo dije para cobrarme lo de antes: 35
"Así me gusta, todo un hombrecito," y lo tapé mientras le
recomendaba que aguantase lo más posible antes de ir al baño.
"¿Querés que te apague la luz o te la dejo hasta que te le-
vantes?," me preguntó desde la puerta. No sé cómo alcancé a
decirle que era lo mismo, algo así, y escuché el ruido de la 40

puerta al cerrarse entonces me tapé la cabeza con las frazadas y
qué le iba a hacer, a pesar de los cólicos me mordí las dos manos y lloré tanto que nadie, nadie puede imaginarse lo que
lloré mientras la maldecía y la insultaba y le clavaba un cuchi-
5 llo en el pecho cinco, diez, veinte veces, maldiciéndola cada vez
y gozando de lo que sufría y de cómo me suplicaba que la per-
donase por lo que me había hecho.

   Es lo de siempre, che Suárez, uno corta y abre, y en una de
esas la gran sorpresa. Claro que a la edad del pibe tiene todas
10 las chances a su favor, pero lo mismo le voy hablar claro al
padre, no sea cosa que en una de esas tengamos un lío. Lo más
probable es que haya una buena reacción, pero ahí hay algo
que falla, pensá en lo que pasó al comienzo de la anestesia: parece mentira en un pibe de esa edad. Lo fui a ver a las dos
15 horas y lo encontré bastante bien si pensás en lo que duró la
cosa. Cuando entró el doctor De Luisi yo estaba secándole la
boca al pobre, no terminaba de vomitar y todavía le duraba la
anestesia pero el doctor lo auscultó lo mismo y me pidió que
no me moviera de su lado hasta que estuviera bien despierto.
20 Los padres siguen en la otra pieza, la buena señora se ve que no
está acostumbrada a estas cosas, de golpe se le acabaron las pa-
radas, y el viejo parece un trapo. Vamos, Pablito, vomitá si
tenés ganas y quejate todo lo que quieras, yo estoy aquí, sí,
claro que estoy aquí, el pobre sigue dormido pero me agarra la
25 mano como si se estuviera ahogando. Debe creer que soy la
mamá, todos creen eso, es monótono. Vamos, Pablo, no te mue-
vas así, quieto que te va a doler más, no, dejá las manos tranquilas, ahí no te podés tocar. Al pobre le cuesta salir de la
anestesia, Marcial me dijo que la operación había sido muy
30 larga. Es raro, habrán encontrado alguna complicación: a
veces el apéndice no está tan a la vista, le voy a preguntar a
Marcial esta noche. Pero sí, m'hijito, estoy aquí, quéjese todo
lo que quiera pero no se mueva tanto, yo le voy a mojar los
labios con este pedacito de hielo en una gasa, así se le va pasan-
35 do la sed. Sí, querido, vomitá más, aliviate todo lo que quieras.
Qué fuerza tenés en las manos, me vas a llenar de moretones, sí,
sí, llorá si tenés ganas, llorá, Pablito, eso alivia, llorá y quejate,
total estás tan dormido y creés que soy tu mamá. Sos bien bonito, sabés, con esa nariz un poco respingada y esas pestañas como

cortinas, parecés mayor ahora que estás tan pálido. Ya no te
pondrías colorado por nada, verdad, mi pobrecito. Me duele,
mamá, me duele aquí, dejame que me saque ese peso que me
han puesto, tengo algo en la barriga que pesa tanto y me duele,
mamá, decile a la enfermera que me saque eso. Sí, m'hijito, ya ⁵
se le va a pasar, quédese un poco quieto, por qué tendrás tanta
fuerza, voy a tener que llamar a María Luisa para que me
ayude. Vamos, Pablo, me enojo si no te estás quieto, te va a
doler mucho más si seguís moviéndote tanto. Ah, parece que
empezás a darte cuenta, me duele aquí, señorita Cora, me duele ¹⁰
tanto aquí, hágame algo por favor, me duele tanto aquí,
suélteme las manos, no puedo más, señorita Cora, no puedo
más.

Menos mal que se ha dormido el pobre querido, la enfermera me vino a buscar a las dos y media y me dijo que me que- ¹⁵
dara un rato con él que ya estaba mejor, pero lo veo tan
pálido, ha debido perder tanta sangre, menos mal que el doctor
De Luisi dijo que todo había salido bien. La enfermera estaba
cansada de luchar con él, yo no entiendo por qué no me hizo
entrar antes, en esta clínica son demasiado severos. Ya es casi ²⁰
de noche y el nene ha dormido todo el tiempo, se ve que está
agotado, pero me parece que tiene mejor cara, un poco de
color. Todavía se queja de a ratos pero ya no quiere tocarse el
vendaje y respira tranquilo, creo que pasará bastante buena
noche. Como si yo no supiera lo que tengo que hacer, pero era ²⁵
inevitable; apenas se le pasó el primer susto a la buena señora
le salieron otra vez los desplantes de patrona, por favor que al
nene no le vaya a faltar nada por la noche, señorita. Decí que
te tengo lástima, vieja estúpida, si no ya ibas a ver cómo te
trataba. Las conozco a éstas, creen que con una buena propina ³⁰
el último día lo arreglan todo. Y a veces la propina ni siquiera
es buena, pero para qué seguir pensando, ya se mandó mudar y
todo está tranquilo. Marcial, quedate un poco, no ves que el
chico duerme, contame lo que pasó esta mañana. Bueno, si
estás apurado lo dejamos para después. No, mirá que puede ³⁵
entrar María Luisa, aquí no, Marcial. Claro, el señor se sale
con la suya, ya te he dicho que no quiero que me beses cuando
estoy trabajando, no está bien. Parecería que no tenemos toda
la noche para besarnos, tonto. Andate. Váyase le digo, o me

enojo. Bobo, pajarraco. Sí, querido, hasta luego. Claro que
sí. Muchísimo.

Está muy oscuro pero es mejor, no tengo ni ganas de abrir
los ojos. Casi no me duele, qué bueno estar así respirando
5 despacio, sin esas náuseas. Todo está tan callado, ahora me
acuerdo que vi a mamá, me dijo no sé qué, yo me sentía tan
mal. Al viejo lo miré apenas, estaba a los pies de la cama y me
guiñaba un ojo, el pobre siempre el mismo. Tengo un poco de
frío, me gustaría otra frazada. Señorita Cora, me gustaría otra
10 frazada. Pero si estaba ahí, apenas abrí los ojos la vi sentada al
lado de la ventana leyendo una revista. Vino en seguida y me
arropó, casi no tuve que decirle nada porque se dio cuenta en
seguida. Ahora me acuerdo, yo creo que esta tarde la confun-
día con mamá y que ella me calmaba, o a lo mejor estuve
15 soñando. ¿Estuve soñando, señorita Cora? Usted me sujetaba
las manos, ¿verdad? Yo decía tantas pavadas, pero es que me
dolía mucho, y las náuseas. . . Discúlpeme, no debe ser nada
lindo ser enfermera. Sí, usted se ríe pero yo sé, a lo mejor la
manché y todo. Bueno, no hablaré más. Estoy tan bien así, ya
20 no tengo frío. No, no me duele mucho, un poquito solamente.
¿Es tarde, señorita Cora? Sh, usted se queda calladito ahora, y
le he dicho que no puede hablar mucho, alégrese de que no le
duela y quédese bien quieto. No, no es tarde, apenas las siete.
Cierre los ojos y duerma. Así. Duérmase ahora.
25   Sí, yo querría pero no es tan fácil. Por momentos me parece
que me voy a dormir, pero de golpe la herida me pega un tirón
o todo me da vueltas en la cabeza, y tengo que abrir los ojos y
mirarla, está sentada al lado de la ventana y ha puesto la pantalla para leer sin que me moleste la luz. ¿Por qué se quedará
30 aquí todo el tiempo? Tiene un pelo precioso, le brilla cuando
mueve la cabeza. Y es tan joven, pensar que hoy la confundí
con mamá, es increíble. Vaya a saber qué cosas le dije, se debe
haber reído otra vez de mí. Pero me pasaba hielo por la boca,
eso me aliviaba tanto, ahora me acuerdo, me puso agua colonia
35 en la frente y en el pelo, y me sujetaba las manos para que no
me arrancara el vendaje. Ya no está enojada conmigo, a lo
mejor mamá le pidió disculpas o algo así, me miraba de otra
manera cuando me dijo: "Cierre los ojos y duérmase." Me
gusta que me mire así, parece mentira lo del primer día cuando
40 me quitó los caramelos. Me gustaría decirle que es tan linda,

que no tengo nada contra ella, al contrario, que me gusta que
sea ella la que me cuida de noche y no la enfermera chiquita.
Me gustaría que me pusiera otra vez agua colonia en el pelo.
Me gustaría que me pidiera perdón, que me dijera que la
puedo llamar Cora.   5

   Se quedó dormido un buen rato, a las ocho calculé que el
doctor De Luisi no tardaría y lo desperté para tomarle la temperatura. Tenía mejor cara y le había hecho bien dormir.
Apenas vio el termómetro sacó una mano fuera de las cobijas,
pero le dije que se estuviera quieto. No quería mirarlo en los   10
ojos para que no sufriera pero lo mismo se puso colorado y
empezó a decir que él podía muy bien solo. No le hice caso,
claro, pero estaba tan tenso el pobre que no me quedó más
remedio que decirle: "Vamos, Pablo, ya sos un hombrecito, no
te vas a poner así cada vez, ¿verdad?" Es lo de siempre, con esa   15
debilidad no pudo contener las lágrimas; haciéndome la que
no me daba cuenta anoté la temperatura y me fui a prepararle
la inyección. Cuando volvió yo me había secado los ojos con la
sábana y tenía tanta rabia contra mí mismo que hubiera dado
cualquier cosa por poder hablar, decirle que no me importaba,   20
que en realidad no me importaba pero que no lo podía impedir. "Esto no duele nada," me dijo con la jeringa en la mano.
"Es para que duermas bien toda la noche." Me destapó y otra
vez sentí que me subía la sangre a la cara, pero ella se sonrió
un poco y empezó a frotarme el muslo con un algodón mojado.   25
"No duele nada," le dije porque algo tenía que decirle, no
podía ser que me quedara así mientras ella me estaba mirando.
"Ya ves," me dijo sacando la aguja y frotándome con el algodón. "Ya ves que no duele nada. Nada te tiene que doler, Pablito." Me tapó y me pasó la mano por la cara. Yo cerré los   30
ojos y hubiera querido estar muerto, estar muerto y que ella
me pasara la mano por la cara, llorando.

   Nunca entendí mucho a Cora pero esta vez se fue a la otra
banda. La verdad que no me importa si no entiendo a las
mujeres, lo único que vale la pena es que lo quieran a uno. Si   35
están nerviosas, si se hacen problema por cualquier macana,
bueno nena, ya está, déme un beso y se acabó. Se ve que todavía es tiernita, va a pasar un buen rato antes de que aprenda a
vivir en este oficio maldito, la pobre apareció esta noche con

una cara rara y me costó media hora hacerle olvidar esas tonterías. Todavía no ha encontrado la manera de buscarle la
vuelta a algunos enfermos, ya le pasó con la vieja del veintidós
pero yo creía que desde entonces habría aprendido un poco, y
5 ahora este pibe le vuelve a dar dolores de cabeza. Estuvimos
tomando mate en mi cuarto a eso de las dos de la mañana,
después fue a darle la inyección y cuando volvió estaba de mal
humor, no quería saber nada conmigo. Le queda bien esa
carucha de enojada, de tristona, de a poco se la fui cambiando,
10 y al final se puso a reír y me contó, a esa hora me gusta tanto
desvestirla y sentir que tiembla un poco como si tuviera frío.
Debe ser muy tarde, Marcial. Ah, entonces puedo quedarme
un rato todavía, la otra inyección le toca a las cinco y media,
la galleguita no llega hasta las seis. Perdoname, Marcial, soy
15 una boba, mirá que preocuparme tanto por ese mocoso, al fin y
al cabo lo tengo dominado pero de a ratos me da lástima, a esa
edad son tan tontos, tan orgullosos, si pudiera le pediría al doctor Suárez que me cambiara, hay dos operados en el segundo
piso, gente grande, uno les pregunta tranquilamente si han ido
20 de cuerpo, les alcanza la chata, los limpia si hace falta, todo eso
charlando del tiempo o de la política, es un ir y venir de cosas
naturales, cada uno está en lo suyo, Marcial, no como aquí,
comprendés. Sí, claro que hay que hacerse a todo, cuántas
veces me van a tocar chicos de esa edad, es una cuestión de
25 técnica como decís vos. Sí, querido, claro. Pero es que todo
empezó mal por culpa de la madre, eso no se ha borrado, sabés,
desde el primer minuto hubo como un malentendido, y el
chico tiene su orgullo y le duele, sobre todo que al principio
no se daba cuenta de todo lo que iba a venir y quiso hacerse el
30 grande, mirarme como si fueras vos, como un hombre. Ahora
ya ni le puedo preguntar si quiere hacer pis, lo malo es que
sería capaz de aguantarse toda la noche si yo me quedara en la
pieza. Me da risa cuando me acuerdo, quería decir que sí y no
se animaba, entonces me fastidió tanta tontería y lo obligué
35 para que aprendiera a hacer pis sin moverse, bien tendido de
espaldas. Siempre cierra los ojos en esos momentos pero es casi
peor, está a punto de llorar o de insultarme, está entre las dos
cosas y no puede, es tan chico, Marcial, y esa buena señora que
lo ha de haber criado como un tilinguito, el nene de aquí y el
40 nene de allá, mucho sombrero y saco entallado pero en el fondo

el bebé de siempre, el tesorito de mamá. Ah, y justamente le
vengo a tocar yo, el alto voltaje como decís vos, cuando hubiera
estado tan bien con María Luisa que es idéntica a su tía y que
lo hubiera limpiado por todos lados sin que se le subieran los
colores a la cara. No, la verdad, no tengo suerte, Marcial.   5

Estaba soñando con la clase de francés cuando encendió la
luz del velador, lo primero que le veo es siempre el pelo, será
porque se tiene que agachar para las inyecciones o lo que sea,
el pelo cerca de mi cara, una vez me hizo cosquillas en la boca
y huele tan bien, y siempre se sonríe un poco cuando me está   10
frotando con el algodón, me frotó un rato largo antes de pin-
charme y yo le miraba la mano tan segura que iba apretando
de a poco la jeringa, el líquido amarillo que entraba despacio,
haciéndome doler. "No, no me duele nada." Nunca le podré
decir: "No me duele nada, Cora." Y no le voy a decir señorita   15
Cora, no se lo voy a decir nunca. Le hablaré lo menos que
pueda y no la pienso llamar señorita Cora aunque me lo pida
de rodillas. No, no me duele nada. No, gracias, me siento
bien, voy a seguir durmiendo. Gracias.

Por suerte ya tiene de nuevo sus colores pero todavía está   20
muy decaído, apenas si pudo darme un beso, y a tía Esther casi
no la miró y eso que le había traído las revistas y una corbata
preciosa para el día en que lo llevemos a casa. La enfermera de
la mañana es un amor de mujer, tan humilde, con ella sí da
gusto hablar, dice que el nene durmió hasta las ocho y que   25
bebió un poco de leche, parece que ahora van a empezar a ali-
mentarlo, tengo que decirle al doctor Suárez que el cacao le
hace mal, o a lo mejor su padre ya se lo dijo porque estuvieron
hablando un rato. Si quiere salir un momento, señora, vamos a
ver cómo anda este hombre. Usted quédese, señor Morán, es   30
que a la mamá le puede hacer impresión tanto vendaje. Vamos
a ver un poco, compañero. ¿Ahí duele? Claro, es natural. Y
ahí, decime si ahí te duele o solamente está sensible. Bueno,
vamos muy bien, amiguito. Y así cinco minutos, si me duele
aquí, si estoy sensible más acá, y el viejo mirándome la barriga   35
como si me la viera por primera vez. Es raro pero no me siento
tranquilo hasta que se van, pobres viejos tan afligidos pero qué
le voy a hacer, me molestan, dicen siempre lo que no hay que
decir, sobre todo mamá, y menos mal que la enfermera chi-

quita parece sorda y le aguanta todo con esa cara de esperar propina que tiene la pobre. Mirá que venir a jorobar con lo del cacao, ni que yo fuese[8] un niño de pecho. Me dan unas ganas de dormir cinco días seguidos sin ver a nadie, sobre todo
5 sin ver a Cora, y despertarme justo cuando me vengan a buscar para ir a casa. A lo mejor habrá que esperar unos días más, señor Morán, ya sabrá por De Luisi que la operación fue más complicada de lo previsto, a veces hay pequeñas sorpresas. Claro que con la constitución de ese chico yo creo que no habrá
10 problema, pero mejor dígale a su señora que no va a ser cosa de una semana como se pensó al principio. Ah, claro, bueno, de eso usted hablará con el administrador, son cosas internas. Ahora vos fijate si no es mala suerte, Marcial, anoche te lo anuncié, esto va a durar mucho más de lo que pensábamos. Sí,
15 ya sé que no importa pero podrías ser un poco más comprensivo, sabés muy bien que no me hace feliz atender a ese chico, y a él todavía menos, pobrecito. No me mirés así, por qué no le voy a tener lástima. No me mirés así.

Nadie me prohibió que leyera pero se me caen las revistas de
20 la mano, y eso que tengo dos episodios por terminar y todo lo que me trajo tía Esther. Me arde la cara, debo de tener fiebre o es que hace mucho calor en esta pieza, le voy a pedir a Cora que entorne un poco la ventana o que me saque una frazada. Quisiera dormir, es lo que más me gustaría, que ella estuviese
25 allí sentada leyendo una revista y yo durmiendo sin verla, sin saber que está allí, pero ahora no se va a quedar más de noche, ya pasó lo peor y me dejarán solo. De tres a cuatro creo que dormí un rato, a las cinco justas vino con un remedio nuevo, unas gotas muy amargas. Siempre parece que se acaba de
30 bañar y cambiar, está tan fresca y huele a talco perfumado, a lavanda. "Este remedio es muy feo, ya sé," me dijo, y se sonreía para animarme. "No, es un poco amargo, nada más," le dije. "¿Cómo pasaste el día?", me preguntó, sacudiendo el termómetro. Le dije que bien, que durmiendo, que el doctor Suárez
35 me había encontrado mejor, que no me dolía mucho. "Bueno, entonces podés trabajar un poco," me dijo dándome el termómetro. Yo no supe qué contestarle y ella se fue a cerrar las persianas y arregló los frascos en la mesita mientras yo me to-

---

[8] **ni que yo fuese** as if I were

maba la temperatura. Hasta tuve tiempo de echarle un vistazo al termómetro antes de que viniera a buscarlo. "Pero tengo muchísima fiebre," me dijo como asustado. Era fatal, siempre seré la misma estúpida, por evitarle el mal momento le doy el termómetro y naturalmente el muy chiquilín no pierde tiempo [5] en enterarse de que está volando de fiebre. "Siempre es así los primeros cuatro días, y además nadie te mandó que miraras," le dije, más furiosa contra mí que contra él. Le pregunté si había movido el vientre y me dijo que no. Le sudaba la cara, se la sequé y le puse un poco de agua colonia; había cerrado los [10] ojos antes de contestarme y no los abrió mientras yo lo peinaba un poco para que no le molestara el pelo en la frente. Treinta y nueve nueve[9] era mucha fiebre, realmente. "Tratá de dormir un rato," le dije, calculando a qué hora podría avisarle al doctor Suárez. Sin abrir los ojos hizo un gesto como de fastidio, y [15] articulando cada palabra me dijo: "Usted es mala conmigo, Cora." No atiné a contestarle nada,[10] me quedé a su lado hasta que abrió los ojos y me miró con toda su fiebre y toda su tristeza. Casi sin darme cuenta estiré la mano y quise hacerle una caricia en la frente, pero me rechazó de un manotón y algo [20] debió tironearle en la herida porque se crispó de dolor. Antes de que pudiera reaccionar me dijo en voz muy baja: "Usted no sería así conmigo si me hubiera conocido en otra parte." Estuve al borde de soltar una carcajada, pero era tan ridículo que me dijera eso mientras se le llenaban los ojos de lágrimas [25] que me pasó lo de siempre, me dio rabia y casi miedo, me sentí de golpe como desamparada delante de ese chiquilín pretencioso. Conseguí dominarme (eso se lo debo a Marcial, me ha enseñado a controlarme y cada vez lo hago mejor), y me enderecé como si no hubiera sucedido nada, puse la toalla en la [30] percha y tapé el frasco de agua colonia. En fin, ahora sabíamos a qué atenernos, en el fondo era mucho mejor así. Enfermera, enfermo, y pare de contar.[11] Que el agua colonia se la pusiera la madre, yo tenía otras cosas que hacerle y se las haría sin más contemplaciones. No sé por qué me quedé más de lo nece-[35] sario. Marcial me dijo cuando se lo conté que había querido darle la oportunidad de disculparse, de pedir perdón. No sé, a

---

[9] **Treinta y nueve nueve** 39.9 C *or* 103.8 F
[10] **No . . . nada** I couldn't think of an answer
[11] **y pare de contar** and that's it

lo mejor fue eso o algo distinto, a lo mejor me quedé para que
siguiera insultándome, para ver hasta dónde era capaz de llegar. Pero seguía con los ojos cerrados y el sudor le empapaba
la frente y las mejillas, era como si me hubieran metido en
5 agua hirviendo, veía manchas violeta y rojas cuando apretaba
los ojos para no mirarla sabiendo que todavía estaba allí, y
hubiera dado cualquier cosa para que se agachara y volviera a
secarme la frente como si yo no le hubiera dicho eso, pero ya
era imposible, se iba a ir sin hacer nada, sin decirme nada, y yo
10 abriría los ojos y encontraría la noche, el velador, la pieza
vacía, un poco de perfume todavía, y me repetiría diez veces,
cien veces, que había hecho bien en decirle lo que le había
dicho, para que aprendiera, para que no me tratara como a un
chico, para que me dejara en paz, para que no se fuera.

15   Empiezan siempre a la misma hora, entre seis y siete de la
mañana, debe ser una pareja que anida en las cornisas del
patio, un palomo que arrulla y la paloma que le contesta, al
rato se cansan, se lo dije a la enfermera chiquita que viene a
lavarme y a darme el desayuno, se encogió de hombros y dijo
20 que ya otros enfermos se habían quejado de las palomas pero
que el director no quería que las echaran. Ya ni sé cuánto hace
que las oigo, las primeras mañanas estaba demasiado dormido
o dolorido para fijarme, pero desde hace tres días escucho a las
palomas y me entristecen, quisiera estar en casa oyendo ladrar
25 a Milord, oyendo a tía Esther que a esta hora se levanta para
ir a misa. Maldita fiebre que no quiere bajar, me van a tener
aquí hasta quién sabe cuándo, se lo voy a preguntar al doctor
Suárez esta misma mañana, al fin y al cabo podría estar lo más
bien en casa. Mire, señor Morán, quiero ser franco con usted,
30 el cuadro no es nada sencillo. No, señorita Cora, prefiero que
usted siga atendiendo a ese enfermo, y le voy a decir por qué.
Pero entonces, Marcial. . . Vení, te voy a hacer un café bien
fuerte, mirá que sos potrilla todavía, parece mentira. Escuchá,
vieja, he estado hablando con el doctor Suárez, y parece que el
35 pibe. . .
  Por suerte después se callan, a lo mejor se van volando por
ahí, por toda la ciudad, tienen suerte las palomas. Qué mañana interminable, me alegré cuando se fueron los viejos,
ahora les da por venir más seguido desde que tengo tanta fie-

bre. Bueno, si me tengo que quedar cuatro o cinco días más
aquí, qué importa. En casa sería mejor, claro, pero lo mismo
tendría fiebre y me sentiría tan mal de a ratos. Pensar que no
puedo ni mirar una revista, es una debilidad como si no me
quedara sangre. Pero todo es por la fiebre, me lo dijo anoche 5
el doctor De Luisi y el doctor Suárez me lo repitió esta mañana,
ellos saben. Duermo mucho pero lo mismo es como si no pasara el tiempo, siempre es antes de las tres como si a mí me
importaran las tres o las cinco. Al contrario, a las tres se va
la enfermera chiquita y es una lástima porque con ella estoy 10
tan bien. Si me pudiera dormir de un tirón hasta la medianoche sería mucho mejor. Pablo, soy yo, la señorita Cora. Tu
enfermera de la noche que te hace doler con las inyecciones.
Ya sé que no te duele, tonto, es una broma. Seguí durmiendo
si querés, ya está. Me dijo: "Gracias" sin abrir los ojos, pero 15
hubiera podido abrirlos, sé que con la galleguita estuvo charlando a mediodía aunque le han prohibido que hable mucho.
Antes de salir me di vuelta de golpe y me estaba mirando, sentí
que todo el tiempo me había estado mirando de espaldas. Volví
y me senté al lado de la cama, le tomé el pulso, le arreglé las 20
sábanas que arrugaba con sus manos de fiebre. Me miraba el
pelo, después bajaba la vista y evitaba mis ojos. Fui a buscar
lo necesario para prepararlo y me dejó hacer sin una palabra,
con los ojos fijos en la ventana, ignorándome. Vendrían a buscarlo a las cinco y media en punto, todavía le quedaba un rato 25
para dormir, los padres esperaban en la planta baja porque le
hubiera hecho impresión verlos a esa hora. El doctor Suárez
iba a venir un rato antes para explicarle que tenían que com-
pletar la operación, cualquier cosa que no lo inquietara demasiado. Pero en cambio mandaron a Marcial, me tomó de sor- 30
presa verlo entrar así pero me hizo una seña para que no me
moviera y se quedó a los pies de la cama leyendo la hoja de
temperatura hasta que Pablo se acostumbrara a su presencia.
Le empezó a hablar un poco en broma, armó la conversación
como él sabe hacerlo, el frío en la calle, lo bien que se estaba 35
en ese cuarto, y él lo miraba sin decir nada, como esperando,
mientras yo me sentía tan rara, hubiera querido que Marcial
se fuera y me dejara sola con él, yo hubiera podido decírselo
mejor que nadie, aunque quizá no, probablemente no. Pero si
ya lo sé, doctor, me van a operar de nuevo, usted es el que me 40

dio la anestesia la otra vez, y bueno, mejor eso que seguir en esta cama y con esta fiebre. Yo sabía que al final tendrían que hacer algo, porque me duele tanto desde ayer, un dolor diferente, desde más adentro. Y usted, ahí sentada, no ponga esa
5 cara, no se sonría como si me viniera a invitar al cine. Váyase con él y béselo en el pasillo, tan dormido no estaba la otra tarde cuando usted se enojó con él porque la había besado aquí. Váyanse los dos, déjenme dormir, durmiendo no me duele tanto.

10   Y bueno, pibe, ahora vamos a liquidar este asunto de una vez por todas, hasta cuándo nos vas a estar ocupando una cama, che. Contá despacito, uno, dos, tres. Así va bien, vos seguí contando y dentro de una semana estás comiendo un bife jugoso en casa. Un cuarto de hora a gatas, nena, y vuelta a
15 coser. Había que verle la cara a De Luisi, uno no se acostumbra nunca del todo a estas cosas. Mirá, aproveché para pedirle a Suárez que te relevaran como vos querías, le dije que estás muy cansada con un caso tan grave; a lo mejor te pasan al segundo piso si vos también le hablás. Está bien, hacé como
20 quieras, tanto quejarte la otra noche y ahora te sale la samaritana.[12] No te enojés conmigo, lo hice por vos. Sí, claro que lo hizo por mí pero perdió el tiempo, me voy a quedar con él esta noche y todas las noches. Empezó a despertarse a las ocho y media, los padres se fueron en seguida porque era mejor que
25 no los viera con la cara que tenían los pobres, y cuando llegó el doctor Suárez me preguntó en voz baja si quería que me relevara María Luisa, pero le hice una seña de que me quedaba y se fue. María Luisa me acompañó un rato porque tuvimos que sujetarlo y calmarlo, después se tranquilizó de golpe y
30 casi no tuvo vómitos; está tan débil que se volvió a dormir sin quejarse mucho hasta las diez. Son las palomas, vas a ver, mamá, ya están arrullando como todas las mañanas, no sé por qué no las echan, que se vuelen a otro árbol. Dame la mano, mamá, tengo tanto frío. Ah, entonces estuve soñando, me parecía que ya era de mañana y que estaban las palomas. Perdóneme, la confundí con mamá. Otra vez desviaba la mirada, se volvía a su encono, otra vez me echaba a mí toda la culpa. Lo

[12] **ahora . . . samaritana** brings out the good Samaritan in you

atendí como si no me diera cuenta de que seguía enojado, me
senté junto a él y le mojé los labios con hielo. Cuando me
miró, después que le puse agua colonia en las manos y la frente,
me acerqué más y le sonreí. "Llamame Cora," le dije. "Yo sé
que no nos entendimos al principio, pero vamos a ser tan 5
buenos amigos, Pablo." Me miraba callado. "Decime: Sí,
Cora." Me miraba, siempre. "Señorita Cora," dijo después, y
cerró los ojos. "No, Pablo, no," le pedí, besándolo en la mejilla, muy cerca de la boca. "Yo voy a ser Cora para vos, solamente para vos." Tuve que echarme atrás, pero lo mismo me 10
salpicó la cara. Lo sequé, le sostuve la cabeza para que se en-
juagara la boca, lo volví a besar hablándole al oído. "Discúlpeme," dijo con un hilo de voz, "no lo pude contener." Le
dije que no fuera tonto, que para eso estaba yo cuidándolo, que
vomitara todo lo que quisiera para aliviarse. "Me gustaría que 15
viniera mamá," me dijo, mirando a otro lado con los ojos
vacíos. Todavía le acaricié un poco el pelo, le arreglé las frazadas esperando que me dijera algo, pero estaba muy lejos y
sentí que lo hacía sufrir todavía más si me quedaba. En la
puerta me volví y esperé; tenía los ojos muy abiertos, fijos en 20
el cielo raso. "Pablito," le dije. "Por favor, Pablito. Por favor,
querido." Volví hasta la cama, me agaché para besarlo; olía a
frío, detrás del agua colonia estaba el vómito, la anestesia. Si
me quedo un segundo más me pongo a llorar delante de él, por
él. Lo besé otra vez y salí corriendo, bajé a buscar a la madre 25
y a María Luisa; no quería volver mientras la madre estuviera
allí, por lo menos esa noche no quería volver y después sabía
demasiado bien que no tendría ninguna necesidad de volver a
ese cuarto, que Marcial y María Luisa se ocuparían de todo
hasta que el cuarto quedara otra vez libre.   30

Cuestionario

A. 1. ¿Cómo es la mamá del nene?
   2. ¿Cuántas enfermeras atienden al nene?
   3. ¿Qué le pasa?
   4. ¿De quién se enamora?
   5. ¿Cómo es Cora?
   6. ¿Cómo es el padre del nene?

7. ¿Quién es Marcial?
8. ¿Quién es Pablo?
9. ¿Quién es María Luisa?
10. ¿Se muere el nene?

B. 1. ¿Qué significado tiene el epígrafe en este cuento?
2. ¿Es Cora el personaje más importante en el cuento?
3. ¿Qué novedad se presenta en el punto de vista?
4. ¿Cómo sugiere Cortázar que el nene morirá?
5. ¿Cuál es el tema del cuento?
6. ¿Están bien caracterizados los personajes?
7. ¿Cuál es el conflicto principal?
8. ¿Qué rasgos estilísticos predominan?
9. ¿Qué emoción predomina?
10. ¿Es verosímil el desenlace?

Temas

1. Hacer un análisis literario de "La señorita Cora."
2. Leer otro cuento de Cortázar y compararlo a éste.
3. La caracterización de los personajes en "La señorita Cora."
4. El estilo de Cortázar según se refleja en este cuento.
5. Hacer un estudio del punto de vista en "La señorita Cora."

Augusto Monterroso

(Guatemala, 1921–   )

Augusto Monterroso, guatemalteco residente en México, publicó
en 1959 su primer libro de narraciones, *Obras completas y
otros cuentos* (uno de ellos se llama "Obras completas"), libro
que le reveló como excelente humorista. La nota característica
de Monterroso es la ironía, que a veces se convierte en burla
despiadada. En los más logrados ("El eclipse," "El concierto,"
"Mister Taylor," "Diógenes también," "Sinfonía concluida"),
campea una actitud de sátira mordaz ante las actividades
cotidianas que ocupan al hombre. En "El dinosaurio" ha estructurado todo un microcuento en una frase: "Cuando despertó, el
dinosaurio todavía estaba allí." Los personajes de Monterroso son
seres obsesionados por trivialidades: recitar poemas aunque
sean malos; ser escritor o actriz aunque no se tenga talento.
De allí resulta que sus cuentos sean expresiones de un tema y
sus variantes: lo absurdo de la vida. En la estructura pasa
con agilidad del microcuento a la forma abierta, no interrumpida
de "Sinfonía concluida," cuento que está escrito en una sola
frase larga en la que se capta admirablemente el tema. En
"Obras completas" lo que resalta es la ironía con que Monterroso
presenta al maestro incapaz de crear, que compensa su
inferioridad encauzando la mente de sus discípulos hacia la
investigación. En "Vaca" ya apunta la última tendencia de
Monterroso, la fábula satírica en prosa. Su último libro,
La oveja negra y demás fábulas es una colección de originales
prosas en las que se satiriza las debilidades humanas desde el
punto de vista de los animales: "El mono que quiso ser escritor
satírico," "El Buho que quería salvar a la humanidad," "La
Rana que quería ser una Rana auténtica" y otras no menos
regocijadas.

OBRAS. *Obras completas y otros cuentos*, México, 1959. *La
oveja negra y demás fábulas*, México, 1969.

Sinfonía concluida

—Yo podría contar—terció el gordo atropelladamente—que
hace tres años en Guatemala un viejito organista de una iglesia
de barrio me refirió que por 1929 cuando le encargaron clasifi-
car los papeles de música de la Merced se encontró de pronto
5 unas hojas raras que intrigado se puso a estudiar con el cariño
de siempre y que como las acotaciones estuvieran escritas en
alemán le costó bastante darse cuenta de que se trataba de los
dos movimientos finales de la *Sinfonía inconclusa* que ya podía
yo imaginar su emoción al ver bien clara la firma de Schubert y
10 que cuando muy agitado salió corriendo a la calle a comunicar
a los demás su descubrimiento todos dijeron riéndose que se
había vuelto loco y que si quería tomarles el pelo pero que
como él dominaba su arte y sabía con certeza que los dos movimientos eran tan excelentes como los primeros no se arredró y
15 antes bien juró consagrar el resto de su vida a obligarlos a confesar la validez del hallazgo por lo que de ahí en adelante se
dedicó a ver metódicamente a cuanto músico existía en Guatemala con tan mal resultado que después de pelearse con la
mayoría de ellos sin decir nada a nadie y mucho menos a su
20 mujer vendió su casa para trasladarse a Europa y que una vez
en Viena pues peor porque no iba a ir decían un *Leiermann**
guatemalteco a enseñarles a localizar obras perdidas y mucho
menos de Schubert cuyos especialistas llenaban la ciudad y que
qué tenían que haber ido a hacer esos papeles tan lejos hasta
25 que estando ya casi desesperado y sólo con el dinero del pasaje
de regreso conoció a una familia de viejitos judíos que habían
vivido en Buenos Aires y hablaban español los que lo atendie-
ron muy bien y se pusieron nerviosísimos cuando tocaron como
Dios les dio a entender[1] en su piano en su viola y en su violín

* **Organillero** [Nota del autor]
[1] **como . . . entender** as best they could

134

los dos movimientos y quienes finalmente cansados de examinar los papeles por todos lados y de olerlos y de mirarlos al trasluz por una ventana se vieron obligados a admitir primero en voz baja y después a gritos ¡son de Schubert son de Schubert! y se echaron a llorar con desconsuelo cada uno sobre el hombro 5 del otro como si en lugar de haberlos recuperado los papeles se hubieran perdido en ese momento y que yo me asombrara de que todavía llorando si bien ya más calmados y luego de hablar aparte entre sí y en su idioma trataron de convencerlo frotándose las manos de que los movimientos a pesar de ser tan bue- 10 nos no añadían nada al mérito de la sinfonía tal como ésta se hallaba y por el contrario podía decirse que se lo quitaban pues la gente se había acostumbrado a la leyenda de que Schubert los rompió o no los intentó siquiera seguro de que jamás lograría superar o igualar la calidad de los dos primeros y que la 15 gracia consistía en pensar si así son el *allegro* y el *andante* cómo serán el *scherzo* y el *allegro ma non troppo*[2] y que si él respetaba y amaba de veras la memoria de Schubert lo más inteligente era que les permitiera guardar aquella música porque además de que se iba a entablar una polémica interminable el único 20 que saldría perdiendo sería Schubert y que entonces convencido de que nunca conseguiría nada entre los filisteos ni menos aún con los admiradores de Schubert que eran peores se embarcó de vuelta a Guatemala y que durante la travesía una noche en tanto la luz de la luna daba de lleno sobre el espu- 25 moso costado del barco con la más profunda melancolía y harto de luchar con los malos y con los buenos tomó los manuscritos y los desgarró uno a uno y tiró los pedazos por la borda[3] hasta no estar bien cierto[4] de que ya nunca nadie los encontraría de nuevo al mismo tiempo—finalizó el gordo con cierto tono de 30 afectada tristeza—que gruesas lágrimas quemaban sus mejillas y mientras pensaba con amargura que ni él ni su patria podrían reclamar la gloria de haber devuelto al mundo unas páginas que el mundo hubiera recibido con tanta alegría pero que el mundo con tanto sentido común rechazaba. 35

---

[2] *allegro, andante, scherzo* nombres italianos con que se designan los movimientos de las sinfonías; *ma non troppo* = mas no mucho
[3] **por la borda** overboard
[4] **hasta . . . cierto** until quite sure

Cuestionario

A. 1. ¿Quién es el gordo?
  2. ¿Qué descubrimiento hizo el viejito?
  3. ¿Con quién se peleó el viejito? ¿Por qué?
  4. ¿Por qué vende la casa el viejito?
  5. ¿Qué dicen en Viena del descubrimiento?
  6. ¿A quién conoció el viejito en Viena?
  7. ¿Qué opinan sus nuevos amigos de los manuscritos?
  8. ¿Qué le aconsejan al viejito?
  9. ¿Qué hace el viejito con los manuscritos?
  10. ¿Quién perdería si se descubrieran los movimientos desconocidos?

B. 1. ¿Hay un marco en este cuento?
  2. ¿Qué novedad estilística encontramos?
  3. ¿Qué relación hay entre el tema y la forma del cuento?
  4. ¿Qué relación hay entre el narrador y el protagonista?
  5. ¿Interviene el autor en la narración?
  6. ¿Es verosímil la anécdota?
  7. ¿Cómo se logra la unidad temporal?
  8. ¿Hay un punto culminante? ¿Cuál es?
  9. ¿Cómo es el desenlace?
  10. ¿Cuál es el tono que predomina?

Temas

1. Hacer un análisis literario de "Sinfonía concluida" desde el punto de vista de la forma y el contenido.
2. El tiempo y el espacio en "Sinfonía concluida."
3. Comparar a los protagonistas de "Sinfonía concluida" y "El despojado" de Pita Rodríguez.
4. Elementos satíricos en "Sinfonía concluida."
5. Leer otro cuento de Monterroso y compararlo a "Sinfonía concluida."

Marco Denevi

(Argentina, 1922–   )

Marco Denevi se dio a conocer en el mundo literario de Buenos
Aires en 1955 con la novela *Rosaura a las diez.* Al año
siguiente se le concede el segundo premio de la Dirección
General de Cultura por los cuentos *Los anteojos.* Su novela corta
premiada, "Ceremonia secreta," le dio fama internacional en
1960. No vuelve a publicar relatos hasta 1965, cuando aparece
Ceremonia secreta y otros cuentos, en donde ya incluye lo
que él llama "falsificaciones," o sea pequeñas anécdotas fundadas
en datos históricos o mitológicos, pero interpretados de manera
original. En 1966 publicó un libro con ese título. Estos
minicuentos, estructurados como decimos en torno a una
anécdota histórica o literaria, revelan la rica imaginación de
Denevi, quien utiliza esas anécdotas para lanzar la imaginación
y presentar un relato original, que con frecuencia es la antítesis
del modelo. Así, por ejemplo, imagina que Dulcinea fue la
que vivió y que don Quijote sólo existió en su imaginación ("El
precursor de Cervantes"); o que Kafka publicó un cuento en
una revista ignorada ("¿El primer cuento de Kafka?"), o que
Nerón tiene una biografía secreta en la que se explica su crueldad.
Falsificaciones es, por lo tanto, una importante contribución
al desarrollo del minicuento en Hispanoamérica. De allí hemos
desgajado "Fragmentos de un diario íntimo," en donde se vale
del procedimiento de la fábula para componer un verdadero
cuento cientificista.

OBRAS. *Los anteojos,* Buenos Aires, 1956. *Ceremonia secreta
y otros cuentos,* ed. de Donald A. Yates, New York, 1965.
Falsificaciones, Buenos Aires, 1966.

Fragmentos
de un diario íntimo

Lluvias torrenciales, 2. La vida es triste y monótona: de día, vender miel a los osos; de noche, robar alguna gallina. Estoy harto. ¿Cuándo saldré de la pobreza?

Ídem, 15. Me han enviado un prospecto ilustrado ofreciéndome en venta abejas de bronce. Según el prospecto, fabrican la misma miel que las abejas vivas, pero con enormes ventajas: no se mueren, no se fatigan, no se irritan, no clavan el aguijón, no hay reinas ni zánganos, son todas obreras, trabajan las veinticuatro horas del día, etc., etcétera. Precios módicos. Facilidades de pago. Lo pensaré.

Arcos iris frecuentes, 3. Me he decidido. Compraré las abejas de bronce.

Ídem, 8. Han llegado. Son maravillosas. Brillan como si fuesen de oro. Vienen con un tablero electrónico para manejarlas "a control remoto" y una colmena también de bronce. La alegría de la compra me ha hecho olvidar el otro asunto. (El prospecto lo decía claramente: no se pueden tener abejas vivas y abejas de bronce al mismo tiempo. La presencia de estas últimas enloquece a las vivas, las impulsa al crimen, les hace fabricar miel venenosa. Tuve que elegir. Fue duro, de todos modos. Bah, soy un sentimental.) Estudiaré el folleto explicativo.

Gran viento del Oeste, 1º. Fecha inolvidable. Por primera vez en la historia, las abejas de bronce han cruzado el espacio.[1] Yo estaba emocionadísimo. Pero todo anduvo a la perfección. Movía una palanquita, y un enjambre salía volando hacia un punto del horizonte. Movía otra palanquita, y un segundo grupo disparaba hacia el lado opuesto. Y así tres, cuatro, cinco,

---

[1] han . . . espacio = han volado

diez veces. ¡Y cómo vuelan las condenadas![2] Forman una nubecita de motas doradas que apenas es posible seguir con la vista, y esto después de alguna práctica. Además, emiten un zumbido que produce escalofrío. A los pocos minutos, una a una, estaban de vuelta, se incrustaban en el alvéolo correspondiente (se hallan numeradas), hacían un ruidito extraño, seco, algo así como *cric crac cruc,* y en seguida destilaban la miel, una miel pura, limpia, rubia, fragante. Y ya se encontraban en condiciones de recomenzar. En una hora fabricaron tanta miel como las otras en todo un día. Los demás animales, boquiabiertos. Se juntó una muchedumbre para verme manejar las abejas de bronce. Algunos chillaban de terror. Otros aplaudían. Los osos me felicitaron. Les contesté que, naturalmente, el precio de la miel ha aumentado.

Ídem, 2. Un pájaro quiso tragarse en pleno vuelo una abeja de bronce. La abeja le desgarró las cuerdas vocales y se le incrustó en el buche donde le formó un tumor, a consecuencia del cual murió a las pocas horas en medio de atroces sufrimientos (y sin poder siquiera lamentarse en voz alta, porque había quedado mudo). Los demás pájaros no me saludan. ¿Y yo qué culpa tengo? En todo caso, aquel pobre infeliz en el pecado encontró la penitencia.[3]

Ídem, 3. El negocio va viento en popa.[4] Todo el mundo viene a comprar miel, hasta los que nunca la habían probado, hasta los que juraban aborrecerla. Es por las abejas de bronce. Nadie quiere dejar de ser moderno, teoría que yo fomento mediante una sutil propaganda.

Ídem, 4. Las arañas están furiosas conmigo, porque las abejas de bronce les desgarran las telas y se las dejan hechas pedazos. Han amenazado con iniciarme pleito por daños y perjuicios. ¡Daños y perjuicios! Cualquiera diría que esos harapos mal tejidos son tapices de oro. ¿Y cuando eran ellas las que se quedaban con mis abejas vivas?[5] ¡Hipócritas! Pero no se atreverán. Todos mis clientes me apoyan, especialmente

[2] **¡Y . . . condenadas!** And how the rascals fly!
[3] **en el . . . penitencia** he got what he deserved
[4] **El negocio . . . popa** The business is booming
[5] **¿Y . . . vivas?** And all the time it was they who kept my live bees! Can you imagine that?

después de mi discurso de anoche, en el que describí a las arañas como a unas analfabetas, reaccionarias y retrógradas. Hablé de la civilización y la barbarie, del progreso y el estancamiento, de la luz y la sombra, del bien y del mal, dejando tras-
5 lucir[6] que las abejas de bronce representan todo lo primero y las arañas todo lo segundo. Recibí una ovación. Los osos me aseguraron que si las arañas intentan algo, ellos irán hasta sus nidos y les matarán los hijos.

Ídem, 14. He aumentado las instalaciones (más abejas de
10 bronce, más colmenas artificiales) y tomado un ayudante. Es el cuervo, individuo que no me gusta mucho que digamos,[7] pero que asegura que la miel le provoca náuseas.

Esplendor del cielo, 3. Toda la familia de los cuervos trabaja a mis órdenes, en cuatro turnos, día y noche. Sospecho
15 que esa gentuza no me roba miel, pero me roba dinero. Los demás animales me llaman *señor.* Soy la persona económicamente más poderosa del país. Las arañas se han mudado a la frontera.

Ídem, 9. Mis ganancias crecen increíblemente.

20 *Ídem, 11.* He visto con mis propios ojos cómo una abeja de bronce se introducía como un rayo en una azucena, donde un picaflor libaba el néctar. Literalmente lo degolló. La sangre del desdichado tiñó de rojo la azucena. Mi abejita, sin atender más que a sus impulsos eléctricos, sorbió sangre y néctar, todo
25 junto. Un rato después la miel de la colmena Nº 5 tenía un hermoso color rosa. La venderé como miel especial para niños.

Ídem, 12. Gran éxito de la miel rosa especial para niños. No quedó nadie sin comprar.

Ídem, 13. Mis clientes se quejan de que a sus hijos les entró
30 de golpe la manía de hacer versos. Felizmente, nadie relacionó esa epidemia con la miel rosa.

Pequeños incendios espontáneos, 4. Todo el mundo comenta lo que está sucediéndole a las plantas: no dan flores. Dicen que es a causa de mis abejas. Dicen que las flores no re-
35 sisten la trompa de metal, se agostan, se doblan y se mueren. Y lo peor es que las plantas, después de esa triste experiencia,

---

[6] **dejando traslucir** insinuating
[7] **que digamos** we may as well admit it

FRAGMENTOS DE UN DIARIO ÍNTIMO

se niegan a dar nuevas flores. Todo esto, ¿no será un rumor que hacen correr[8] los pájaros y las arañas?

Ídem, 6. No es un rumor. Las abejas tardan en regresar. Evidentemente, deben trasladarse a zonas cada vez más lejanas. El consumo de electricidad aumenta, la producción disminuye, mis ganancias decrecen.

Ídem, 8. Cada día tardan más, y más, y más. Esto me tiene muy preocupado. No se ve una flor en veinte leguas a la redonda.

Ídem, 12. La miel que recojo tiene un sabor, cómo diré, exótico. Los clientes se quejan. Les he hecho creer que es miel importada, pero mi explicación no satisfizo a nadie.

Ídem, 15. Estoy desesperado. Al cabo de horas, de días de vuelo, regresan para destilar unas miserables gotitas con sabor a qué sé yo qué. He perdido la mitad de la clientela. Despedí a los cuervos. Los osos me amenazan con matarme si no los proveo de la buena miel de antes. Pierdo dinero cada hora, cada minuto. El consumo de electricidad me lleva todos mis ahorros.

Lluvias ligeras, 2. Tres días sin noticias de las abejas de bronce.

Ídem, 3. Hoy han ocurrido extraños acontecimientos. Los pájaros perdieron súbitamente sus colores, las mariposas cayeron muertas todas a un tiempo, el arroyo se detuvo. La gente está aterrorizada. Me miran como si yo fuese el culpable. Esos entrecejos fruncidos, esas mandíbulas contraídas, esas conversaciones a media voz, el silencio con que me reciben cuando me ven llegar, no presagian nada bueno.

Ídem, 3. Por la noche. Las abejas volvieron cerca de medianoche, se incrustaron en los alvéolos, canturrearon su *cric crac cruc,* pero no he recogido una gota de miel. ¿Qué significa esto? ¿Que no han encontrado flores? ¿Que ya no hay más flores en ninguna parte?

Ídem, 6. Desconecté los cables, destruí el tablero electrónico y las colmenas artificiales, enterré las abejas de bronce en un pozo, junté el escaso dinero que me quedaba y antes del amanecer escapé. Al cruzar la frontera oí a mis espaldas unas voce-

[8] **que hacen correr** spread by

citas de vieja que me llamaban: *¡Zorro! ¡Zorro!* Eran las
arañas, que a la luz de la luna tejían sus telas prehistóricas.
Les dediqué un ademán obsceno y seguí viaje.

Lluvias torrenciales, 1º. Nada.

Cuestionario

A. 1. ¿De qué está harto el narrador?
   2. ¿Qué compra?
   3. ¿Qué ventajas tiene las abejas de bronce?
   4. ¿Para qué sirve el tablero eléctrico?
   5. ¿Por qué no se puede tener abejas vivas y abejas de bronce al
       mismo tiempo?
   6. ¿Por qué no le saludan los pájaros al narrador?
   7. ¿Por qué se enojan las arañas?
   8. ¿Quiénes son los ayudantes del narrador?
   9. ¿De qué se quejan los clientes?
  10. ¿Por qué fracasa el negocio?

B. 1. ¿Qué novedad formal encontramos en este cuento?
   2. ¿Es éste un verdadero cuento o es una fábula?
   3. ¿Quién es el narrador? ¿Cómo lo sabemos?
   4. ¿Hay unidad de tiempo?
   5. ¿Qué motivos predominan?
   7. ¿Es verosímil la anécdota? ¿Por qué?
   8. ¿Hay crítica social?
   9. ¿Hay elementos satíricos?
  10. ¿Cómo es el desenlace?

Temas

1. Comparar este cuento y "El prodigioso miligramo."
2. La forma de "Fragmentos de un diario íntimo."
3. Las imágenes en este cuento.
4. El problema de la verosimilitud en el cuento.
5. Elementos satíricos en este cuento.

Julio Ramón Ribeyro

(Perú, 1929–   )

Julio Ramón Ribeyro, novelista, cuentista, periodista y autor
dramático, nació en Lima, Perú, y allí hizo sus estudios. Ha
vivido en Europa (hoy en Francia) desde hace varios años. Su
primera novela, *Crónica de San Gabriel* (1960), es una obra escrita
en excelente estilo y en la cual se destacan los bien delineados
personajes. Un año antes había presentado un drama, *Santiago,
el pajarero.* Pero el cuento es el género que mejor domina. Su
primera colección, *Los gallinazos sin plumas* (1955), le hizo
famoso dentro y fuera de su país. En ese tomo y en los que le
siguieron encontramos excelentes ejemplos del género, tanto por
el estilo como por el contenido, ya emotivo, ya satírico. Casi
todos ellos son de ambiente urbano y de crítica social. Lo
absurdo en la sociedad lo capta admirablemente en el cuento "La
insignia," en donde el personaje ejecuta una serie de enigmá-
ticas acciones cuyo significado se le escapa. En el cuento que
hemos seleccionado, "Scorpio," eleva una simple anécdota—las
rencillas entre dos hermanos—a un plano mitológico. Esa
transformación la logra asociando el motivo del escorpión al de
la constelación del mismo nombre. El desenlace sólo se
sugiere. Los personajes están bien captados—como en todos sus
cuentos—por medio del monólogo interior, tanto directo como
indirecto. Entre los cuentistas peruanos contemporáneos, el
nombre de Ribeyro se encuentra entre los primeros.

OBRAS. *Los gallinazos sin plumas,* Lima, 1955. *Cuentos de
circunstancias,* Lima, 1958. *Las botellas y los hombres,*
Lima, 1964. *Tres historias sublevantes,* Lima, 1964. *Los
geniecillos dominicales,* Lima, 1969.

Scorpio

Ramón penetró en su cuarto como un endemoniado, y arrojándose de bruces en el lecho empezó a gimotear. Sentía en el labio inferior una costra de sangre coagulada, sobre la cual pasaba a veces la lengua, como si le fuera imprescindible reavivar el dolor para mantener una cólera razonable.

   —"¡Lo odio, lo odio!" —mascullaba, estrujando la almohada y por momentos quedaba inmóvil, como aletargado— "¡Yo lo vi primero!" —exclamó de pronto sentándose de un brinco, y su mirada recorrió toda la habitación buscando tal vez un rostro amable, un gesto aprobatorio. Su pequeño lamparín de trabajo, balanceándose sobre el escritorio, parecía hacerle reverencias. Ramón se aproximó a él y continuó hablando eufórico: —"¡Yo lo vi primero, en la enredadera, cuando salí a tomar el fresco. Si no ¡que le pregunten a Luisa!" Pero Luisa había huido porque tenía miedo de los escorpiones y debía estar en ese momento refugiada en el seno de la mamá.

   —"Porque es más grande que yo y porque ya fuma cuando no lo ven en casa es que abusa y me pega," masculló, y al verse el labio partido en el espejo sintió que los puños se le endurecían como dos raíces.

   En ese momento escuchó unos silbidos en el cuarto vecino. De inmediato imaginó a su hermano Tobías, acomodando al escorpión bajo la campana de vidrio. —"Yo lo vi primero —insistió nuevamente— cuando salí a tomar el fresco," y apagando la luz se puso a escuchar lo que hacía su hermano. Un ruido de vidrios, de cajas, llegaba desde la otra habitación.

   —"Nunca va a cuidarlo él mejor que yo —pensó—. Yo le daría a comer moscas, arañitas, lo trataría como un rey. Tobías, en cambio, lo hincará con su lapicero hasta que reviente."

Recordó, entonces, aquella hermosa araña que cazara[1] en el verano sobre la copa de los cipreses. Durante una semana la estuvo vigilando y mimando dentro de una caja de zapatos. Le arrojaba mosquitos, lombrices, para que se alimentara, y hasta llegó a echarle una avispa, el domingo, como una sorpresa de 5 día feriado. Tobías fue también, aquella vez, quien, en un descuido suyo, la ahogó en unas gotas de amoníaco. Después pregonó y se vanaglorió de su crimen como de una hazaña —"¡Él, siempre él!," se dijo Ramón, y abriendo sigilosamente la puerta, salió al jardín. Allí aspiró el perfumado aliento de 10 los jazmines que sobre la oscura enredadera brillaban como estrellas en el cielo. La luna se remontaba sobre las montañas y cayendo oblicuamente sobre los manzanos, les imprimía un aspecto artificial y metálico. De puntillas se aproximó a la ventana del dormitorio de Tobías. Por sus postigos abiertos 15 divisó a su hermano inclinado sobre su mesa de trabajo. La lamparilla encendida iluminaba la campana de vidrio, bajo la cual el escorpión se paseaba desesperadamente, golpeando el cristal con sus tenazas. La boca de Tobías se distendía en una sonrisa, en la que había algo de crueldad. Tenía en la 20 mano un afilado lápiz con el que a veces golpeaba la campana, como si quisiera llamar la atención de su prisionero. —"Lo está atormentando —pensó Ramón —en el momento menos pensado lo aplastará." Pero Tobías no tenía trazas de hacerlo.[2] Se contentaba con observarlo, siempre sonriente, como si meditara 25 una más refinada tortura. De pronto se incorporó dirigiéndose a su ropero.

—"¿Qué tramará?," se preguntó Ramón, y al verlo regresar con una caja de fósforos, sintió un dolor casi físico que le cortó el aliento— "¡Lo quemará, lo quemará!," gimió sordamente y 30 en su irritación estuvo a punto de derribar la banqueta sobre la cual estaba apoyado. Apenas tuvo tiempo de escabullirse detrás de los manzanos, cuando Tobías aplastando su rostro contra el cristal de la ventana, lanzó una mirada asustada hacia el jardín. Cuando retiró la cara de la ventana, Ramón se 35 aproximó nuevamente. Tobías había encendido un cigarrillo, y esta constatación lo alivió, pues desvanecía sus conjeturas acerca del destino de los fósforos. Lo vio alzar la cabeza y

[1] **que cazara** that he had caught
[2] **no . . . hacerlo** didn't show signs of wanting to do it

lanzar gruesas bocanadas de humo contra el techo. —"Mañana
lo acusaré —se prometió Ramón al ver la delectación con que
Tobías chupaba su cigarro—. Diré que fuma como un grande
y hasta que bota humo por la nariz como tío Enrique."

5   Tobías volvió a inspirar el humo, pero esta vez, en lugar de
soplarlo, lo retuvo entre sus carrillos y aproximando sus labios
al orificio superior de la campana, lo vació lentamente en su
interior. El alacrán semiasfixiado, comenzó a dar coletazos
contra el cristal.

10   —"¡Qué bestia, qué bestia!," murmuró Ramón, y sus ojos se
humedecieron de rabia. Tobías repitió la operación varias
veces, pues el humo se desvanecía por la abertura superior.
Cuando esto sucedía el escorpión aparecía inmóvil, replegado,
y sólo se reanimaba al ser azuzado por el lápiz. Entonces,
15 volvía Tobías a envolverlo en una densa humareda.

   —"Se morirá sin duda— pensó Ramón. Que yo sepa, no le
gusta el tabaco como a los murciélagos."

   Tobías se agotó de esta diversión y apagando su cigarro quedó con los brazos cruzados, contemplando al animal que, re-
20 cuperándose, reiniciaba su nervioso paseo.

   —"Y ahora ¿qué pensará?" —se preguntó Ramón— Probablemente lo rocíe con alcohol y le prenda fuego. Pero Tobías
bostezando sonoramente se levantó de la silla. Ramón se retiró
hasta el segundo manzano y continuó espiándolo a través de
25 sus ramas. Vio a su hermano desperezarse, quitarse el saco, y
dirigirse hacia la cama. Pronto quedó envuelto en su pijama
listada, con la que dio ridículas vueltas por el cuarto. —"El
también parece un escorpión encerrado— pensó Ramón. Quisiera tener un cigarro enorme como un bambú para atorarlo
30 de humo por la ventana." Tobías cogió un libro, lo cerró,
llenó un vaso de agua, aplastó una mosca de un cuadernazo;
por último se sentó en su cama y se hizo una imperfecta señal
de la cruz. Ramón vio cómo movía los labios mecánicamente,
mientras se escarbaba las uñas de los pies, y su falta de fe lo
35 llenó de un sentimiento de superioridad. "Ni siquiera reza con
devoción —pensó—. El otro día dijo riéndose que no creía en
Dios." El cuarto quedó a oscuras y lo último que escuchó fue
el crujido del sommier.

   Ramón permaneció un momento tras el manzano y luego se
40 retiró hacia el jardín. Echándose de espaldas sobre el césped

se puso a contemplar la luna. Primero le pareció un queso
perforado, luego una calavera muy pulida. Algunas nubes muy
diáfanas pasaban a escasa altura cubriéndola discretamente.
"Los poetas la comparan con una mujer —pensó al ver su contorno tras la gasa de nubes— Debe ser una mujer horrible y [5]
muerta." Este pensamiento lo sobrecogió de un extraño terror.
Le pareció que en el interior de la luna se efectuaban lentos
desplazamientos de sombras, como si contuviera una masa de
gusanos. Sentándose en el césped miró hacia los cipreses. En
la oscuridad de su base cuatro puntos fosforescentes lo mira- [10]
ban. Eran los ojos de los gatos. Intentó aproximarse a ellos,
reptando, pero se esfumaron sin hacer ruido. Nuevamente se
entretuvo mirando al cielo con tanta insistencia, que a veces
tenía la sensación de precipitarse a un abismo, y lo dominaba
una especie de vértigo delicioso. —"Allá está la Osa Mayor[3] [15]
—pensó—. Más allá las Tres Marías.[4] (Recordó a su padre,
enseñándole con su dedo huesudo a leer los secretos del cielo.)
Esos deben ser los siete cabritos.[5] Esa de ahí la Cruz del Sur . . .
¿Y Scorpio?[6] —se preguntó acordándose súbitamente de su animal—. Scorpio ha sido capturado; añadió y en el acto se preci- [20]
pitó hacia los manzanos. Se acercó de puntillas a la ventana y
aplicó el oído. No se escuchaba sino la respiración de Tobías.
Trató de mirar hacia la mesa de trabajo, pero todo yacía en la
más cerrada oscuridad. —"Allí debe estar Scorpio —pensó—
completamente solo y triste como la luna. Tal vez no duerme [25]
y teme a los fantasmas." Su idea primitiva fue tomando
cuerpo.[7] —"Me lo llevaré a mi cuarto —pensó—. Mañana se lo
devolveré, o no se lo devolveré, ¡qué tonto!." Empujó ligera-
mente la ventana y ésta cedió abriéndose sin ruido. Corrió un
momento a su cuarto por su linterna de pilas, y de regreso se [30]
encaramó en la banqueta y puso las rodillas en el alféizar. Esta
operación le era familiar. Cuando su padre ocupaba esa habitación, algunas tardes él, en medio del mayor sigilo, se introducía por la ventana para revisar los papeles y objetos paternos.
Pasaba horas abriendo y cerrando los cajones, los libros, los [35]

[3] **Osa Mayor** Great Bear
[4] **Tres Marías** *lit.* Three Marys (*the three stars forming Orion's belt in that constellation*)
[5] **los siete cabritos** Pleiades
[6] **Scorpio = Escorpión**, constelación entre Sagitario y Libra
[7] **tomando cuerpo** growing, unfolding

cartapacios. Siempre encontraba alguna cosa rara que lo estremecía y lo llenaba de un secreto gozo. Monedas antiguas, estampillas de países exóticos, postales amarillentas, lápices automáticos. Una vez encontró la fotografía de una estatua
5 desnuda, y esto le produjo una gran turbación. Más tarde rompió un florero y hubo que echarle la culpa al gato. Ahora, sin embargo, tomó infinitas precauciones. Como un hábil ladrón estuvo de pronto en el interior del cuarto, y encendiendo la linterna iluminó la mesa. El alacrán, al descubrir la luz, co-
10 menzó a moverse. Ramón lo observó detenidamente. Lo que admiraba era su estructura metálica y su limpieza. Parecía construido con planchas de cobre y aceitado en sus articulaciones. "Si fuera cien veces más grande —pensó— podría comerse a un toro y triturar a un león." En ese momento Tobías
15 se movió en la cama, y Ramón apagando la linterna se agazapó contra la puerta. Su hermano se agitó un rato más, balbuceando algunas incoherencias. Cuando empezó a roncar, Ramón se aproximó a la mesa y cogió el cartón sobre el cual se hallaba el alacrán y la campana. "Me robó a Scorpio como Mahoma[8]
20 se robó la media luna," pensó, y una idea repentina lo detuvo. En el espejo del ropero había divisado su labio partido. Encendió nuevamente la linterna para observar la magnitud del daño. Con el aire de la noche la sangre se había coagulado, formando una enorme costra negra. Como en una pantalla de
25 cine vino a su memoria la imagen de Tobías, golpeándole con la tijera de podar para arrebatarle el escorpión. —¡Es mío! Si no te vas de aquí te voy a tirar del techo abajo." Y él tuvo que huir con la camisa manchada de sangre, porque Tobías era capaz de cumplir sus amenazas. Ahora el agresor estaba ahí,
30 indefenso, plácidamente expuesto a todos los vejámenes. Él también podía hacerle ahora una pequeña herida en el labio, para quedar los dos iguales y en paz para el futuro. Podía utilizar, por ejemplo, el cortapapel de acero. O aquel lapicero malogrado que Tobías había clavado en la pared, como una
35 simbólica protesta contra el estudio. Pero no, era imposible. Tobías se despertaría en el acto, y entonces, todo estaría perdido.

Ramón iluminó al alacrán, que volvió a desplazarse ágil-

[8] **Mahoma** Mohammed (570?–632), Arabian founder of Islam who, according to popular belief, stole part of the moon

mente en su reducto. Pensó que tal vez ni siquiera podría robárselo, porque la venganza de Tobías no se haría esperar.[9] ¡Era tan bello, sin embargo! En ese momento caminaba doblado[10] con su lanceta suspendida sobre su cabeza, dispuesto a incrustrarla sobre cualquier enemigo. Ramón recordó las pro- [5] piedades de aquella lanceta. Las había leído precisamente en uno de los libros de su padre: "Es tan resistente que puede perforar un cartón regularmente grueso." En seguida iluminó la cama de Tobías, desde los pies, lentamente hasta la cintura. Como aún hacía calor dormía cubierto solamente por la sába- [10] na, sobre la cual sus dos manos yacían inmóviles, como dos arañas de mar. "Scorpio luchará contra las arañas," pensó, y con el cartón en la mano fue aproximándose al lecho. Se detuvo un momento respirando agitadamente, y levantando la campana dejó resbalar al animal. Al cruzar bajo los manzanos, [15] de regreso al jardín, recordó al escorpión, recortado sobre la sábana blanca, avanzando cautelosamente, con el aguijón erguido hacia el dominio de las arañas.

Cuestionario

A. 1. ¿Por qué huye Luisa?
  2. ¿Quién vio el escorpión primero?
  3. ¿Cómo cuidaría Ramón al escorpion?
  4. Según él, ¿qué haría Tobías con el escorpión?
  5. ¿Qué piensa Ramón cuando ve la caja de fósforos?
  6. ¿Cómo sabe Ramón lo que hace su hermano con el bicho?
  7. ¿Qué hace Ramón en el jardín?
  8. ¿Qué constelaciones ve? ¿Qué le recuerda una de ellas?
  9. Cuando Tobías duerme ¿qué quisiera hacer su hermano?
  10. ¿Qué es lo que por fin hace?

B. 1. ¿Por qué es el título de este cuento "Scorpio" y no "Escorpión"?
  2. ¿Están bien caracterizados los dos hermanos?
  3. ¿Cómo son las descripciones de la naturaleza?
  4. ¿Qué clase de imágenes predominan?
  5. ¿Cómo hace el autor para darle trascendencia a la anécdota?
  6. ¿Cuál es la actitud del narrador ante las acciones de los hermanos?

[9] **no . . . esperar** would not be long in coming
[10] **caminaba doblado** was crawling puffed up

7. ¿Qué antecedentes tiene el conflicto que se presenta en este cuento?
8. ¿Es original el tratamiento de dicho conflicto?
9. ¿Es verosímil el desenlace?
10. ¿Hay una intención moral?

Temas

1. Las imágenes en "Scorpio."
2. El conflicto en este cuento.
3. La caracterización del protagonista.
4. Tema y forma del cuento.
5. La función de la naturaleza en "Scorpio."

Enrique Lafourcade
(Chile, 1927–   )

Enrique Lafourcade pertenece al grupo de escritores chilenos conocidos con el nombre de "Generación de 1950" (algunos críticos la llaman "Generación de 1957"), con quienes la narrativa ha alcanzado un alto nivel literario. Todos ellos han escrito cuentos. Mencionaremos sólo a los principales: Claudio Giaconi (1927), Mario Espinosa (1927), Guillermo Blanco (1926), Jorge Edwards (1931), José Donoso (1924) y Lafourcade. Éste ya cuenta con una extensa obra narrativa compuesta casi en su totalidad de novelas, entre las cuales destacan *La fiesta del rey Acab* (1959), *El príncipe y las ovejas* (1961), y *Frecuencia modulada* (1968). Algunos de sus cuentos los ha recogido en el volumen *Fábulas de Lafourcade* (1963). También ha publicado tres antologías de cuentos chilenos. Su propia obra narrativa se distingue por lo variado de los temas y asuntos, la original estructura, la penetración sicológica y el dominio de la lengua en todos los niveles sociales y regionales. En "Cupertino" vemos que sabe imitar el modo de hablar tanto de los chilenos del pueblo como de los peruanos. El mundo de los boxeadores está admirablemente captado. Pero no se limita a eso. En el fondo se refleja la sicología nacional, con sus correspondientes matices. Y a través de todo, un penetrante sentimiento humano que aflora en la nota humorística, nota que hace resaltar la trágica vida de los púgiles. No menos importante es la estructura de doble perspectiva captada por medio del punto de vista, que alterna entre los dos personajes.

OBRAS. *Fábulas de Lafourcade,* Santiago, 1963.

Cupertino

"No me di ni cuenta cuando empezó la custión. Estaba bien
entrenado, bien comido, y con unos pantalones nuevos, color
amarillo, que me apretaban un poco en la cintura. ¡Cómo se
habrían reído mis compadres de Tocopilla al verme con este
⁵ traje de payaso, dispuesto a dar combos y a recibir! Me imagino la cara del Eustasio Maldonado, con lo bueno que es pa
la talla: "Onde llegaste, pus, Canario."¹ O algo peor. La gallá
gritaba en inglés una serie de cosas. No veía bien. Desde el
camarín, envuelto en una bata de toalla, hasta el *ring,* donde
¹⁰ había más luz que no habiendo,² con unas custiones de la televisión en cada esquina que me pusieron medio tembleque de
nervios . . . ¡Puchas que le tengo miedo a estas cosas, y a los
micrófonos, aunque una vez en Iquique me pegué una habla-
da³ por micrófono que dice mi hermana, la Vilma, que anduvo
¹⁵ re bien, que salió clarito. Me subieron allí los "secos." Tenía
dos "secos." Uno era mexicano, y hablaba pa'l sur y pa'l
norte.⁴ El otro, un gringo al que no le entendía ni jota, y que
parecía que estaba enojado. Y, ¿sabís qué más?, me iban a
pagar treinta dólares. Total, me andaba muriendo de hambre
²⁰ y ahora iba a tener pa comerme media docena de "hot-dogues,"
y creo que hasta me iba a sobrar plata. Los "secos" me comenzaron a dar golpecitos en los brazos. Uno me metió unos
dientes postizos que no me dejaban decir ni pío. No tengo
muy buenos los dientes, dos alcachoferos re grandes, y los otros,
²⁵ a la miseria, pero de todos modos los postizos me molestaban.

---

¹ **Onde [Donde] llegaste, pus [pues], Canario.** "Well, look where you
have ended up, Canario." ("*Canario*" *because of the yellow pants*)
² **más . . . habiendo** brighter than bright
³ **me . . . hablada** I talked and talked
⁴ **hablaba pa'l [para el] sur y pa'l norte** he spoke to the south and to the
north, *i.e.,* he could speak both Spanish and English

"Es pa que no duela cuando te den en la boca," me informó el mexicano. Este campeón era de Guana no sé cuánto,[5] y había tenido sus peleítas hacía dos años, hasta que casi lo hicieron tortilla, uno del Canadá, o no sé quién . . ."

·   ·   ·

"¡Ay mamita e mi alma! Ando como si estuviese chato.[6] Veo [5] lucecitas de color, como las de la procesión del Señor de los Milagros, en Lima, cuando bajábamos de las sierras, y las mujeres se iban a la iglesia, y nosotros, pus, a esperarlas tomando un poquito de chicha morada aquí; otro poquito de pisco, y luego mi Cristal[7] y los curas echando humo, y Cristo. Y noso- [10] tros chatos, de rodillas, gritando: "¡Cristo! ¡Cristo! ¡Cristo!" Porque a las viejas les gustaba que uno chiniara de tantito en tantito. Y después, los cuetes, con sus zumbidos y el olor a azufre, y las lucecitas, iguales a estas que tengo, lucecitas que van y vienen. Pues, nos dimos fuerte con el roto, y casi lo hago [15] pedazos. Estuve a punto de matarlo. No sabía pelear el chileno. Se me tiraba encima con la cara descubierta y yo, dale y dale,[8] rectos, derechazos, izquierdos, ganchos, "opercates" y todo lo que me enseñó mi carreta Palma, en ese *ring* que teníamos en el Callao, detrás de las gallerías. Dale que es bueno al [20] roto, uno y ahora a las cuerdas, mi viejo. Cuando recién llegué, con mi bata de seda y las luces, y los fotógrafos, y el viejo flaco vestido como el portero del Hotel Crillon de Lima, anunciándome: "¡Zoilo Haya de la Vela, *from* Perú!," y luego, de nuevo: "Inca Zoilo," y vengan otras palabrejas en inglés, se- [25] guro que hablando de mi carácter, y de mi campeonato de los plumas que gané en Lima, y de otras cosas más difíciles . . ."

·   ·   ·

"Cuando sonó la campana del primer "rau" me le fui encima al cholito. Este gallo lo saco al primer pape, pensé. Se veía flaco como quiltro costino, como esos perros que andan por [30] Tocopilla comiendo mariscos, como el "Comenunca," un quiltro negro y pelado, que tenía como cuarenta costillas y que

[5] **era . . . cuánto** was from Guana something or other
[6] **chato** = borracho
[7] **Cristal** brand of beer
[8] **dale y dale** (*or dale que dale*) hitting over and over

la Vilma ahorcó con un alambre cuando supo que le había
comido a la Rosita, una gallina re ponedora que teníamos.
"¡Ahora vas a ver, "Comenunca," lo que hace un roto pampino
de los encachaos[9]!," murmuré a través de los postizos, echándo-
5 me encima del cholito. Pero quién va a creer que el "Comenunca" se puso a bailar, dale que dale, salta para acá, salta
para allá, baila que baila. Yo me paré, medio cabriao ya. En
Tocopilla nos dábamos cuete tras cuete, parados como hombres,
mirándonos como hombres. Me paré aquí, en el primer "rau,"
10 y ¡van a creer que el "Comenunca" me lanzó el primer aletazo
sin que me diera ni cuenta! ¡P'tas con el cholo bien maricón!
¡A la mala! Me le tiré encima con derechas e izquierdas, como
me enseñó "El Quintín Romero," un "particular" de Iquique
que se dedicaba a preparar boxeadores, y que había ganado un
15 campeonato en Parral, hacía como veinte años atrás. Dos de
derecha, uno de izquier... ¡Y me llegaron cuatro aletazos más,
y otro por un lado, y luego el cholo maricón se me acercó, y
otro pencazo en la guata, que casi se me salen las tripas, y otro
en los riñones, y un rodillazo en las huevas, y otro por aquí, y
20 otro por allá, y veía negro y amarillo, como cuando me caí
rodando por el cerro, en Tocopilla, o cuando me cayó esa
máquina encima, y me quebró un hueso en el muelle, y el
pesao del Alberto Gutiérrez se reía, y no me podían sacar de
abajo, y el "Cara de Hombre" se moría de la risa también, con
25 toa la gallá del muelle, y venga otro más amarillo que los anteriores, como los pantalones nuevos que me había comprado el
"seco," y yo sin ver nada, perdido ahí, mientras no me sacaban
de encima la máquina los..."

· · ·

"Cuando terminó el primer *round*—pues es la única palabra
30 que sé pronunciar como Dios manda—todavía el roto seguía
parado. Sonó la campana y allí estaba parado en el medio, casi
aturdido. "¡A tu rincón!," le grité, mientras me sobaban y me
tiraban agua. "*Good work!*," me dijo el Mr. Trunk, echándo-
me el humo del cigarro. "Hay que tirar jato[10] al roto" agregó
35 otro, un peruano de Chimbote que trabajaba en el Mercado de
Los Angeles, y que me fiaba salchichas cuando andaba con

[9] **un roto ... encachaos** a good, down-to-earth Northern Chilean
[10] **tirar jato = pegar fuerte**

hambre. "A éste lo tengo ya cocinado. En un par de vueltas
más lo saco," me dije. Y así empezó la cosa de nuevo, con la
campanita y venga por aquí y venga por allá, como en un valsecito, para acá y para allá, y el roto parado en el medio, sin
moverse, con los ojos medio cerrados, y aletazo, y una vueltecita [5]
por la izquierda, y otro, y ahora por la derecha, y otro; y ahora,
de cerca, uno en la nuca, detrás, como me enseñó el campeón
Palma, y otro más en la nuca, y ahora un cabezazo, y otro en
la guata, y una vuelta y otro por allá abajo pa que al roto no
le quedaran ganas de miar en su vida, y otro por aquí, y vuelta [10]
venga, y hacia atrás y hacia adelante. . . "Ya, pus, Flor de la
Canela," me gritaba un compadre abajo, entusiasmado. Y los
gringos gritaban también, y todos los de abajo gritaban, y
venga por aquí y de nuevo. . . Y allí lo tenía, a puro combo,
en las cuerdas, y el roto bien tieso, miéchica, bien engallado, [15]
aguantando firme la lluvia de combos, hasta que sonó la
campana, y volví saltando a mi rincón."

• • •

"Andaba más caramboliado.[11] Veía todo medio raro. P'tas
que me había pegado el "Comenunca." No sabía por dónde
me iba a llegar el siguiente. "Comenunca" maricón, ahora me [20]
estaba dando parejo en las bolas, lo que debe estar prohibido.
Y los papes que le tiré a too chancho,[12] fallaron toos. El
"Comenunca" se arrancaba, p'atrás, pa'l lado.[13] "Dale pelea,
hermano," me murmuraba el chato amigo mío. "Métele uno
en la cara, mano. . . Tienes más cuerpo que Zoilo. . . Trata [25]
de meterle uno, y tápate la cara, que te están matando, mano"
. . . La mansa novedad.[14] Yo andaba ya medio enrabiao. . .
También, la custión era que allá abajo toos estaban de parte
del campeón. . . "Duro, Zoilo" . . . , le gritaban los peruanos.
Había como no sé cuántos peruanos abajo. "Mata al roto [30]
cabrón," le gritaban. Y el Zoilo me daba parejito. Y lo peor
de too era que "El Quintín Romero" no alcanzó a enseñarme
na pa defenderme. Dos de derecha y uno de izquierda, decía

[11] **Andaba más caramboliado** I sure felt like a billiard ball
[12] **a too [todo] chancho** with all my might
[13] **se arrancaba, p'atrás [para atrás], pa'l [para el] lado** was always dodging, to the back, to the side
[14] **La mansa novedad** That's no news

. . . Claro que yo tuve apenas dos peleítas, y no pensaba meterme en esto, si no es por el Margarito que me embarcó en la custión. ¡P'tas con el Margarito poco hombre! . . . Sabía que yo apenas le pegaba al cocío,[15] y me largó al "Comenunca," que
5 es una fiera el cholito, más saltón que una langosta. Y lo peor es la gallá de allá abajo, toos peruanos, que andan con ganas de que me aforren bien aforrao, por la custión del Morro[16] y otras. . . Y lo peor es que me están aforrando bien aforrao, too por el Margarito, que me lo encontré en ese bar de negros, ahí
10 por la calle Maine, y me pagó cuatro cervezas y me hizo firmar el contrato, y yo hacía dos días que andaba tomando, sin trabajo, cabriao, tomando cerveza donde podía, y de allí me llevaron al gimnasio, y a las ocho horas, sin tiempo ni para echar un sueñito, me regaló los pantalones amarillos y aquí
15 me embarcó con el "Comenunca" . . ."

. . .

"El cuarto y el quinto le seguí dando, pues. Para que aprendiera a meterse con un *pupil* del campeón Palma, del Callao. Cada vez estaba más chato, pero no se caía. Le daba uno, y otro, y el muy ajo, ni na. . . Cierto que el campeón Palma
20 me decía que no tengo derecha, ni pegá,[17] pero me ayudaba con las rodillas, y le tenía la nuca más machucá que un membrillito. . . "¡Mátalo, Flor de la Canela!," me pedían los socios del Centro Peruano de Los Angeles, unos compadres que trabajaban en una fábrica de muñecas allá por Culver City, que
25 me tienen organizado un homenaje, y con los que una noche anduvimos por el barrio mexicano buscando mujeres. "*Púshalo* a las cuerdas!," gritaban otros amigos, allá por las primeras filas. Y el chileno, parado, recibiendo por aquí, por allá. Le mandé un cabezazo que le partió una ceja, y el árbitro ni
30 las paró.[18] El roto comenzó a sangrar. Le seguí pegando en la ceja, dando vuelta un poco el guante, para abrírsela más. Y el roto, con los brazos casi caídos, la cara descubierta, moviéndose como un elefante que llevaron una vez a un circo, en Arequipa,

[15] **Yo apenas . . . cocío** I was green
[16] **la custión [cuestión] del Morro** a reference to the war (1879–1883) that Peru lost to Chile
[17] **que no . . . pegá** that my right is weak, no sense trying to hit with it
[18] **el árbitro ni las paró** the referee didn't even prick his ears (wasn't even aware of it)

y la Rosalía no quiso ir conmigo porque no tenía camisa limpia, y la muy chilena se fue con el Jorge Irigoyen a Lima, en una camioneta que tenía el Irigoyen y con la cual se daba una facha, y no volvieron en dos días, aunque después se casaron en la parroquia de mi pueblo, y la Rosalía, antes de que me [5] embarcara en "Matarani" pa venir a trabajar en "la agricultura" por acá, me abrió la puerta del rancho, y allí mismo comenzó, la muy chilena, a ... Y pensando, pues, en la Rosalía, le daba y le daba un tantito en la ceja, duro y tupido. .. A la quinta vuelta el árbitro detuvo la pelea. Le miró la ceja al [10] roto, y dio orden de seguir. Era una peleíta preliminar, la primera, y los amigos querían que siguiera; así, comenzaron a gritar y a patear, y el árbitro, pues, le echó para adelante con la cosa hasta que sonó la campana. Faltaban tres vueltas y todavía no conseguía tumbarlo, aunque ya nada más parecía [15] que la cosa iba en serio, pues ..."

* * *

"Me arreglaron la hería metiéndome una custión que picaba como yegua,[19] y el Margarito me decía algo, limpiándome la sangre de la cara. "Margarito, c'cha'etu[20] ... —le dije—: este gallo es un campeón. .." "Defiéndete, mano," era todo el [20] consejo del c'chas. ¡P'tas el h'ón bien desgraciado!" ... "¡No, pus, h'ón![21] —le dije—, tú no me dijiste na, pus, h'ón, que era un gallo que ganó el campeonato de los plumas en Lima. .." El gringo Curson, por su lado, me daba unos masajes a las costillas. Tenía fuerza el gringo y los masajes me hacían chillar. [25] "Go ahead," me ordenó, cuando estaba ya la condenada campana c'chas tocando pa que el h'vas del "Comenunca" me siguiera descrestando con su bailecito, por aquí y por allá, sin que yo le atinara una, a pesar de que le lanzaba unos chuletazos y pencazos, como me decía "El Quintín Romero," que es otro [30] c'chas de su abuela, que debió haberme enseñado más. "All right," le grité al gringo Curson, levantándome apenas. Esto lo sabía bien. Fueron las palabras de mi Capitán Condell

[19] **que picaba como yegua** that stung like the dickens
[20] **c'cha'etu** (*also* **c'chas**) blockhead
[21] **¡P'tas ... h'on!** Damn that wretched, stupid fellow! ... **Don't give me that story!**

cuando la custión del Arturo Prat y la "Esmeralda,"[22] y la profesora del colegio, la Petita Retamales, con la cual toos andábamos medios calientes, aunque era más fea que... Y ya estaba el cholo pegándome en el ojo. Y otro, y otro. ¡P'tas el
5 h'ón bien h'ón! Y ahora en las ñatas, y ya no veía de sangre. Me corría la colorá por toas partes, medio pegajosa y medio salada, y el cholo dale que suene, mi alma. Y apenas podía pensar, porque me dolía el celebro, porque el "Comenunca" me pegaba al celebro[23] duro y tupío, y estaba negro too, como
10 en la mina de Caldera, una vez que quedamos encerraos con un derrumbe, y apenas podía respirar de puro dolor en el celebro y en la cara, que me la tenía achancacada, como panqueque, y me temblaban las piernas, y me tiritaba too, y el cholo me dio dos rodillazos en las huevas, y me llevó a las cuer-
15 das, y allí yo, roto entallao yo, me le paré bien parao,[24] y el "Comenunca" venga y venga chuletazos, a pesar de que las chuletas sonaban ¡plop!, en la cara, con toa la sangre. Y yo, na ni na, sin apequenarme,[25] mierda, aguantando la custión, hasta que sonó la campana... Y allí me quedé, sin saber pa
20 ónde ir, en el rincón, hasta que el Margarito me fue a buscar y me llevó arrastrándome, casi, el h'ón del Margarito..."

• • •

"Esto se estaba poniendo como el ajo.[26] Faltaban dos vueltecitas y listo. Tendría unos cuantos dólares para el merco, sin necesidad, pues, de andar pidiéndole a nadie, ni lustrando
25 zapatos, con negros y mexicanos, por ahí no más, como había andado haciendo, cuando me vine a trabajar en "la agricultura," y todo se echó a perder porque un papel de más y uno de menos, y que la residencia, y que la visa, y vengan dólares para pagar esto, pues, y lo otro, y de "la agricultura" nadita, y
30 los días pasaban y así vino el momento en que ya no tenía ni pa tomar desayuno, cosa verá, hermanito, que nunca me faltó en el Callao, aunque anduviese en las últimas, siempre encontraba un carreta que me invitaba al pisquito caliente, en la maña-

[22] **Arturo Prat y la "Esmeralda"** a reference to the naval battle at Iquique in 1879
[23] **Me pegaba al celebro [cerebro]** was hitting me on the head
[24] **me le paré bien parao [parado]** I stood up squarely against him
[25] **sin apequenarme** without flinching
[26] **Esto . . . ajo** Things were perking up

nita, no más pa matar el ofre,²⁷ y el campeón Palma, pues, se
preocupaba, hermano, de su *pupil*, y cuando no tenía peleas,
me pasaba algunos soles pa la merco. En cambio, patita, en
Los Angeles, la cosa anduvo mal desde que llegué. Pero ahora
todo se estaba arreglando, y el gringo Erickson, que es el que ⁵
arregló la pelea, tendría que darme lo prometido, especialmente ahora, hermanito, que le había demostrado lo que vale
uno del Callao, pa que el gringo me hiciera una carrerita en el
box, de aquí a otra más grande, y pues, ¡quién sabe, pues, carreta,! si no iba a parar al mismo *Madisón* del *New York,* donde ¹⁰
no más dicen que se ganan los dólares que es un gusto, con la
televisión y las apuestas, y que si uno vende la pelea, pues, se
gana más, aunque el campeón Palma me enseñó a no vender
nunca una pelea, y eso es, hermanito, lo que voy a hacer.
Total, el Inca Zoilo, hermanito, tiene cómo dejar como una ¹⁵
mazamorra morada a este roto cabrón, con su cara de fruta
seca, dale que dale aplastándole las guindas. Y no más que
faltan dos vueltecitas, y ya vamos en la mitad de la sexta, y
aquí le entro, y otro a la cara, que el chileno me la está ofre-
ciendo, y otro a la ceja, y otro a la boca, y venga otro, y ya ²⁰
están protestando porque el roto no se defiende, y aquí tira una
mano, y con una agachadita, patito, le esquivo el puñete, y le
mando cuatro seguidos, a la nuca, a la cara, abriéndole la ceja,
que el roto cabrón está que no ve de sangre, y otro más, y siga
el vals, carreta, que me avengo aquí con este roto; y allá va otro ²⁵
de ciego. Usted sabe, patita, que el chileno trampita no más
casi me agarra, pero, ¡hay nomá, l'hice el quite, y ya no! . . .''²⁸

• • •

"Cuando terminó el sexto "rau" ya estaba que las entregaba.
Margarito me fue a buscar, porque andaba más perdío que mi
teniente Bello,²⁹ y me dolía el celebro, y el Margarito me tiraba ³⁰
agua, y el gringo Curson seguía: *"Go ahead,"* pegándome en
las costillas, que estaban toas quebradas, supongo, y ya la
custión, palabra que me tenía bien cabriao, y va a creer que
sin poder pegarle al "Comenunca," que seguía saltón. *"The*

²⁷ **matar el ofre** to warm up
²⁸ **¡hay . . . no!** hold it there, I dodged him, and that was all
²⁹ **mi teniente Bello** a reference to a Chilean flyer who tried to cross the
Andes and was lost

last sinor,"[30] me dijo Curson. Más que seguro que me estaba
diciendo que no me iba a pagar na, porque no había achun-
tado un solo pencazo, como cuando me las dio el marinero
Cabrera,[31] porque fueron con el cuento de que le había comío
5   la color,[32] en Caldera, y como era verdad, y yo soy firmeza pa
mis cosas, y la Rita era harto buena, y lo bailao no me lo iba a
quitar el marinero, lo dejé que me pegara unos cuantos, pero
con el "Comenunca" no había ni cómo. Y no veía ya casi na
con la custión del celebro: "No te rajes ahora, mano, que el
10   jijo de la gran chingada[33] las va a pagar toas. . . Me da mucha
pena, mano, como te tienen . . . Métele uno bien metido, y el
rejijo para las patas,[34] verás no más, cuate, que no se levanta
. . . Me da un coraje, mano. . . Cómo te tienen. . . ¿No te da
coraje? . . ." Yo no le entendía ni pío al Margarito. ¡P'tas con
15   el Margarito poco hombre! Me estaban sacando la cresta, y el
míster Curson dale con decirme que no me iba a pagar, y ahora
venía otra vuelta y . . . "¿Cuánto falta, Margarito?," pregunté.
"No toques, ahorita,"[35] me gritó el Margarito de miedo que se
me arrancaran los postizos. Ya había sonado la campana, y el
20   Margarito y el gringo me empujaban pa que el "Comenunca"
h'ón me siguiera machacando. ¡P'tas que estaba bien achanca-
cao! . . . Palabra que me dieron ganas de . . . No había ni un
solo gallo, abajo, que me ayudara. Los peruanos se reían,
ahora, cada vez que el "Comenunca" me aforraba en la ceja, y
25   ni siquiera pudo venir a la pelea la Rosa Gutiérrez, que era de
Rancagua, y que tenía que trabajar hasta muy tarde en la
lavandería, y, palabra que con la sangre y la custión en el celebro, y el "Comenunca" que se me arrancaba, ya no iba a poer
seguir más, aunque "El Quintín Romero" me había dicho que
30   tenía harto aguante. Y el peruano me azotaba ahora, una y otra,
a la cara, miéchica; a la ceja, mierda, y la gallá abajo carca-
jeándose, y yo con harta rabia, bien tieso, mierda, sintiendo
que la sangre me corría por la espalda, y entonces, mientras se
reían, oí el grito. Un grito agudo: "¡Mátalo, Cupertino!" Y el

---

[30] *"The last sinor"* "The last [round], sinor [señor]"
[31] **cuando . . Cabrera** when the sailor Cabrera beat me up
[32] **le había comío [comido] la color** had made love to his girl
[33] **el jijo [hijo] de la gran chingada** the S.O.B.
[34] **Métele . . . patas** Hit him in the right place and the S.O.B. will stop
running
[35] *"No toques,* ahorita" "Don't talk now"

"Comenunca" dale que dale a la ceja y al celebro. Y de nuevo
el grito: "¡Mátalo, Cupertinito!" Parecida la voz a la de la
Rosa Gutiérrez, aunque no podía ser. "Mátalo, Cupertinito!,"
aullaba la mujer, abajo. Y, entonces, se me nublaron los ojos,
y me dieron hartazas ganas de llorar, palabra de hombre. 5
Cuando uno anda solo, y no conoce sino a la Rosa Gutiérrez,
a quien apenas veía una vez al mes, cuando tenía unos dólares,
y a uno que otro chato del Colo-Colo Fútbol Club de Los Angeles, ¡p'tas que era bueno oír la voz de otro chileno! "¡Mátalo, Cupertino!," gritó de nuevo. Y yo le largué el guaracazo. 10
Y el "Comenunca" no alcanzó a saltar, y allí salió pegando,³⁶
de espaldas, mierda. Y la gallá se dejó de reír. Se pusieron
como tontos de serios. Y el árbitro se puso a contar: *One, two,
three, four* . . ." Y yo no veía na, y seguí dando combos al aire,
mierda, y la gallá de abajo se comenzó a reír de nuevo, y ahora 15
el "Comenunca," que se había levantao, se me fue encima, a
darme y darme, pero le planté el otro suácate en las ñatas, ¡y
cayó de nuevo, mi alma! Y se volvió a parar, y allí le planté
dos al hilo. "¡Mátalo, Cupertino!," seguía gritando, abajo. Y
yo repartía combos que era un gusto, y el "Comenunca" estaba 20
como tonto para recibirlos. Caía y se levantaba, bien valiente
el peruano, y la gallá de abajo se puso a gritar: "¡Mata al roto
cabrón! . . . ¡Mata al chileno!" Y la mujer me gritaba: "¡Mátalo, Cupertinito!" ¡Puchas que hacía harto tiempo que nadie
me decía Cupertinito! Me acordé de la vieja. Me puse a saltar, 25
a lo poco hombre, y le planté dos más al "Comenunca," que
salió volando, p'atrás, y allí le seguí, a las cuerdas, mierda, y le
empecé a dar, uno, dos, tres, y el peruano bien gallo, firmeza,
medio atontado, y dale que dale, cuando apenas veía. Una
sombra, y allí me le iba, a la sombra, a darle. Le di uno al 30
árbitro, sin querer. Y el "Comenunca," arrinconado, mierda, y
dale que dale al "Comenunca," cuatro, cinco, uno más a too
chancho, y la cabeza del "Comenunca" parecía una pelota, y
ahí me comenzó a dar de nuevo el "Comenunca," porque me
equivoqué y le pegué al poste del rincón, y me anduve que- 35
brando la mano derecha, porque sentí la sonajera, y no podía
moverla. Y la gallá, abajo, se había levantao de los asientos, y
gritaban como locos, eso me lo contaron porque yo estaba más
ciego, y el "Comenunca" salta que salta, y eran tantos los

³⁶ **salió pegando** hit the canvas

gritos, que no me dejaban oír a mi amiga, por lo que me
anduve poniendo medio triste de nuevo, y el "Comenunca" me
siguió dando, hasta que sonó la campana, y el h'ón del Margarito me vino a buscar, y la gallá se subió arriba, y encendieron
5 toas las luces, y vengan fotógrafos y las cámaras de la televisión,
y yo ya no me acuerdo más, sólo que me goteaba la sangre, y el
"Comenunca" estaba medio desmayao, medio debilitao, en el
rincón. . ."

• • •

"No me entraba una, patito, hasta que al final me descuidé.
10 Bajé la guardia, como dice el campeón Palma, y ahí me largó
un derechazo que me dejó entre Pisco y Nazca,[37] me tiró al
suelo. Me paré a los cuatro como me había enseñado el campeón Palma, y como te contaba, pues, carreta, el chileno cabrón se me fue encima, como el "Sangre en el Ojo," un gallo
15 cenizo que tenía entrenado el italiano don Nicolo Ormino, en
las gallerías del Callao, con ganas de matar, y me mandó otro,
y me caí de nuevo, y el roto c'judo me plantó otro y otro. No
más me levantaba, patito, cuando volvía a caer y el chileno
c'judo me empujó a las cuerdas y allí me machucó dale que
20 dale, y me pegó fuerte el roto, como patá de burro, carreta,
pues ya no me acuerdo nadita lo que pasó. . ."

• • •

"Me dicen que estoy en la Clínica, y que me van a hacer no
sé qué custión, porque p'tas que me duele el celebro, y apenas
veo, y dicen que a lo mejor tengo sangre en el celebro y que me
25 pueo morir; too esto lo dice el poco hombre del Margarito,
mientras me tienen aquí en la camilla, pa aserrucharme la
cabeza o no sé qué, y me da una rabia porque los amarillos quedaron como las . . . y el Margarito anda diciendo que el "Comenunca" también quedó como las h'vas y que también, a lo
30 mejor, me lo aserruchan, y lo entraron primero pa la custión
de los rayos, y yo'stoy esperando aquí fuera, y el p'tas del
Margarito me dice que no hable, y yo traté de hablar y no
salió ni pío. . ."

• • •

[37] **Pisco, Nazca** Peruvian cities in the Province of Ica; **me dejó entre Pisco
y Nazca** he left me stranded (in a daze)

". . . Roto cabrón, me le entró al final, hermanito, y estoy medio que no veo, patito, y no sé ni quién ganó, patito, aunque debo haber sido yo, porque le pegué harto, como me dijo el campeón Palma, y no es justo, pues, carreta, que por unos derechazos de casui[38] el roto me la gane, y ahora me tienen aquí para las 5 fotografías, y no sé qué otras. . . Y casi no pueo pensar, ni siquiera en el Callao, con su mar azulito, como ese día en que estaba comiendo un chupín de pulpos picantes,[39] y vino la Carmelita, ¿ o se llamaba Rosaura? . . . , en el mar azulito del Callao, y ahora me pusieron esta custión pa que respirara, y 10 no pueo respirar, y me estoy quedando dormido, y se me está borrando el agua azulita, y no sé ni siquiera quién ganó, aunque debo haber sido yo, porque pa algo soy campeón de los plumas y pa algo . . ."

Cuestionario

A. 1. ¿Dónde se desarrolla la acción?
2. ¿Quién relata la historia?
3. ¿Se conocían antes los boxeadores?
4. ¿Cómo es Cupertino?
5. ¿Cómo es Zoilo?
6. ¿Quiénes son los "secos" de Cupertino?
7. ¿Qué anima a los boxeadores a seguir peleando?
8. ¿Cuál de los dos es mejor boxeador? ¿Más fuerte?
9. ¿Qué motiva el cambio que sufre Cupertino?
10. ¿Quién perdió?

B. 1. ¿Qué novedades hay en este cuento en el punto de vista?
2. ¿Cómo es el estilo? ¿Es apropiado para esta anécdota?
3. ¿Están bien caracterizados los boxeadores?
4. ¿Cómo capta Lafourcade la unidad temporal?
5. ¿Cuál es la actitud del autor ante este deporte?
6. ¿Es original la estructura?
7. ¿Qué tono predomina?
8. ¿Hay un punto culminante y un desenlace?
9. ¿Hay un tema que dé unidad a la anécdota?
10. ¿Qué valor tiene el uso del monólogo interior?

[38] **por . . . casui** because of some lucky blows (with the right)
[39] **chupín . . . picantes** dish of spicy cuttlefish

Temas

1. Comparar el punto de vista en este cuento y en "La señorita Cora."
2. Tema y estructura del cuento "Cupertino."
3. Analizar el lenguaje de los personajes.
4. Naturaleza del conflicto en "Cupertino."
5. Escribir un comentario sobre el boxeo.

Gabriel García Márquez

(Colombia, 1927–   )

Gabriel García Márquez publicó su primera obra narrativa, "La tercera resignación," en *El Espectador* de Bogotá en 1947. Desde entonces ha cobrado fama como novelista (*La hojarasca,* 1955; *El coronel no tiene quien le escriba,* 1961; *La mala hora,* 1962; *Cien años de soledad,* 1967). Algunos de sus cuentos, dispersos en revistas y periódicos, fueron recogidos en el volumen *Los funerales de la Mamá Grande* en 1962. En esos ocho relatos pinta la vida—como lo hace en las novelas—en un pueblo llamado Macondo, o que pudiera ser Macondo. En "La siesta del martes" presenta una confrontación entre la madre de Carlos—muerto en el acto de robar la casa de una viuda—y el pueblo entero. El contraste entre el escéptico sacerdote y la digna madre está hábilmente captado. El relato "La prodigiosa tarde de Baltazar" gira en torno al conflicto entre el desprendido carpintero y el avaro Montiel. Si aparentemente Montiel triunfa no pagándole a Baltazar por la pajarera que ha hecho para su hijo, el verdadero triunfo, el triunfo moral, es el del carpintero. Los mismos ambientes, los mismos personajes, los mismos (o semejantes) conflictos los encontramos en el resto de los cuentos que forman este bien integrado libro: "Los funerales de la Mamá Grande," "La viuda de Montiel," "Rosas artificiales," "En este pueblo no hay ladrones," "Un día después del sábado." A veces lo dramático se diluye por la presencia de motivos y situaciones ajenos al relato; mas sólo para hacer resaltar el ambiente de sopor que predomina en el pueblo en donde se desarrollan estas historias, todas ellas escritas con conciencia de estilo. Entre las más dramáticas se encuentra "Un día de éstos."

OBRAS. *Los funerales de la Mamá Grande,* Xalapa, México, 1962.

Un día de éstos

El lunes amaneció tibio y sin lluvia. Don Aurelio Escovar, dentista sin título y buen madrugador, abrió su gabinete a las seis. Sacó de la vidriera una dentadura postiza montada aún en el molde de yeso y puso sobre la mesa un puñado de instru-
5 mentos que ordenó de mayor a menor, como en una exposición. Llevaba una camisa a rayas, sin cuello, cerrada arriba con un botón dorado, y los pantalones sostenidos con cargadores elásticos. Era rígido, enjuto, con una mirada que raras veces correspondía a la situación, como la mirada de los sordos.
10 Cuando tuvo las cosas dispuestas sobre la mesa rodó la fresa hacia el sillón de resortes y se sentó a pulir la dentadura postiza. Parecía no pensar en lo que hacía, pero trabajaba con obstinación, pedaleando en la fresa incluso cuando no se servía de ella.
15 Después de las ocho hizo una pausa para mirar el cielo por la ventana y vio dos gallinazos pensativos que se secaban al sol en el caballete de la casa vecina. Siguió trabajando con la idea de que antes del almuerzo volvería a llover. La voz destemplada de su hijo de once años lo sacó de su abstracción.
20 —Papá.
—Qué.
—Dice el Alcalde que si le sacas una muela.
—Dile que no estoy aquí.
Estaba puliendo un diente de oro. Lo retiró a la distancia
25 del brazo y lo examinó con los ojos a medio cerrar. En la salita de espera volvió a gritar su hijo.
—Dice que sí estás porque te está oyendo.
El dentista siguió examinando el diente. Sólo cuando lo puso en la mesa con los trabajos terminados, dijo:
30 —Mejor.

166

Volvió a operar la fresa. De una cajita de cartón donde
guardaba las cosas por hacer, sacó un puente de varias piezas
y empezó a pulir el oro.

—Papá.

—Qué.   5

Aún no había cambiado de expresión.

—Dice que si no le sacas la muela te pega un tiro.

Sin apresurarse, con un movimiento extremadamente tranquilo, dejó de pedalear en la fresa, la retiró del sillón y abrió
por completo la gaveta interior de la mesa. Allí estaba el   10
revólver.

—Bueno —dijo—. Dile que venga a pegármelo.

Hizo girar el sillón hasta quedar de frente a la puerta, la
mano apoyada en el borde de la gaveta. El Alcalde apareció
en el umbral. Se había afeitado la mejilla izquierda, pero en la   15
otra, hinchada y dolorida, tenía una barba de cinco días. El
dentista vio en sus ojos marchitos muchas noches de desesperación. Cerró la gaveta con la punta de los dedos y dijo suavemente:

—Siéntese.   20

—Buenos días —dijo el Alcalde.

—Buenos —dijo el dentista.

Mientras hervían los instrumentos, el Alcalde apoyó el cráneo en el cabezal de la silla y se sintió mejor. Respiraba un
olor glacial. Era un gabinete pobre: una vieja silla de madera,   25
la fresa de pedal y una vidriera con pomos de loza. Frente a
la silla, una ventana con un cancel de tela hasta la altura de
un hombre. Cuando sintió que el dentista se acercaba, el Alcalde afirmó los talones y abrió la boca.

Don Aurelio Escovar le movió la cara hacia la luz. Después   30
de observar la muela dañada, ajustó a la mandíbula con una
cautelosa presión de los dedos.

—Tiene que ser sin anestesia, dijo.

—¿Por qué?

—Porque tiene un absceso.   35

El Alcalde lo miró a los ojos. "Está bien," dijo, y trató de
sonreír. El dentista no le correspondió. Llevó a la mesa de
trabajo la cacerola con los instrumentos hervidos y los sacó del
agua con unas pinzas frías, todavía sin apresurarse. Después
rodó la escupidera con la punta del zapato y fue a lavarse las   40

manos en el aguamanil. Hizo todo sin mirar al Alcalde. Pero el Alcalde no lo perdió de vista.

Era una cordal inferior. El dentista abrió las piernas y apretó la muela con un gatillo caliente. El Alcalde se aferró a
5 las barras de la silla, descargó todas sus fuerzas en los pies y sintió un vacío helado en los riñones, pero no soltó un suspiro. El dentista sólo movió la muñeca. Sin rencor, más bien con una amarga ternura dijo:

—Aquí nos paga veinte muertos, teniente.[1]
10 El Alcalde sintió un crujido de huesos en la mandíbula y sus ojos se llenaron de lágrimas. Pero no suspiró hasta que no sintió salir la muela. Entonces la vio a través de las lágrimas. Le pareció tan extraña a su dolor, que no pudo entender de sus cinco noches anteriores.
15 Inclinado sobre la escupidera, sudoroso, jadeante, se desabotonó la guerrera y buscó a tientas el pañuelo en el bolsillo del pantalón. El dentista le dio un trapo limpio.

—Séquese las lágrimas —dijo.

El Alcalde lo hizo. Estaba temblando. Mientras el dentista
20 se lavaba las manos, vio el cielorraso desfondado y una telaraña polvorienta con huevo de araña e insectos muertos. El dentista regresó secándose las manos. "Acuéstese —dijo— y haga buches de agua de sal." El Alcalde se puso de pie, se despidió con un displicente saludo militar, y se dirigió a la puerta estirando las
25 piernas, sin abotonarse la guerrera.

—Me pasa la cuenta —dijo.

—¿A usted o al municipio?

El Alcalde no lo miró. Cerró la puerta, y dijo, a través de la red metálica:
30 —Es la misma vaina.[2]

Cuestionario

A. 1. ¿Cómo es el dentista?
    2. ¿Qué hace antes de que llegue el Alcalde?
    3. ¿Cómo es el Alcalde?
    4. ¿Qué le pasa?

[1] **Aquí . . . teniente** Here you pay us for twenty deaths [crimes], lieutenant
[2] **Es . . . vaina** Doesn't make a damn bit of difference

5. ¿Cómo lo trata el dentista?
6. ¿Por qué no usa anestesia el dentista?
7. ¿Cómo reacciona el Alcalde?
8. ¿De qué se venga el dentista?
9. ¿Quién va a pagar la cuenta?
10. ¿Qué otro personaje aparece en el cuento?

B. 1. ¿Qué significado tiene el título?
2. ¿Es necesaria la presencia del niño?
3. ¿Están bien caracterizados los personajes?
4. ¿Cuál es la naturaleza del conflicto?
5. ¿Predomina el elemento narrativo o el elemento dramático?
6. ¿Hay un punto culminante? ¿Cuál es?
7. ¿Es adecuado el desenlace?
8. ¿Qué tono predomina?
9. ¿Hay unidad temporal? ¿Cómo se logra?
10. ¿Cuál es el tema?

Temas

1. La naturaleza del conflicto.
2. El ambiente físico y el ambiente sicológico.
3. El estilo de García Márquez según se refleja en este cuento.
4. La naturaleza de los personajes.
5. Leer otro cuento de García Márquez y compararlo a "Un día de éstos."

Salvador Elizondo

(México, 1932–   )

Salvador Elizondo, famoso como novelista (*Farabeuf,* 1965;
El hipogeo secreto, 1968), ha publicado dos colecciones de
cuentos, *Narda, o el verano* (1966) y *El retrato de Zoe y otras
mentiras* (1969). En la primera recogió cinco cuentos, con los
cuales abrió nuevos caminos a la narrativa mexicana. Sólo uno de
ellos, "Puente de piedra," es de ambiente mexicano. Los otros
cuatro ("En la playa," "Narda, o el verano," "La puerta,"
"La historia según Pao Cheng") son cuentos cosmopolitas. "En la
playa" es representativo de la nueva narrativa y señala el
camino, o uno de los caminos, que tal vez siga el cuento
hispanoamericano. La cacería de un hombre gordo, de un
elefante humano, sin decirnos el motivo, deja en el lector una
sensación de frialdad, de refinada crueldad. No podemos
simpatizar con la víctima, el gordo, personaje repulsivo, y menos
con el cruel cazador. Así es que nos quedamos con un malestar
que no se puede resolver, ya que a los únicos personajes con
quienes se podría simpatizar, los remadores, no se les da relieve.
Lo original en el cuento es que el lector espera, prevee o
imagina un desenlace sorpresivo que no llega a cumplirse. En
El retrato de Zoe y otras mentiras recoge Elizondo quince
cuentos entre los que predominan los de naturaleza fantástica.
El que da título al libro trata el tema de la muerte; es la
historia de un hombre, un profesor, que muere y que no se da
cuenta de ello y sigue actuando como si nada hubiera ocurrido.
Sin duda Elizondo publicará otros libros de cuentos. Pero estos
dos ya son suficientes para colocarle entre los mejores cuentistas
mexicanos del siglo veinte.

   OBRAS. *Narda, o el verano,* México, 1966. *El retrato de Zoe
y otras mentiras,* México, 1969.

En la playa

Cuando ya estaba cerca de donde se rompían las olas cesó de remar y dejó que la lancha bogara hacia la orilla con el impulso de la marejada. Estaba empapado de sudor y el sucio traje de lino blanco se le adhería a la gordura del cuerpo impidiendo o dificultando sus movimientos. Había remado durante varias horas tratando de escapar de sus perseguidores. Su impericia lo había llevado costeando hasta esa extensa playa que con sus dunas se metía en el mar hasta donde la lancha estaba ahora. Se limpió con la mano el sudor que le corría por la frente y miró hacia tierra. Luego se volvió y vio a lo lejos, como un punto diminuto sobre las aguas, la lancha de Van Guld que lo venía siguiendo. "Si logro pasar al otro lado de la duna estoy a salvo," pensó acariciando la Luger que había sacado del bolsillo de la chaqueta para cerciorarse de que no la había perdido. Volvió a guardar la pistola, esta vez en el bolsillo trasero del pantalón y trató de dar otro golpe de remo para dirigir la lancha hacia la playa, pero la gordura dificultaba sus movimientos y no consiguió cambiar el rumbo del bote. Encolerizado, arrojó el remo hacia la costa. Estaba tan cerca que pudo oír el golpe seco que produjo sobre la arena húmeda, pero la lancha se deslizaba de largo sin encallar. Había pozas y no sabía nadar. Por eso no se tiró al agua para llegar a la orilla por su propio pie. Una vez más se volvió hacia sus perseguidores. El punto había crecido. Si la lancha no encallaba en la arena de la playa, le darían alcance. Tomó el otro remo y decidió utilizarlo como timón apoyándolo sobre la borda y haciendo contrapeso con toda la fuerza de su gordura. Pero se había equivocado y la lancha viró mar adentro. Entonces sacó rápidamente el remo del agua y repitió la misma operación en el lado opuesto. La lancha

172

recibía allí el embate de la corriente y viró con tanta velocidad
que el gordo perdió el equilibrio y por no caer sobre la borda
soltó el remo que se alejó flotando suavemente en la estela. La
lancha bogaba paralela a la costa y daba tumbos sobre las olas
que reventaban contra su casco. Iba asido a la borda. De vez 5
en cuando miraba hacia atrás. La lancha de su perseguidor
seguía creciendo ante su mirada llena de angustia. Cerró los
ojos y dio de puñetazos sobre el asiento, pero esto le produjo
un vivo dolor, un dolor físico que se agregaba al miedo como
un acento maléfico. Abrió las manos regordetas, manicuradas 10
y las miró durante un segundo. Sangraban de remar. Las
metió en el agua y las volvió a mirar. Su aspecto era más siniestro
ahora. La piel, desprendida de sus raíces de sangre,[1] tenía
una apariencia cadavérica. Volvió a cerrar los puños esperando
que sangraran nuevamente y luego apoyó las palmas 15
contra los muslos hinchados que distendían la tela del pantalón.
Vio las manchas que habían dejado sobre el lino sucio y
miró hacia atrás, pero no pudo estimar el crecimiento del bote
perseguidor porque en ese momento un golpe de agua ladeó
la lancha y haciéndola virar la impulsó de costado, a toda velo- 20
cidad, hacia la playa. La quilla rasgó la superficie tersa y nítida
de la arena con un zumbido agudo y seco. El gordo apoyó
fuertemente las manos contra la borda, inclinando el cuerpo
hacia atrás, pero al primer tumbo se fue de bruces contra el
fondo de la lancha. Sintió que la sangre le corría por la cara y 25
apretó la Luger contra sus caderas obesas.

Van Guld iba apoyado en la popa, detrás de los cuatro mulatos
que remaban rítmicamente. Gobernaba el vástago del
timón con las piernas y había podido ver todas las peripecias
del gordo a través de la mira telescópica del Purdey. Cuando 30
el gordo dio los puñetazos de desesperación sobre el asiento,
Van Guld sonrió e hizo que la cruz de la mira quedara centrada
sobre su enorme trasero, pero no hubiera disparado porque
todavía estaba fuera del alcance del Purdey, una arma
para matar elefantes a menos de cincuenta metros. 35
    —¡Más aprisa remen! —gritó Van Guld y luego pensó para
sí—: Tenemos que llegar antes de que cruce la duna.

---

[1] **desprendida . . . sangre** rid of its bloodstains

Los negros alzaron más que antes los remos fuera del agua y, jadeando, emitiendo un gemido entrecortado a cada golpe, comenzaron a remar a doble cuenta. El bote se deslizaba ágil sobre el agua casi quieta, bajo el sol violento que caía a plomo
5 del cielo límpido, azul. De la selva, más allá de la duna que estaba más lejana de lo que se la imaginaba viéndola desde el mar, el chillido de los monos y de los loros llegaba a veces como un murmullo hasta la lancha, mezclado con el tumbo de las olas sobre la arena, con el fragor de la espuma que se
10 rompía en esquirlas luminosas, blanquísimas, a un costado de la barca.

Con un movimiento horizontal de la carabina, Van Guld siguió el trayecto de la barca del gordo cuando ésta encallaba sobre la arena. Apuntó durante algunos instantes la cruz de la
15 mira sobre la calva perlada de sudor de su presa que yacía boca abajo junto a la lancha volcada. Las enormes caderas del gordo, entalladas en el lino mugriento de su traje, eran como un montículo de espuma sobre la arena. Apuntó luego el Purdey hacia la selva que asomaba por encima del punto más
20 alto de la duna. Las copas de las palmeras y de las ceibas se agitaban silenciosas en su retina, pero Van Guld adivinaba el chillido de los monos, los gritos de los loros, mezclándose a la jadeante respiración del gordo, tendido con el rostro y las manos sangrantes sobre la arena ardiente.
25 —¡Vamos, vamos! ¡Más aprisa! —les dijo a los mulatos. Estos sudaban copiosamente y sus torsos desnudos se arqueaban, tirantes como la cuerda de un arco, a cada golpe de remo. Su impulso movía la barca a espasmos, marcados por el jadeo de su respiración y no se atrevían a mirar hacia la costa donde
30 estaba el gordo, sino que se tenían con la mirada al frente, como autómatas.
—¡Más aprisa!, ¡más aprisa! —volvió a gritar Van Guld.
Su voz era diáfana como el grito de un ave marina y se destacaba de las olas, de la brisa, como algo de metal, sin resonancia
35 y sin eco.

El gordo se palpaba el bolsillo del pantalón nerviosamente, dejándose unas difusas manotadas de sangre en el trasero. Allí estaba la Luger. Si le daban alcance en el interior de la selva tendría que servirse de ella aunque era un tirador inexperto.

Trató de incorporarse, pero no lo consiguió al primer intento.
La quilla del bote había caído sobre su pie, aprisionándolo
contra la arena. Pataleó violentamente hasta que logró zafarlo
para ponerse en cuatro patas y así poder incorporarse con
mayor facilidad. Pero luego pensó que puesto de pie, ofrecía [5]
un blanco mucho más seguro a la carabina de Van Guld. Si se
arrastraba por la playa hasta ascender la duna, su cuerpo se
confundiría, tal vez, con la arena para esquivar las balas que
le dispararía su perseguidor.

Parapetado en la borda de la lancha miró en dirección de [10]
Van Guld. La lancha había crecido en sus ojos considerablemente. Casi podía distinguir la silueta de Van Guld erguida
en la popa, escudriñando la blanca extensión de la playa, tratando de apuntar con toda precisión el rifle sobre su cuerpo.
Esto era una figuración pues Van Guld estaba en realidad [15]
demasiado lejos. El bote seguía siendo un punto informe en el
horizonte. Se incorporó pensando que tendría tiempo de llegar
hasta la duna. Echó a correr, pero no bien había dado unos
pasos, sus pies se hundieron y dio un traspié; cayó de cara sobre
la arena que le escocía la herida que se había hecho en la frente. [20]

A Van Guld le pareció enormemente cómico el gesto del gordo,
visto a través del anteojo, sobándose el trasero con la mano
ensangrentada. Los pantalones blancos le habían quedado
manchados de rojo. "Como las nalgas de un mandril," pensó
Van Guld bajando sonriente el rifle y apoyando pacientemente [25]
la barbilla sobre sus manos cruzadas que descansaban en la
boca del grueso cañón del Purdey. Estuvo así un momento y
luego volvió a empuñar el rifle para seguir los movimientos del
gordo. Cuando lo vio caer de boca en la arena lanzó una
carcajada. [30]

Después, el gordo se incorporó con dificultad y se sentó respirando fatigosamente. Su cara estaba cubierta de sudor. Con
las mangas se enjugó la boca y la frente. Miró un instante la
chaqueta manchada de sudor y de sangre y luego notó que uno
de sus zapatos se había desatado. Alargó el brazo tratando de [35]
alcanzar las agujetas pero no logró asirlas por más que dobló
el tronco. Tomó entonces la pierna entre sus manos y empezó
a jalarla hacia sí. Una vez que había conseguido poner el za-

pato al alcance de sus manos las agujetas quedaban debajo del
pie y por más esfuerzos que hacía por atarlas, no podía pues
sus dedos además de estar heridos, eran demasiado cortos y
demasiado torpes para retener fijamente las cintas y anudarlas.
5 Trató entonces de quitarse el zapato, pero tampoco lo consiguió ya que sus brazos arqueados sobre el vientre voluminoso
no eran lo suficientemente largos para ejercer una presión efectiva sobre el zapato. Se echó boca arriba y, ayudándose con el
otro pie, trató de sacar el zapato haciendo presión sobre él con
10 el tacón. Al fin logró sacar el talón. Levantó la pierna en el
aire y agitando el pie violentamente al cabo de un momento
hizo caer el zapato en la arena.

Ese pie, enfundado en un diminuto zapato puntiagudo de
cuero blanco y negro primero y en un grueso calcetín de lana
15 blanca después, con la punta y el talón luídos y manchados por
el sudor y el contacto amarillento del cuero, agitándose temblo-
rosamente, doblando y distendiendo coquetamente los dedos
regordetes dentro del calcetín, producía una sensación gro-
tesca, ridícula, cómica, cruzado como estaba por los dos hilos
20 de araña milimétricamente graduados de la mira del Purdey.
Apoyándose con las manos, el gordo levantó el trasero y
luego, doblando las piernas hasta poner los pies debajo del
cuerpo, se puso de pie. Introdujo la mano en el bolsillo para
sacar la pistola. Esto le produjo fuertes dolores en los dedos
25 descarnados, pero una vez que tenía asida la Luger por la cacha
los dolores se calmaron al contacto liso, acerado, frío, del arma.
La sacó y después de frotarla contra el pecho de la chaqueta
para secarla, la amartilló volviéndose en dirección de la costa,
hacia la lancha de Van Guld. Pudo distinguir a los cuatro
30 negros que se inclinaban simultáneamente al remar. La cabeza
rubia e inmóvil de Van Guld se destacaba claramente por encima de las cabezas oscilantes y negras de los remeros.

El gordo estaba de espaldas a él. Van Guld vio cómo sacaba
la pistola del bolsillo del pantalón y cómo agitaba el brazo
35 mientras la secaba contra la chaqueta, pero no vio cómo la
amartillaba. "No sabe usar la pistola," pensó Van Guld
cuando vio que el gordo se dirigía cojeando hacia la duna con
la pistola tenida en alto, con el cañón apuntando hacia arriba,

casi tocándole el hombro y con la línea de fuego rozándole la cara.

Le faltaban unos cuarenta metros para llegar a la falda de la duna. Si se arrastraba hasta allí no podría desplazarse con suficiente rapidez y daría tiempo a sus perseguidores de llegar por 5 la costa hasta situarse frente a él. Consciente de su obesidad, pensó que si corría su cuerpo ofrecería durante el tiempo necesario un blanco móvil, lo suficientemente lento para ser alcanzado con facilidad. Se volvió hacia la barca de Van Guld. Calculó mentalmente todas sus posibilidades. La velocidad 10 con que se acercaba le permitiría quizá llegar a tiempo a la cuesta de la duna arrastrándose. Se echó a tierra, pero no bien lo había hecho se le ocurrió que al llegar a la duna y para ascender la cuesta que lo pondría a salvo, tendría que ofrecerse, de todos modos, erguido al fuego de Van Guld. 15

—¡Paren! —dijo Van Guld a los remeros bajando el rifle. Los negros se arquearon sobre los remos conteniendo la fuerza de la corriente que ellos mismos habían provocado con el último golpe de remo. Los músculos de sus brazos y de sus hombros se hinchaban con el esfuerzo de parar el bote. Van Guld escupió 20 sobre la borda para cerciorarse de que el bote se había detenido. Un pájaro salvaje aleteó rompiendo el silencio. Van Guld clavó la vista delante de sí, en dirección del gordo; luego, humedeciéndose los labios con la lengua volvió la cara mar adentro. Con la vista fija en el horizonte volvió a humedecerse 25 los labios y se quedó así unos instantes hasta que la brisa secó su saliva. Tomó luego el Purdey y lo apuntó hacia el gordo— una mancha diminuta, blanca, informe—, mirando a través del anteojo. "Hasta la brisa nos ayuda —pensó—; bastará con ponerle la cruz en el pecho, y si va corriendo la brisa se encargará 30 de llevar el plomo hasta donde él esté." La vertical no importaba; a la orilla del mar el aire corre en capas extendidas. "A veces tiende a subir en la playa; medio grado hacia abajo, por si acaso. Si está quieto, un grado a la izquierda para aprovechar la brisa," reflexionó y bajando el rifle nuevamente se di- 35 rigió a los remeros:

—¡Vamos, a toda prisa! —les dijo mirando fijamente el punto de la playa en donde se encontraba el gordo.

"Se han detenido," pensó el gordo mientras estaba calculando su salvación. Echó a correr. No había dado tres pasos cuando volvió a caer, pues como le faltaba un zapato se le había torcido un tobillo y el pie descalzo se le había hundido en la
5 arena. Su situación era ahora más expuesta ya que no podía parapetarse en la lancha y todavía estaba demasiado lejos de la duna. Boqueó tratando de recobrar el aliento. El corazón le golpeaba las costillas y a través de todas las capas de su grasa escuchaba el rumor agitado del pulso. Se puso la mano en el
10 pecho tratando de contener esos latidos, pero como sólo estaba apoyado, con todo su peso, sobre un codo, los brazos le empezaron a temblar. Apoyó entonces las dos manos sobre la arena y trató de incorporarse. Haciendo presión con los pies sobre el suelo, consiguió, al cabo de un gran esfuerzo, ponerse
15 en pie y se volvió hacia la lancha de sus perseguidores.

Sin servirse de la mira telescópica, Van Guld pudo darse cuenta de que el gordo se había vuelto hacia ellos. Los mulatos remaban rítmicamente y la lancha se acercaba inexorablemente.
—¡Más aprisa! —volvió a decir Van Guld.

20 Su voz llegó difusa hasta los oídos del gordo que tuvo un sobresalto en cuanto la oyó y echó a correr hacia la duna. A cada paso se hundía en la arena por su propio peso y le costaba un gran esfuerzo avanzar.

Van Guld vio con toda claridad como el gordo corría dando
25 traspiés en la arena. Había cubierto la mitad del trayecto hacia la duna. Un mono lanzó un chillido agudísimo y corto, como un disparo. El gordo se detuvo volviéndose angustiado hacia la lancha de Van Guld. Con los brazos extendidos y las manos colgándole de las muñecas como dos hilachos se quedó quieto
30 en mitad de la playa. Se percató de que en su mano derecha llevaba la Luger. La acercó para verla mejor y se volvió nuevamente hacia la lancha de Van Guld; luego extendió el brazo con la pistola en dirección de sus perseguidores. Oprimió el gatillo. Nada. Volvió a apoyar el dedo regordete con todas sus
35 fuerzas pero el gatillo no cedía. Cortó otro cartucho apre-

suradamente y la bala saltó de la recámara rozándole la cara.[2]
Extendió entonces el brazo y oprimió el gatillo con todas sus
fuerzas.

"Tiene el seguro puesto,"[3] pensó Van Guld para sí.
  —¡Imbécil! —dijo después en voz alta.   5
Los negros siguieron remando impasibles.

El gordo examinó cuidadosamente la pistola. Con las manos
temblantes comenzó a manipularle todos los mecanismos. Volvió a cortar cartucho y otra bala le saltó a la cara. Oprimió un
botón y el cargador salió de la cacha. Apresuradamente volvió 10
a ponerlo en su lugar; luego oprimió otro botón que estaba en
la guarda del gatillo. Era el seguro de la aguja. Como al
mismo tiempo estaba oprimiendo el gatillo, la pistola se disparó en dirección de la duna produciendo una nubecilla de
pólvora quemada y un pequeño remolino de arena en la duna. 15
A lo lejos entre las copas de los árboles, se produjo un murmullo nervioso. El gordo se asustó al oír la detonación, pero
no se había dado cuenta cabal[4] de que el tiro había partido de
su propia arma. Se volvió hacia Van Guld. Podía distinguir
todos los rasgos de su rostro impasible, mirándole fijamente 20
desde la popa de la lancha. Echó a correr. De pronto se detuvo y empuñando la Luger la apuntó nuevamente hacia Van
Guld. Tiró del gatillo, pero el arma no disparó. Se acordó entonces del botoncito que estaba en la guarda del gatillo y lo
apretó. Oprimió el gatillo varias veces. 25

Las balas pasaron lejos de Van Guld y de su lancha. La brisa
que les iba en contra las había desviado y las detonaciones no
llegaron a sus oídos sino después de unos instantes. El gordo se
había quedado inmóvil. Tres volutas de humo blanco lo rodeaban, deshaciéndose lentamente en el viento. La lancha 30
siguió avanzando hasta quedar colocada directamente frente
al gordo.

[2] **Cortó . . . cara** He reloaded [the pistol] in a hurry and the cartridge,
forcibly expelled from the chamber, grazed his face
[3] **"Tiene . . . puesto"** "The safety is on"
[4] **no . . . cabal** he had not fully realized

Volvió a oprimir el gatillo. La Luger hizo un clic diminuto. Se había agotado el cargador. Arrojó la pistola y echó a correr, pero no en dirección de la duna, sino en dirección contraria a la de la lancha de Van Guld. Cuando se dio cuenta de que su
5 huída era errada se detuvo. Vaciló. Luego corrió en dirección de la duna. Cuando llegó a la cuesta se fue de bruces y cayó rodando en la arena. Se incorporó rápidamente e intentó nuevamente ascender la duna.

Van Guld empuñó el Purdey y encañonó al gordo, pero no
10 tenía intención de disparar todavía. Miraba a través del telescopio cómo trataba de subir por la duna, resbalando entre la arena, rascando para asirse a ese muro que siempre se desvanecía entre sus dedos sangrantes.

El gordo cayó sentado al pie de la duna. Primero corrió a
15 cuatro patas a lo largo del montículo, alejándose de Van Guld, pero a cada momento volvía a caer de cara. Finalmente logró avanzar corriendo con los brazos extendidos para guardar el equilibrio.

Van Guld ordenó a los mulatos que lo siguieran desde el mar.
20 Se pusieron a remar y la lancha avanzaba suavemente sobre las olas, paralela al gordo que corría dando tumbos. La cruz del Purdey se encontraba un grado a la izquierda y medio grado abajo del pecho del gordo.

Se había adelantado a la lancha que ahora bogaba más lenta-
25 mente pues había entrado en esa faja de mar donde las olas se rompen y donde la fuerza de los remos se dispersa en la marejada. El gordo se detuvo, apoyado contra el túmulo de arena que se alzaba tras él. Respiraba con dificultad y no podía seguir corriendo.

30 La lancha de Van Guld pasó lentamente ante él. Por primera vez se encontraron sus miradas. Al pasar frente al gordo Van Guld levantó la vista del telescopio y se quedó mirando fijamente al gordo que, también, lo miraba pasar ante él, resollando pesadamente, indefenso.

Una vez que Van Guld había pasado de largo, el gordo se volvió y empezó a escalar la duna, pero avanzaba muy lentamente porque todos los apoyos se desmoronaban bajo su peso. Sus manos cavaban en la arena tratando de encontrar un punto fijo al cual asirse. 5

Van Guld hizo virar la lancha en redondo.

Mientras la lancha volvía sobre su estela y los perseguidores le daban la espalda, el gordo ascendió considerablemente y su mano casi logró asirse al borde de la duna. Trataba de empujarse con los pies, pero se le deslizaban hacia abajo. 10

Van Guld quedó colocado frente a él. Sonriente, lo miraba patalear y levantar nubecillas de arena con los pies. Volvió a encañonarlo y a través de la mira pudo adivinar con toda certeza el rostro sudoroso, sangrante del gordo que jadeaba congestionado. 15

Hubo un momento en que sus pies, a fuerza de cavar furiosamente, encontraron un punto de apoyo. Su cuerpo se irguió tratando de alcanzar con las manos la cresta de la duna y por fin lo consiguió. Entonces pataleó más fuerte, tratando de elevar las rodillas a la altura de sus brazos, pero la arena se 20 desvanecía siempre bajo su cuerpo. Logró sin embargo retener la altura que había alcanzado sobre la duna. Deseaba entonces que más allá de esta prominencia hubiera otra hondonada para poderse ocultar y ganar tiempo.

Van Guld había centrado la mira sobre la espalda del gordo. 25 Acerrojó el Purdey haciendo entrar un casquillo en la recámara, amartillando la aguja al mismo tiempo.

Cuando llegó a la cima vio que la arena se extendía en una planicie nivelada hasta donde comenzaba la selva. Estaba perdido. Se quedó unos instantes tendido sobre el borde de arena 30 y miró sobre sus hombros en dirección de Van Guld que lo tenía encañonado. Estaba liquidado, pero no sabía si dejarse deslizar nuevamente hacia la playa o seguir avanzando sobre la duna hacia la selva. Eran unos cien metros hasta los pri-

meros árboles. Para llegar a ellos daría a Van Guld el tiempo
suficiente de apuntarle con toda certeza, igual que si se quedaba ahí mismo.

Van Guld bajó el rifle medio grado de la cruz. Pensó que sobre
5 todo en la cresta de la duna la capa de aire extendido tendería
a subir. La corrección horizontal era ahora deleznable ya que
se encontraba directamente enfrente del gordo, con la brisa a
su espalda.

Resignado, el gordo subió al borde y se puso de pie sobre la
10 duna volviéndose hacia Van Guld.

La lancha producía un chapoteo lento sobre las olas débiles
del mar apacible. A lo lejos se oían los gritos de los loros que
se ajetreaban en el follaje de las ceibas. Le tenía la cruz puesta
en el cuello para darle enmedio de los ojos, pero luego bajó el
15 rifle un poco más, hasta el sexo, para darle en el vientre, porque pensó que si le daba en la cabeza al gordo no sentiría su
propia muerte y que si le daba en el pecho lo mataría demasiado rápidamente.

El gordo lo miraba con las manos colgantes, sangrantes, sepa-
20 radas del cuerpo, en una actitud afeminada y desvalida.

Cuando partió el disparo, la lancha dio un tumbo escueto,
levísimo.

Sintió que las entrañas se le enfriaban y oyó un murmullo
violento que venía de la selva. Se desplomó pesadamente y
25 rodó por la duna hasta quedar despatarrado sobre la playa
como un bañista tomando el sol. Boca arriba como estaba
notó, por primera vez desde que había comenzado su huída, la
limpidez magnífica del cielo.

Van Guld bajó el rifle. La brisa agitaba sus cabellos rubios.
30 Todavía estuvo mirando unos instantes el cuerpo reventado
al pie de la duna. Luego ordenó a los remeros partir. La barca
se puso en marcha. Los mulatos jadeaban agobiados de sol,
impulsando los remos fatigosamente. Van Guld apoyó el

Purdey contra la borda y encendió un cigarrillo. Las bocanadas de humo se quedaban suspensas en la quietud del viento,
como abandonadas de la lancha que se iba convirtiendo poco a
poco en un punto lejano, imperceptible.

Cuestionario

A. 1. ¿En dónde se desarrolla la acción?
  2. ¿Quién es Van Guld?
  3. ¿A quién persigue?
  4. ¿Por qué lo persigue?
  5. ¿Cómo sabemos que Van Guld es un cazador experto?
  6. ¿Es buen tirador el gordo?
  7. ¿Dónde se refugia?
  8. ¿Por qué no logra escapar?
  9. ¿Qué hace Van Guld después de matar al gordo?
 10. ¿Qué orden da a los remeros?

B. 1. ¿Es simbólico este cuento?
  2. ¿Está bien motivada la acción?
  3. ¿Están bien caracterizados los personajes?
  4. ¿Cómo es la estructura del cuento?
  5. ¿Cuál es el tema?
  6. ¿Hay un conflicto?
  7. ¿Qué motivos predominan?
  8. ¿Cómo es el desenlace?
  9. ¿Está bien captado el ambiente?
 10. ¿Cuál es la actitud del narrador ante los hechos?

Temas

1. La naturaleza del conflicto.
2. La caracterización de los personajes.
3. El estilo de Elizondo según se refleja en este cuento.
4. El ambiente sicológico.
5. La función de la naturaleza.

José Emilio Pacheco
(*México, 1939–*)

José Emilio Pacheco se dio a conocer como cuentista en 1959 con
La sangre de Medusa. En 1963 publicó dos libros, uno de
poesía *(Los elementos de la noche)* y otro de cuentos *(El viento
distante)*. En 1966, con *El reposo del fuego,* revela su madurez
en la poesía; género en el cual se supera en su último libro,
No me preguntes cómo pasa el tiempo (1969). La obra narrativa
de Pacheco se distingue por la gran sensibilidad con que trata
asuntos que en otros escritores resultarían triviales. En "El
parque hondo" el simple acto de matar un gato se convierte en
toda una tragedia; para darle originalidad a la anécdota los
hechos se presentan según los observan los jóvenes protagonistas.
En "El viento distante" predominan los elementos reales e
irreales, con cuyo equilibrado entrelazamiento se sugiere
admirablemente el misterio que se esconde tras la aparente
realidad. Lo mismo ocurre en "Parque de diversiones," serie de
cuadros que van de lo absurdo a lo fantástico. La ingeniosa
estructura, lo original de las situaciones, el cuidado estilo y la
actitud irónica ante la realidad hacen que este cuento sea
uno de los más logrados en la narrativa mexicana contemporánea.
Sin duda Pacheco publicará más y mejores cuentos. Pero con
lo que ya le conocemos es suficiente para que se le considere
como uno de los más destacados cuentistas de su generación.

OBRAS. *La sangre de Medusa*, México, 1959. *El viento distante,*
México, 1963.

Parque de diversiones

Labyrinthe, la vie, labyrinthe, la mort
Labyrinthe sans fin, dit le Maître de Ho.[1]

—HENRI MICHAUX[2]

I

La gente se ha congregado alrededor del sitio que ocupan los elefantes. Sin piedad los hombres riñen y se injurian: buscan llegar a la primera fila con objeto de no perder un solo detalle. Algunos, los más jóvenes, han subido a los árboles y asisten 5 desde allí al espectáculo del parto. La elefanta está a punto de dar a luz. El dolor la enfurece y, barritando, se azota contra los muros de cemento, se arroja al suelo, se alza nuevamente. El elefante y las personas se limitan a contemplar el proceso. En su furia la elefanta no ha permitido que se acerquen el do-10 mador ni el veterinario. Ambos, a distancia, aguardan con impaciencia el desenlace. Transcurren dos horas. Al fin—cuando ya el grupo de curiosos se ha convertido en multitud—del viejo, oscuro cuerpo empieza a sobresalir un nuevo cuerpo. La muchedumbre regocijada con el dolor de la elefanta admira el 15 nacimiento de una bestia monstruosa, llena de sangre y pelo, que se asemeja a un elefante. El animal se tambalea, parece próximo a caer. Súbitamente se parte en dos, se desinfla la cubierta de hule y del interior brota un hombre vestido de juglar que cuando salta y da maromas agita dos filas de casca-20 beles. En seguida el público le tributa una cerrada ovación y arroja monedas que el hombre se apresura a embolsarse. Hay una nueva salva de aplausos. El hombre los agradece con honda reverencia. El elefante y la elefanta curvan la trompa, yerguen una pata. Algunos entre el público quieren silbar—25 pero se les acalla.

[1] **Labyrinthe . . . Ho.** (*Fr.*) Laberinto, la vida, laberinto, la muerte / **Laberinto sin fin, dice el Maestro de Ho.**
[2] **Henri Michaux** (1899–   ), Belgian poet and writer

II

Al otro extremo de este parque se halla el jardín botánico. Pasados los invernaderos, más allá del desierto de cactus y del noveno lago, surge tras un recodo la espesura ficticia. Este lugar resulta peligroso y la dirección del parque ha destinado varios policías para que lo vigilen. Suenan las diez de la mañana y entra en los límites de la selva fingida una maestra de primaria encabezando una fila de niños. La mujercilla saluda a los policías por sus nombres y luego con una voz que pretende ser marcial ordena a los niños alinearse por la derecha. Pide a los alumnos Zamora y Lainez que den un paso al frente. La maestra se refiere a su mala conducta, a su falta de interés por los estudios, la cáscara de naranja que Zamora le tiró con resortera y las señas obscenas que hizo Lainez cuando ella había vuelto la espalda a fin de señalar los errores de una suma que aquél no supo resolver en el pizarrón. Acto continuo, la maestra toma a los niños de la oreja y desoyendo sus bramidos, estimulada por el aplauso y la aprobación de los demás y la actitud indolente de los guardianes, acerca a Lainez y a Zamora hasta el tentáculo de una planta carnívora. La planta los engulle y ávidamente comienza a succionarlos. Sólo es posible ver el abultamiento de su tallo y los feroces movimientos peristálticos: se adivinan la asfixia, el trabajo del ácido, el quebrantamiento de los huesos. La maestra—resignada, aburrida—dicta la lección de botánica *in vivo* correspondiente al día de hoy y explica a sus alumnos cómo se parece el funcionamiento de las plantas carnívoras a la acción digestiva de una boa constrictor. Un niño alza la mano y al tiempo que mira distraídamente la planta en que ya ningún movimiento puede advertirse, pregunta a la maestra qué es una boa constrictor.

III

A mí me encantan los domingos del parque hay tantos animalitos que creo estar soñando o volverme loco de tanto gusto y de la alegría de ver siempre cosas tan distintas y fieras que juegan o hacen el amor o están siempre a punto de asesinarse y me divierte ver cómo comen lástima que todos huelan tan mal o mejor dicho hiedan pues por más que hacen para

tener el parque limpio especialmente los domingos todos los
animales apestan a diablos sin embargo creo que ellos al vernos
se divierten tanto como nosotros por eso me da tanta lástima
que estén allí siempre su vida debe de ser muy dura haciendo
5 siempre las mismas cosas para que los otros se rían o les hagan
daño y no sé cómo hay quienes llegan ante mi jaula y dicen
mira qué tigre no te da miedo porque aunque no hubiese rejas
no me movería de aquí para atacarlos pues todos saben que
siempre me han dado mucha lástima.

IV

10 La sección que llaman por eufemismo 'la cocina' o 'los talleres'
del parque está vedada a los espectadores. El permitir tales
visiones podría acarrear súbitas tomas de conciencia e incluso
brotes subversivos. En un gran patio de muros roídos por la
humedad, se sacrifica a los caballos comprados a precio irrisorio
15 para alimento de las fieras. Hombre humanitario, el director
ha suprimido las prácticas brutales de uso común en los mata-
deros. A pesar de ello, como el subsidio que recibe el parque
apenas alcanza a cubrir sueldo, compensaciones y viáticos del
director, no se ha adquirido la pistola eléctrica y la matanza se
20 cumple por medios tradicionales: mazazo o degüello. Ancianos
menores de veinte años son liquidados continuamente en el
patio. Aquí terminan todos sin que cuenten su fidelidad, su
hoja de servicios, su resistencia para el trabajo. Animales de
montura y de tiro, exhaustos caballos de carrera, ponies y
25 percherones se unen en la igualdad de la muerte. Cuando no
pueden explotarlos más, sus dueños los venden a la plaza de
toros. Si no encuentran allí una muerte espantosa pero que,
dados los antecedentes y las perspectivas resulta un acto de
piedad, los caballos reciben el cuchillo del matarife como pago
30 de sus esfuerzos y su vida infernal. Tan solo huesos, nervios
y pellejos van a dar a las jaulas de los carnívoros: con objeto de
abastecer de fondos adicionales al director, las partes menos
repulsivas se venden a los puestos de hamburguesas y hotdogs
del parque, o bien alimentan a la clase ociosa de gatos y perros
35 que castradamente moran en céspedes ingleses o en almoha-
dones persas. Entre visitantes y operarios del parque nadie
menciona el tema de los caballos, quizá por el miedo incons-

ciente de unir, relacionar y darse cuenta de que es una metá-
fora, apenas agravada, de su propio destino.

V

Atrás de las jaulas se levanta la estación del ferrocarril. Un
buen número de niños sube a él, a veces acompañados por sus
padres. Suben con entusiasmo y cuando el tren inicia su ⁵
marcha se sobresaltan y luego miran con júbilo la maleza, los
bosques, el lago artificial. Lo único singular en este tren es
que nunca regresa—y cuando lo hace, los niños que viajaban en
él son ya hombres que, como tales, están llenos de miedo y de
resentimiento.   10

VI

Una familia—el padre, la madre, dos niños—llega a la arboleda
del parque y tiende su mantel sobre la hierba. El esperado
día de campo ocurre al fin este domingo. Uno de los niños
pide permiso para comprar un globo y se aleja pisando las
hojas rotas del sendero. El señor ordena a la señora que empie- 15
cen a comer antes que vuelva el niño. La mujer extrae de
una cesta pan, mantequilla, carne, mostaza. No tardan en reu-
nirse algunos perros, y como siempre una hilera de hormigas
avanza en dirección de las migajas. Los dos señores quieren
mucho a los animales y el mismo amor le han inculcado al 20
niño. De modo que se ponen a repartir cortezas de pan y tro-
citos de carne entre los perros y no hacen nada para evitar que
las hormigas lleguen a la cesta que guarda el flan y los caramelos. Al poco tiempo se ven rodeados por setenta perros y
más o menos un billón de hormigas. Los perros exigen más 25
comida. Rugen, enseñan los colmillos, y los señores y su hijito
tienen que arrojar a las fauces sus propios bocados. En tanto
los tres ya están cubiertos de hormigas que voraz veloz vertiginosamente comienzan a descarnarlos. Al darse cuenta de su
inferioridad, los perros prefieren pactar con las hormigas antes 30
de que sea tarde. Cuando el primer niño regresa a la arboleda,
busca a su familia y sólo encuentra repartido el botín: largas
columnas de hormigas (cada insecto lleva un invisible pedacito
de carne) y una orgía de perros que juegan a enterrar tibias y

cráneos o pugnan por desarticular el mínimo esqueleto que finalmente cede y en un instante más queda deshecho.

VII

A la sombra de los aparatos mecánicos se yergue la isla de los monos. Un foso y una alambrada los incomunican de quienes
5 con ironía o piedad los miran vivir. En la selva libre que sólo conoció la primera generación (ya extinta) de reclusos del parque, los monos vivían en escasez y en paz y sin oprimir a los órdenes inferiores de su especie. En el sobrepoblado cautiverio disfrutan de cuanto se les antoja. La tensión, la agre-
10 siva convivencia,[3] el estruendo letal, la falta de aire puro y de espacio los obligan a consumir toneladas de plátanos y cacahuates. Varias veces al día hombres temerosos y armados deben hacer la limpieza completa de la isla para que la mierda y la basura no asfixien a sus habitantes. Así pues, en principio los
15 monos tienen garantizada la supervivencia: no hace falta preocuparse por buscar alimento y los veterinarios atienden (cuando pueden) sus heridas y sus enfermedades. No obstante, la existencia en la isla es breve y siniestra. El sistema de la prisión se basa en una despiadada jerarquía, la cual permite que los
20 jefes de la comunidad se erijan en tiranos. Hábiles en su juego pero cobardes por naturaleza, los chimpancés no tienen más desempeño que el de bufones para diversión de los de adentro y los de afuera. Las minorías étnicas, como el saraguato, el mono tití y el mono araña, viven en atroz servi-
25 dumbre. Los mandriles se ocupan en reverenciar a los gorilas y nadie cuida de las crías; prostitución y perversiones corrompen a todos desde pequeños, y diariamente aumenta el número de crímenes. Incapaces de rebelarse contra el hombre que al capturarlos destruyó su rudo paraíso y los condujo
30 entumecidos y semiasfixiados en féretros de hierro hasta el parque, los monos se destrozan unos a otros y muchos acaban por engañarse y creer que los horrores de la isla son el orden natural de este mundo, las cosas fueron y seguirán siendo así y el círculo de piedra y la alambrada son irremontables. Pero
35 acaso un solo brote de insumisión bastaría para que todo fuera diferente.

[3] **convivencia** act of living together

VIII

El arquitecto que proyectó este parque había leído la novela sobre el hombre que era mostrado en un zoológico, y decidió hacer algo mucho más original. Su idea ha tenido tan buen éxito que dondequiera han tratado (inútilmente) de copiarla, y la revista *Life en Español* le dedicó ocho páginas en color. 5 A continuación se transcriben las declaraciones del arquitecto publicadas por *Life en Español:* "El parque de diversiones con que he dotado a mi ciudad no es ciertamente original pero quizá resulte sorprendente. En apariencia el parque es como todos: acuden a él personas deseosas de contemplar los tres 10 reinos de la naturaleza; pero este parque se halla dotado de otro parque, el cual (invirtiendo el proceso de ciertas botellas que pueden vaciarse pero no ser llenadas nuevamente) permite la entrada—si bien clausura para siempre toda posibilidad de salida (esto es, a menos que los visitantes se arriesguen a 15 desmantelar todo un sistema que aplica a la arquitectura monumental la teoría de algunas cajas chinas), ya que este segundo parque está dentro de otro parque en que los asistentes contemplan a los que contemplan. Y el tercero, a su vez, dentro de otro parque donde los asistentes contemplan a los 20 que contemplan que contemplan. Y éste dentro de otro parque contenido en otro parque dentro de otro parque dentro de otro parque—mínimo eslabón en una cadena sin fin de parques que contienen más parques y son contenidos en parques dentro de parques, donde nadie ve a nadie sin que al mismo tiempo sea 25 mirado, juzgado y condenado. Para ilustrar lo que digo tomemos un ejemplo sencillo e inmediato. Miren: la gente se ha congregado alrededor del sitio que ocupan los elefantes. Sin piedad los hombres riñen y se injurian: buscan llegar a la primera fila con objeto de no perder un solo detalle. Algunos, 30 los más jóvenes, han subido a los árboles y asisten desde allí al espectáculo del parto. La elefanta está a punto de dar a luz. El dolor la enfurece y, barritando, se azota contra los muros de cemento, se arroja al suelo, se alza nuevamente . . ."

Cuestionario

A. 1. Cuando el animal se parte en dos ¿qué pasa?
   2. ¿Qué hace el público? ¿Todos?

3. ¿Qué han hecho Zamora y Lainez?
4. ¿Cómo son castigados?
5. ¿A quién le encantan los domingos del parque?
6. ¿Cómo es la cocina del parque?
7. ¿Qué tiene de singular el tren del parque?
8. ¿Qué le pasa a la familia durante el día de campo?
9. ¿Cómo es el mundo de los monos en la isla?
10. ¿Qué escena se presenta al fin del cuento?

B. 1. ¿Qué tipo de estructura tiene este cuento?
   2. ¿Es necesaria la última parte? ¿Por qué?
   3. ¿Qué elementos dan unidad a la narración?
   4. ¿Quién es el narrador en la tercera parte?
   5. ¿Cómo son las escenas?
   6. ¿Hay un tema central?
   7. ¿Qué tono predomina?
   8. ¿Qué rasgos estilísticos predominan?
   9. ¿Cuál es la actitud del narrador ante la realidad?
   10. ¿Qué relación hay entre el tema y la forma en este cuento?

Temas

1. Tema y estructura de "Parque de diversiones."
2. Fantasía y realidad en "Parque de diversiones."
3. El estilo de José Emilio Pacheco según se refleja en este cuento.
4. Leer otro cuento de Pacheco y compararlo a éste.
5. Hacer un estudio de las imágenes en este cuento.

Vocabulario

The following words have been omitted: the first 1500 words of Keniston's *A Standard List of Spanish Words and Idioms* (Boston, 1941); some easily identified cognates; adverbs in -**mente** when the corresponding adjective is given; past participles when the infinitive is given; and diminutives with no special meaning. The gender of nouns is listed only for those words not ending in -**o** or -**a**. The abbreviations used are:

adj.	adjective	*Lat.*	Latin
adv.	adverb	*m.*	masculine
coll.	colloquial	*pl.*	plural
dim.	diminutive	*p.p.*	past participle
f.	feminine	*sing.*	singular
Fr.	French		

abajo down, below; **boca abajo** face down; **para abajo** upside down
abanderado standard-bearer
abandono desertion; neglect
abanico fan
abarcar to embrace; to encompass
abastecer to supply
abeja bee
abejeo buzzing (*as of bees*)
abertura opening
abismo abyss, chasm
abogado lawyer
abono manure, fertilizer; security (*in business*)
abordar to undertake, take up (*a matter, problem, etc.*)
aborrecer to hate, loathe, abhor
abosar to hold a gamecock in the hands and thrust it against another in order to train it to fight; to incite, egg on
abotonar(se) to button (up)
abrasilerado, -a Brazilian-like
abrazo embrace
abrigar to shelter; to protect; to cover up
abultamiento bulge; swelling
aburrido, -a bored
acabar to finish; **acabarse** to come to an end, be all over
acallar to silence
ácana hard reddish Cuban wood
acanto acanthus leaf (*architectural ornament*)
acariciar to caress, pat
acarrear to cart, carry, transport; to cause, occasion
acaso chance, accident; **por si acaso** just in case

acaudalado, -a wealthy, opulent, well-to-do

acechar to watch; to ambush; to spy on

aceitado, -a oiled; greased

aceite *m.* oil

acera sidewalk

acerado, -a steely; made of steel

acero steel

acerrojar to bolt

acervo large quantity

aclarar to make clear, explain; to get light; **aclararse la voz** to clear one's throat

acogedor, -ra receptive; protector

acomodar to arrange; to set; to place; to shelter

acongojado, -a anguished

acontecer to happen

acontecimiento event

acopio supply

acorazado, -a armor-plated

acoso relentless persecution

acotación *f.* (*pl.* **acotaciones**) marginal note

acto act; **acto continuo** immediately after; **en el acto** at once

actualmente at present

actuar to act, perform

acuerdo agreement; **de acuerdo** in agreement

acusado, -a *m. and f.* defendant, accused (*person*)

acusar to accuse; to indict

achacoso, -a sickly, ailing

achancacado, -a bruised; pounded

achisparse to get tipsy

achuntar to hit the mark; to land (*a blow*)

adecuado, -a adequate

adelantar to advance; **adelantarse** to get ahead

adelante forward, ahead; **de allí en adelante** from then on;

en adelante from now on, henceforth

adelgazar to make thin, slender; to lessen; to taper

ademán *m.* gesture

adolecer to suffer (*from an illness, defect, etc.*)

adormecido, -a drowsy, sleepy

adornar to decorate

adorno ornament, decoration

adrede on purpose

afeitar to shave; to trim; to prepare a cock for a fight

afeminarse to become effeminate; **voz que se afemina** a high-pitched voice

aferrarse to take or seize hold of; to cling; to persist; to insist

aficionado -da devotee, "fan"

afilado, -a sharp; pointed

afiligranado, -a water-marked; slender, thin

afirmar to make fast, secure; to hold fast

aflojar to slacken; to loosen

aflorar to crop out

aforrar to thrash; to hit

afortunado, -a fortunate, lucky; *m. and f.* lucky person

afrontar to face

afuera outside

afueras outskirts

agachadita a slight bend of the head; *adj.* stooped over

agacharse to stoop; to lean over

agarradera holder, handle

agarrar to grab; to take; to catch, capture; to get hold of, get possession of

agauchado, -a gaucho-like

agazaparse to crouch

ágilmente nimbly, sprightly

agitación *f.* excitement

agitadamente excitedly

agitado, -a upset; excited

agitarse to toss and turn (*in bed*); to become excited

agobiar to oppress, weigh down; to overwhelm

agostar to parch

agotarse to become exhausted; to be used up; to run out

agrado pleasure

agravar to aggravate, make worse; **agravarse** to become worse

agredir to assault, attack

agregar to add

agua water; **agua de colonia** cologne

aguamanil *m.* washstand

aguantar to hold; to resist; to take it; **— la respiración** to hold one's breath

aguante *m.* endurance, fortitude, resistance

aguardiente *m.* brandy

agudo, -a sharp; shrill

aguijón *m.* stinger

águila eagle

aguja needle; pin (*of firearm*); **aguja de trenzar** netting needle

agujero hole

agujeta lace, shoestring

agujón *m.* needlefish

aguzado, -a sharp, keen

ahí there; **de ahí en adelante** from then on; **por ahí** around there

ahogar(se) to drown

ahondarse to deepen; (*of a story*) to become obscure

ahora now; **por ahora** for the present, for the time being

ahorcar to hang

ahorros savings

aire *m.* air; **al aire** in the open; bare

airoso, -a successful; **salir airoso** to succeed

aislado, -a isolated; single

ajedrez *m.* chess

ajetrearse to hustle and bustle; to fidget

ajo garlic; **el muy ajo** the damn fool; **ponerse como el ajo** to perk up

ajorca Moorish bracelet, anklet

ajustado, -a tight; adapted

ajustar to adjust; to press close, oppress; **ajustarse a** to adjust to

alacena cupboard

alacrán *m.* scorpion

alambrado wire mesh

alambre *m.* wire; **de alambre** wiry

alante = adelante

alarde *m.* ostentation

alargar to stretch out, extend

alazán, -ana sorrel, reddish brown

alba dawn; **el alba del mundo** the dawn of time

albacea *m., f.* executor, executrix

albahaca sweet basil

albedrío will

albergar to harbor, shelter, lodge

alboroto hubbub, fuss

alcachofero canine tooth

alcalde *m.* mayor

alcance *m.* reach; scope, extent; **al alcance de** within reach of, within range of; **dar alcance** to catch up with

alcanfor *m.* camphor

alcanzar to be enough; to reach; to hand, pass; **alcanzar a (saltar)** to have time enough (*to jump*)

alcatraz *m. (pl. alcatraces)* pelican

alcuza oil can

alemán *m. and adj.* German

aleph *m.* aleph (*first letter of Hebrew alphabet*)

aletargado, -a benumbed

aletazo blow with the wing; punch, slap, flap

aletear to flutter

alfarería pottery

alfarero potter
alféizar *m.* opening or
embrasure for window
alfombra carpet
algodón *m.* cotton
alhajarse to adorn oneself with
jewels
alianza alliance; agreement,
pact
alienista *m.* alienist (*doctor who
treats mental diseases*)
aliento scent; breath, breathing
aligerado, -a lightened;
alleviated, eased
alimentar to feed
alimenticio, -a feeding,
nourishing
alimento food
alinearse to fall in line, form a
line
aliviar to relieve; to soothe;
aliviarse to be relieved; to get
better, recover
almacén *m.* store, grocery store;
warehouse
almacenar to store; to hoard
almario abode of the soul; *also*
cabinet (**armario**)
almena merlon (*of a battlement*)
almendra almond
almohada pillow
almohadón *m.* cushion; large
pillow
almorzar to have lunch
almuerzo lunch
alrededores *m. pl.* surroundings;
suburbs
altercado quarrel, controversy,
wrangle
altivez *f.* haughtiness, arrogance,
insolence; pride
altivo, -a haughty, proud, lofty
alto, -a high; **en alto** up high
alucinar to dazzle, fascinate
alumno pupil, student
alvéolo socket
allá there; **más allá**
further on

amamantar to nurse, suckle
amanecer *m.* dawn, sunrise
amansado, -a tamed
amaranto amaranth (*plant and
flower*)
amarillento, -a yellowish
amarrar to tip up
amartillar to cock (*a firearm*);
to hammer
ambiental environmental
ambiente *m.* environment;
atmosphere; setting (*of story*)
ambiguo, -a ambiguous;
uncertain, doubtful
amenaza threat
amenazar to threaten
ampliar amplify, enlarge
amplio, -a ample; wide, large
analfabeto, -a illiterate
anaranjado, -a orange-colored
anciano, - a old (*man or animal*)
anclado, -a anchored
andamiaje *m.* framework,
scaffolding
andamio scaffold, platform
andar to walk; to be; **andate**
go on
andavete go away
ánfora urn
ángulo angle
angustia anguish, sorrow, grief,
worry
angustiado, -a full of anguish,
painful; *also* **angustioso, -a**
anidar to nestle
anilla ring; curtain ring; hoop
anillo ring; internode
ánima spirit, soul; **ánima de
pena** tormented soul
animarse to feel encouraged;
to take heart
animoso, -a spirited, courageous
anotar to jot down
anquilosarse to become stagnant
ansiar to long for, desire eagerly
ansiedad *f.* anxiety
ansioso, -a eager, anxious
antebrazo forearm

antemano: de antemanto
beforehand

anteojo spyglass; small
telescope; *pl.* glasses, spectacles

antepasado ancestor

antes before; rather; **antes bien**
rather

anticuario antique dealer

anticuento anti short story
(*a literary term designating a
story opposite in nature to a
short story*)

antojar: antojársele a uno to
feel like; to suit one's whim;
to fancy; to crave

antojo whim, fancy, caprice;
a su antojo as one pleases

antorcha torch; cresset

anudar to tie, knot, fasten

apacible quiet, gentle, pleasant

apagar to put out; to hush

aparecerse to appear, show up

aparente apparent

apartarse to withdraw, turn
aside

apeadero flag station;
horseblock; landing

apedrear to stone, hit with
stones

apego attachment; decoration;
fealty

apelar to have recourse;
apelarse to be called; to call
oneself

apellido (*family*) name

apequenarse to flinch

apero saddle and trappings

apestar to stink

apetencia appetite; desire

aplastar to crush, smash, flatten

aplaudir to applaud

aplauso applause; approbation,
praise

aplicar to apply (*place in
contact*)

aportación *f.* contribution

aposento room; lodging

apostar to bet

apoyarse (en) to lean (on)

apoyo support; protection

apreciable valuable; estimable

aprendizaje *m.* apprenticeship

aprestarse to get ready

aprisa quickly, fast, speedily;
más aprisa faster

aprisionar to imprison; to tie;
to shackle

aprobatorio, -a approving

aprovechable usable

aproximar to bring near;
aproximarse to come near

apto, -a competent

apuesta bet

apuntalar to prop

apuntar to aim; to begin to
appear; to point out; to note
down

apurado, -a in a hurry; **estar
apurado** to be in a hurry

apurar to hasten

Aranjuez *Spanish town halfway
between Madrid and Toledo*

araña spider; chandelier; **araña
de mar** spiny crawfish

árbitro referee

arboleda grove

arcilla clay

arco arch; bow; **arco iris**
rainbow

arena sand

arenilla (*dim. of* arena) fine
sand

Arequipa *Peruvian city*

argumento subject matter,
resumé (*of a story*)

arma arm, weapon; **arma de
fuego** firearm; **arma blanca**
steel arms (*swords, knives,
bayonets, etc.*)

armadura framework, shell of a
building

armario closet, wardrobe

aromal *m.* acacia grove

arquear(se) to arch; to bow

arrancar to tear off; **arrancarse** to dodge; to come off, be detached

arrasar to fill to the brim; **arrasarse en lágrimas** to drown in tears

arrastrar to drag, drag along; **voz que se arrastra** a dragging voice

arreador *m.* driving whip

arrear to drive (*cattle*), to round up

arrebatar to snatch

arrebolar to paint red; **arrebolarse** to rouge

arrebozado, -a overlaid

arredrarse to be intimidated, to be frightened

arrejolarse to press oneself closely against

arrenquín *m.* bell mare

arrepentido, -a repentant

arriba up, above; **mirar de arriba abajo** to size up, to look at a person with scorn; **panza arriba** on one's back

arribar to arrive; to put into port

arriesgar to risk; **arriesgarse a** to dare, run a risk

arrinconado, -a in a corner, cornered

arrodillarse to kneel

arrojar to throw, cast; **arrojarse de bruces** to throw oneself headlong or face down

arropar to cover, wrap

arroyo stream, brook

arrugar to wrinkle

arrullar to coo

arte *m. and f.* art; skill; ability; cunning; trick; **por malas artes** cunningly

artillero artilleryman, gunner

asado, -a roasted

asaltante *m.* assailant, assaulter

asalto assault, attack

ascender to ascend; to be promoted

ascensor *m.* elevator

asemejarse to resemble; to be similar

asentado, -a affixed

aserruchar to saw off

asesinato murder

asesino murderer

asfixia suffocation

asfixiar to suffocate

asir to seize, take hold of; **asirse** to take hold, grapple; **asirse a** to cling to

asno donkey

asperidad *f.* harshness; severity

aspirar to inhale; to aspire, long for, seek

astrágalo astragal (*convex molding in the form of a string of beads*)

asustar to frighten; **asustarse** to get frightened, get scared

atalaya watchtower

atenerse to depend or rely (on); **saber a qué atenerse** to know what to do; to know what the score is

aterrorizado, -a terrified

atigrado, -a tiger-colored

atinar to hit the mark; to guess; to find out; **atinar una** to land (*a blow*)

atisbar to watch; to spy on

atontado, -a dazed

atorar to choke

atraer to attract

atravesar to cross; to go through; to pierce

atrevidamente daringly

atributo attribute, quality

atropelladamente brusquely

atroz (*pl.* **atroces**) atrocious; terrible

aturdido, -a stunned, bewildered

auditor *m.* listener

auge *m.* boom; topmost height (*of popularity*)

aullar   to howl; to shriek
aullido   howl
aunar   to unite; to combine, mix
aura   bird of prey; vulture
auscultar   to auscultate (to listen
   for internal body sounds)
autopista   turnpike
avaro, -a   greedy
avenirse   to settle differences
aventurar   to venture, risk
avergonzado, -a   ashamed
averiguar   to find out
avestruz m.   ostrich
ávido, -a   eager, greedy
avisá = avisad   (instead of
   avisa). See avisar
avisar   to inform, notify
aviso   information, notice,
   announcement
avispa   wasp
avivar   to enliven; to inflame;
   to revive
ayudante m.   helper
azafata   tray; (air) stewardess
azotar   to beat; to whip; to
   flagellate; to strike repeatedly
azucena   (white) lily
azufre m.   sulphur
azul   blue; azul celeste   sky-blue
azuzar   to tease, incite

Badulaque   nickname meaning
   shiftless, good-for-nothing
bagatela   bagatelle, trifle
bailar   to dance; no quitar lo
   bailado   things cannot be
   undone
bajareque m.   hut
bajear   to sway the will (of
   someone)
bajo, -a   low, base; m. bass;
   bajo falso   false bass
bala   bullet
baladí (pl. baladíes)   trivial;
   flimsy
balancearse   to swing
balandra   sloop

balanza   scale
balaustrado   balustrade (railing
   with closely spaced supports)
balaustre m.   baluster (support
   for a railing)
balazo   shot; bullet wound
balbucear   to babble
baldosa   floor tile; paving stone
balsa   pond; pool; raft
Balvanera   suburb of Buenos
   Aires
ballena   whale; stay (of corset)
bambú m.   bamboo
banca   bench
bancarrota   bankruptcy
banda   side; party; irse a la otra
   banda   to change (political)
   parties
bandeja   tray
banqueta   footstool
bañadera   bathtub
bañista m.   bather
baño   bathroom
baraja   pack of cards
barba   beard; pl. fibers; slender
   roots; barba cerrada   thick
   beard
barbilla   point of the chin
barco   boat (usually with sails)
barda   wall fence
barra   bar, rod; barra del timón
   rudder's handle; pl. arms (of
   dentist's chair)
barrendera   sweeper (woman)
barrer   to sweep
barrera   barrier
barriga   belly
barrio   suburb; ward, quarter
   (of city), neighborhood;
   (iglesia) de barrio   neighborhood (church)
barritar   to trumpet
barro   clay
barsa = balsa   raft
bastar   to be enough; bastar con
   que   to be enough (with the
   fact that); ¡basta! enough!
bastón m.   cane

bastonazo blow with a cane, baton or staff

basura garbage; refuse; sweepings

bata robe; **bata de toalla** terry robe

bautismo baptism, christening

bebé *m.* baby

becerro calf

bejuco creeping or climbing wild plant; rattan

belfo underlip (*of a horse*)

benjuí *m.* benzoin (*aromatic balsam*)

beodo, -a drunk

bergantín *m.* brig (*square-rigged ship with two masts*)

bestia beast; idiot; ill-bred fellow; *adj.* stupid

biblioteca library

bicoca trifle

bicho bug, insect; any small animal

bien well; very; **si bien** although

bife *m.* steak

bifurcarse to fork, branch off, divide into two branches

bigote *m.* mustache

biombo folding screen

bisagra hinge

bizco, -a cross-eyed, squint-eyed; **la bizca** the squint-eyed girl

bizcocho hard biscuit

blanco, -a white; *m.* target; **pasar la noche en blanco** not to sleep a wink all night

blanquear to whiten

blasfemo, -a blasphemous; irreverent, profane

bobo, -a simple, foolish, stupid; *m. and f.* booby, fool, simpleton

boca mouth; entrance, opening; **boca abajo** face downward; **boca arriba** face up; **caer de boca** to fall on one's face

bocado bite, morsel; tidbit; bit

(*of a bridle*); **tomar un bocado** to have a bite

bocanada mouthful; puff

bodega grocery store

bogar to row; to drift

bohemio, -a *m. and f.* Bohemian

bola ball; *pl.* testicles

boleadoras lariat tipped with balls at one end (when thrown it twists around the animal's legs)

bolero bolero (*dance, music*)

bolsa purse; pouch, bag; scrotum; sac

bombero fireman

bonito striped tunny (*a fish*)

boquear to open one's mouth; to gasp

boquete *m.* opening, gap

boquiabierto, -a open-mouthed; gaping

borda gunwale; **tirar por la borda** overboard

bordado, -a embroidered

borde *m.* edge; border; trimming

bordeado, -a edged, bordered

bordo: a bordo on board

borla powder puff; tassel, tuft

borracho, -a drunk; *m. and f.* drunkard

borrachón *m.* sot

borrar to erase, rub out; to cloud, darken, obscure

borroso, -a blurred, hazy, smudgy

bostezar to yawn

bota boot

botafuego linstock, match staff

botar to hurl; to throw out

bote *m.* boat

botella bottle

botellón *m.* large water bottle; **botellón con el cuello para abajo** water cooler

botija cache, hidden pot

botín *m.* booty, plunder

botón *m.* button; catch

bóveda dome, vault; arch

bramar to bellow; to low

bramido bellow; lowing; roar, howl

brillar to shine, be brilliant

brincar to hop, jump

brinco jump, leap; **dar un brinco** to jump, leap; **de un brinco** suddenly

brisa breeze; **brisa del mediodía** Southern breeze

brocado brocade

brocha brush

broma joke; **en broma** jokingly

bronce *m.* bronze; brass; bell

brotar to gush forth; to burst out; to bud, germinate

brote *m.* outbreak

bruces: de bruces forward, headlong; face downward; on one's stomach

brújula compass

brumoso, -a foggy, misty, hazy

brusco, -a rude, rough

Bruselas Brussels

brusquedad *f.* brusqueness, roughness

buche *m.* craw, crop, maw; mouthful (*of water*); **hacer buches** to rinse one's mouth

buey *m.* ox

bufón *m.* jester; clown, buffoon

buho owl

burlón, -ona joking; joker, jester

burro donkey

búsqueda search

butaca armchair (*usually upholstered*)

caballete *m.* ridge of a roof

cabaña cabin

cabe near (*poetical*)

cabecera head (*of table, bed, etc.*)

cabecibajo, -a with one's head down

cabellera head of hair;

cabellera esparcida undressed long hair

caber to be contained, be room for; to be fitting

cabezal *m.* bolster, headrest (*on a chair*)

cabezazo butt with the head

cabida: dar cabida to hold, contain

cabildo chapter (*of a cathedral*); council

cabo end; **al cabo de** after; **atar cabos** to put two and two together; **llevar a cabo** to carry out

cabriao (cabriado) disgruntled

cabrito kid; **los siete cabritos** Pleiades

cabrón *m.* cuckold

cacahuate *m.* peanut

cacao cocoa

cacería hunt, hunting

cacha handle (*of gun or knife*)

cacharrería crockery store; stock of earthen pots

cacharro earthen pot or vase

cadáver *m.* dead body

cadavérico, -a ghostly, deadly, pale like a corpse

cadena chain

cadera hip

cajel *f.* sour orange (*tree and fruit*)

cajón *m.* drawer; large box

cal *f.* lime (*mineral*)

cala cove, small bay; fishing ground

calabozo cell; dungeon

calavera skull

calcetín *m.* sock

cálculo estimate; **hacer cálculos** to estimate

caldera teapot; pot for brewing maté

Caldera *Chilean mining town*

calderón *m.* flourish after a pause (*in music*)

caldo broth

calefacción *f.* heat, heating
calentar to heat, warm
calesa chaise; calash
calesero driver of a calesa
calificar to judge; to rate
calor *m.* heat, warmth; hacer calor to be warm (*of temperature*)
caluroso, -a warm
calva bald head
calzada boulevard, wide avenue
callado, -a silent
Callao *Peruvian port near Lima*
camarera chambermaid
camarín *m.* dressing room
cambio change; exchange; a cambio de in exchange for; la primera de cambio the first cape (*in bullfighting*); the first opportunity
camichín *m.* wild fig tree (*Ficus padifolia*)
camilla stretcher; cot
caminar to walk, travel; crawl (*insect*)
camioneta station wagon
camisa shirt; camisa a rayas striped shirt
campana bell; bell jar
campanada stroke of a bell, ring of a bell; dar una companada to ring a bell
campánula bellflower
campaña open country; campaign
campear to be prominent, stand out
campeón *m.* champion
campeonato championship; campeonato de las plumas featherweight championship
campesino, -a rural
cana gray hair
canalizar to channel
canasta basket, hamper
cancel *m.* screen, folding screen
canela cinnamon
canelo, -a cinnamon-colored

cansarse to get tired
cantante *m. and f.* singer
cantarino, -a melodious
cantero yard (*working area*)
canturrear to hum
caña cane, reed; sugar-cane brandy; caña brava bamboo
cañón *m.* barrel (*of a gun*)
caótico, -a chaotic
capa cape; layer
capanga *m.* bodyguard
capellanía chaplaincy
capilla chapel; capilla ardiente funeral parlor
capitel *m.* capital (*of column*); spine
capitular *f.* capital letter (*rare*); to capitulate
captar captivate; capture
cara face; caer de cara to fall on one's face
carabina carbine
caramboliado, -a bantered like a billiard ball
carbón *m.* charcoal
carcajada loud laughter; lanzar *or* soltar una carcajada to burst out laughing
carcajearse to laugh boisterously or heartily
cárcel *f.* prison, jail
carcelero jailer
carey *m.* tortoise shell; native plant, *also called* bejuco de carey
carga load; freight, cargo
cargador *m.* magazine (*of firearm*); *pl.* suspenders
cargamento load; cargo, shipment
cargar to burden; cargar sobre to press down
cargo charge; office; hacerse cargo de to take charge of
caricia caress
carmelita Carmelite (*friar belonging to a religious order*

*founded at Mt. Carmel in the
12th century)*

carnear to butcher, slaughter

carnero sheep

carona saddle pad

carpintero carpenter

carrero carter, wagon driver

carreta *m.* pal, crony

carrillo cheek, jowl

carruaje *m.* carriage, vehicle

cartapacio dossier, file;
notebook, writing book

cartón *m.* cardboard

cartucho cartridge; **cortar
cartucho** to place a new
bullet into a pistol's chamber

carucha: carucha de enojada
sour face

casa house; **casa de campo**
country house; **casa de
habitación** living quarters

casaca dress coat

casamentera matchmaker

casar to marry; to match

cascabel *m.* jingle bell, tinkle
bell

cáscara peel, rind

casco hoof; hull of a ship

caserón *m.* large, dilapidated
house

caso case, affair; **en todo caso**
at all events; **hacer caso a** to
pay attention to

caspa dandruff

casquillo cartridge

castaño, -a hazel, brown

castigo punishment

castillo castle; **castillo (de proa)**
forecastle

castrado, -a castrated;
castradamente leisurely

casuca shanty; hut

casui (casualidad) *f.* chance;
de casui by chance

cataplasma poultice

catecúmeno catechumen

cátedra professor's chair;

experts (*in Cuba, in the
language of the cockpit)*

cateo search

catre *m.* cot, small bed

caudillo leader; political boss;
caudillo de la parroquia
political boss (*of a city ward)*

cauteloso, -a cautious, wary

cautiverio captivity

cavar to dig

cayado *m.* walking staff;
shepherd's crook

cayo key, island reef

Cayuelo, El name of several
small keys off the Cuban shore

caza hunt, hunting

cazador *m.* hunter

cazar to hunt; to catch

cazuela cooking pan

c'chas, c'cha'etu blockhead

ceiba ceiba, silk-cotton tree

ceja eyebrow

cejudo, -a having long and
heavy eyebrows

celda cell (*in a prison or
convent)*

célebre famous

celeridad *f.* quickness

celos *pl.* jealousy

cena supper

cenar to eat (have) supper

cenizo, -a ash-colored; *f.* ashes

centenar hundred; **por
centenares** by the hundreds

centigramo centigram;
(0.1 gram; .1543 grain)

ceño frown; scowl

cera wax

cerca near, nearby; **de cerca** at
close range

cercanía neighborhood, vicinity,
surrounding area

cercano, -a near, nearby

cerciorarse to ascertain, make
sure

cerdoso, -a bristly

cerebelo cerebellum, lobe of the
brain

cerebro brain
Ceres *Roman goddess of
agriculture, called Demeter by
the Greeks*
cerrado, -a closed; dense, thick
cerradura lock
cerrero, -a wild; untamed;
unbroken (horse)
cerro hill
cerrojo latch, bolt
certero, -a sure; well-aimed;
well-informed
certeza certainty; **con (toda)
certeza** without (any) doubt
cerveza beer
césped *m.* lawn; turf
cesta basket, picnic basket
cicatriz *f.* scar
cielo sky; heaven; ceiling;
cielo raso (*also* **cieloraso**) flat
ceiling
ciénaga swamp, marsh
cientificista science-fiction
ciento a hundred, one hundred;
por ciento per cent
cifra figure, number
cigarro cigarette; cigar
cimarrón, -ona wild, untamed
cine *m.* movies, cinema
cinta shoelace; ribbon; strip;
streak
cintarazo blow (*with something
flat*); **castigo de cintarazos**
flogging, beating
cinto belt; girdle
cintura waist
cinturón *m.* belt; that which
encircles or surrounds
circular to circulate
circundante surrounding
cirio wax candle
cisne *m.* swan
cita appointment; **dar una cita**
to summon; give an
appointment
c'judo (cojudo), -a stupid
clamoroso, -a clamorous, noisy

Clarisa Clare (*nun of the order
of St. Clare*)
claro, -a clear; *adv.* clearly;
¡claro! of course!; **claro que sí**
of course; **poner en claro** to
clear up, explain
claustro faculty of a college;
cloister
clausurar to close
clavado for sure; nailed down
clavar to sink; to nail; to fix
clave *f.* key
claveteado, -a studded with
nails
clavicordio clavichord (*early
keyboard instrument*)
clavo nail
cliente *m. and f.* customer;
client
clientela customers; patronage
cobarde cowardly, faint-hearted
cobardía cowardice
cobija blanket
cobrar to collect, receive; to
gain; to obtain
cobre *m.* copper; brass
instrument of an orchestra
cocinado, -a cooked
cocío (cocido) stew, stew pot;
no saber pegarle al cocío to be
green, inexperienced
codiciar to covet
código code of laws
codo elbow
cojear to limp
cojín *m.* pillow, cushion
cola tail
coleccionista *m.* collector
colegial *m.* schoolboy
colegio boarding school; school,
academy
cólera anger
coletazo blow with the tail
colgante hanging
colmado, -a filled, heaped;
colmado de having an
abundance
colmena beehive

colmillo canine tooth

colmo height; limit

color: comer la color to make love to someone else's girl

colorá (colorada) blood

colorado, -a red, reddish; *m.* roan; red-colored horse; **colorado cabos negros** red horse with black hair at hooves, mane, and muzzle; **ponerse colorado** to blush

columnata colonnade

combo punch, blow with the fist; **a puro combo** as a punchbag; **dar combos** to punch

comediógrafo playwright

comercio commerce; trade

como as, like; **como que** as if; it seems that; isn't it true that

cómodo, -a comfortable

compadre *m.* crony, pal

compadrito bully (*Buenos Aires*)

compartir to share

compás *m.* calipers; time, beat, measure (*in music*); **al compás de** in step with

complejo, -a complex

compota preserves

comprensivo, -a capable of understanding

comprobar to unify, confirm, check; to prove

comprometido, -a jeopardized, endangered; engaged; compromised

común common; **común y corriente** average; ordinary, everyday

concertante concerted (*arranged for two or more voices or instruments*)

conciencia consciousness; conscience; **toma de conciencia** act of becoming aware (*that something is wrong*)

concretarse a to limit oneself to

concurrir to attend; to frequent

condecoración *f.* decoration; medal, badge, insignia

confín (*pl.* **confines**) boundary, border, limit, confine

confiscar to confiscate

confitería confectionery

confundir to confuse; **confundirse con** to be taken for; to be blended in

confuso, -a confused; obscured; blurred, indistinct

congestionado, -a congested

congoja anguish, grief, anxiety

conjeturar to conjecture, surmise, guess

conmoverse to be moved (*with emotion*)

conocimiento consciousness; knowledge

considerar to consider; to treat with consideration

consola console table; bracket shelf

constar: constar de to consist of

constatación *f.* proof; checking

consumido, -a exhausted, wasted away

consumo consumption

contagiar to infect

contagioso, -a contagious, catching

contar to count; to reckon; **cuenta . . . años** is . . . years old; **contar con** to count on

contención *f.* contention; emulation

contenido contents; subject matter (*of literary work*)

contiguo, -a contiguous, next to, neighboring

continuación *f.* continuation; **a continuación** below, as follows

contonearse to strut, swagger; to waddle

contorno contour, outline

contrabandista *m. and f.* smuggler

contrabando smuggling,
   contraband
contraer to contract (an
   obligation)
contrahecho, -a deformed
contraído, -a contracted; taut
contrapeso counterbalance;
   hacer contrapeso to counterbalance
contrariar to contradict, oppose,
   run counter to
contrario contrary; opposite;
   opponent, enemy, rival; por el
   contrario on the contrary
controversista debater
conturbarse to be worried, be
   upset
converger or convergir to
   converge
convivencia act of living
   together
copa glass, goblet; treetop
copiosamente abundantly,
   profusely
coraje m. anger; courage,
   bravery; dar coraje to make
   one angry; hacer coraje to be
   angry
corbata necktie
cordal f. wisdom tooth
cordero lamb; cordero pascual
   paschal lamb
cordón m. string; twine; rope;
   cord; braid; rope belt
cornisa cornice
corpiño bodice
Corpus Corpus Christi (religious
   festival and procession)
correa strap
corredor m. corridor, gallery
   around a patio
corregir to correct
correr to run; to slide; hacer
   correr to spread (as a rumor)
corriente ordinary
corromper to corrupt
cortapapel m. letter opener

corteza crust
cortina curtain
corúa cormorant (a shore bird)
cosquillas: hacerse cosquillas
   to tickle
costado side; de costado
   sideways
costear to navigate along the
   coast
costilla rib
costino, -a coastal
costra crust; scab
cotidiano, -a daily, everyday;
   frequent
coto: poner coto a to check, put
   a stop to; to limit
coz f. (pl. coces) kick
cráneo skull
crecidito, -a somewhat grown
crecido, -a adj. brought up
creciente increasing, growing
crecimiento growth, enlargement
crepúsculo twilight
cresta top, summit; comb,
   cockscomb; sacar la cresta to
   egg on
crestería battlement; cresting
cría brood
criarse to grow up
criminar to incriminate; to kill
crin f. (pl. crines) mane
criollo, -a creole; indigenous,
   domestic; native of Spanish
   America
crisparse to contract
   convulsively; to writhe
crítica criticism; censure
crónica chronicle
cronopio: cronopios y famas
   words coined by Julio Cortázar
   to designate certain types of
   persons
crueldad f. cruelty
crujido crackle; creak; rustle;
   clatter
crujiente cracking; creaking;
   rustling

cruz *f.* cross; cross on magnifying glass of telescope sight

cuadernazo blow with a notebook or folded paper

cuadra block of houses; stable

cuadrado, -a square; *m.* square

cuadrerizo stableman, groom

cuadro picture; frame; sketch; cuadro costumbrista sketch of manners

cuajado, -a filled, covered

cuajar to coagulate, curdle, curd

cuando when; de cuando en cuando from time to time

cuanto as much as; a cuanto as many as, as much as; ¿a cuánto? how much? cuanto antes as soon as possible

Cuareim *river between Uruguay and Brazil*

cuarteador *m.* teamster

cuate *m.* pal, companion, buddy

cubeta basin, bucket

cubierta covering

cubierto, -a covered

cubo bucket

cuchara (table)spoon

cuchichear to whisper

cuchilla plateau

cuchillo knife

cuenta account; bead (*of a rosary*); a doble cuenta on the double; dar cuenta de to take care of; por cuenta propia on their own

cuentero story teller

cuentista *m.* short-story writer

cuerda cord, string, rope; dar cuerda a to wind up (*a clock, watch, etc.*)

cuerno horn; cuerno de caza huntsman's horn

cuero leather; hide; cuerito e (de) venao (venado) chamois

cuerpo body; de cuerpo entero full-length; ir de cuerpo to

have a bowel movement; tomar cuerpo to increase, grow, enlarge; volver el cuerpo a to turn one's back on

cuervo raven, crow

cuesta slope; a cuestas on one's shoulders or back

cuete *m.* firecracker; skyrocket; blow

cuidadosamente carefully

culatazo blow with a butt; recoil of a firearm

culo anus; rump, buttock

culpa blame, guilt, fault; echar la culpa to put the blame on; tener la culpa to be to blame

culpable guilty, worthy of blame

culto worship; cult; religion

cumplir to carry out

cuota quota; number (*of persons or things*) permitted (*to enter, leave, etc.*)

curpa, curpable = culpa, culpable

custión (cuestión) question, problem; matter

custodiar to guard

chacal *m.* jackal

chance *m.* chance, opportunity, possibility

chancho: a todo chancho with all one's might

chapeado, -a inlaid

chapear to kill

chapingorro fishing net attached to ring with handle. *See* jamo

chapoteo splash

chapulín *m.* grasshopper

chapuzón *m.* headlong dive

chaqueta jacket

charco pool; puddle

charla chat, talk; dar charla to chat (*with someone*)

charlar to chat

charnela hinge

charol patent leather

chata bedpan

chato, -a flat-nosed; pug-nosed; flattened, squatty; *m.* buddy, pal, friend; **andar** *or* **estar chato** to be drunk

che *familiar word of address used in Argentina*

chévere all dressed up

chicha chicha (*alcoholic beverage made with fermented corn*); **chicha morada** chicha made with Indian corn

chiflar to whistle

chileno, -a Chilean; *m. and f.* Chilean citizen; **la muy chilena** the shameless hussy

chillar to shriek, scream

chillido shriek, scream

Chimbote *Peruvian seaport and bay*

chingada: jijo de la gran chingada S.O.B.

chiniar to go out with women (**chinas**)

chinito: chinito en cueros *native Cuban plant*

chino, -a Chinese

chiquilín *m.* (little) boy; **chiquilina** (little) girl; young thing

chiquillo (small) boy, youngster; **chiquilla** (small) girl; teen-ager

chiquita young girl

chirrido squeak, creak, creaking

chispa spark

chispero blacksmith; spark catcher; ruffian

chistera top hat

chocar to collide

cholo, -a mestizo; *m.* mestizo man; *f.* mestizo woman; (*sometimes the term is applied to Indians, especially when they are educated*); **el cholito** the little Peruvian

chuleta *coll.* sharp downward blow; chop

chuletazo *coll.* sharp downward blow

chupar to draw (*on a cigarette*); to smoke

chupín *m.* prepared dish

dádiva gift

daguerrotipo *photograph made by the obsolete daguerreotype process*

dale *See* **dar**

dama lady

damasco damask (*satin fabric*); **intricado damasco** damask of intricate design

danza dance

dañar to damage

daño damage, harm; **daños y perjuicios** damages

dar to give; to strike (*the hour*); **dale con decirme** telling me and telling me; **dale que dale** *or* **dale y dale** over and over; **dale que suene** hit (*him*) soundly; **dar en** to persist; **dar parejo** to hit without stopping; **dar por** to consider as; to take a notion to; **darse a conocer** to make oneself known; **darse contra** to knock or hit oneself against

dato datum, fact; *pl.* data

debajo beneath, underneath; **por debajo** beneath, underneath; low, unworthy

deber *m.* duty

debilidad *f.* weakness

debilitado, -a weakened

década decade, ten years

decaído, -a weak, frail

decano dean

declive *m.* slope; **en declive** sloping

decrecer to decrease

decrépito, -a feeble

degollar to decapitate, behead, cut the throat of

degüello beheading, throat-
 slashing
delantal *m.* apron
delectación *f.* pleasure, delight
deleite *m.* delight, joy, pleasure
deleznable tenuous;
 insignificant
delgado, -a thin, slender, slim
delimitado, -a limited;
 demarcated
delincuente *m. and f.* criminal
delirio delirium, temporary
 madness; foolishness
delito crime
demás: lo demás the rest; por
 lo demás furthermore, besides
demoler demolish, tear down
dentadura set of teeth
dentículo dentil, denticle
 (*architectural term*)
dentro inside, within; por
 dentro on the inside
denunciar to denounce
dependencia dependency;
 quarters
deporte *m.* sport
depuesto, -a deposed, removed
 from office
derechazo right, blow with the
 right
derivar to guide, lead, conduct;
 derivarse de to be derived
 from; to proceed
derramar to spill; derramarse
 to overflow, to spread; to fly
 abroad
derrengado, -a crippled; with its
 spine broken
derretir(se) to melt
derribar to knock down
derrotero ship's course
derruido, -a crumbling
derrumbe *m.* cave-in
desabotonar(se) to unbutton
desabrochado, -a unbuttoned,
 unfastened
desacuerdo disagreement
desafiar to challenge to a duel;

desafiar al machete to
 challenge to a machete duel
desagradable disagreeable,
 unpleasant
desahijar to take the offspring
 away from the mother
desahogarse to unbosom oneself,
 disclose one's feelings
desamorado, -a indifferent,
 apathetic
desamparado, -a helpless
desarrollar to develop, unfold;
 desarrollarse to develop,
 evolve; to unwind, unfold
desarrollo development
desarticular to disjoint
desatar to untie; desatarse to
 become untied
desayuno breakfast
desbocado, -a runaway (*said of
 horses*); dashing; unleashed
desbordar to overflow;
 desbordarse to overflow, spill
 over
descalzo, -a barefoot; shoeless
descampado open country
descansar to rest; to lie at rest
descargar to unload; to
 discharge; to vent
descarnado, -a thin, lean;
 blistered
descarnar to pull the flesh from
 the bone
descender to go down; to get
 down; to descend
descolgar to take down
descolorido ,-a discolored, pale,
 colorless
desconcierto disagreement
 disorder, confusion;
 disarrangement
desconfiar (de) to distrust
desconocido, -a *m. and f.*
 unknown (*person*)
desconsuelo grief
descrestar *coll.* to knock the
 head off
descubridor, -ra discoverer

descuido carelessness, slip, oversight

desde since, from; **desde antes** ahead of time, beforehand

desdén *m.* disdain, scorn

desdentar to draw teeth from; to chip away

desdeñar to disdain, scorn

desdichado, -a unfortunate, unlucky; poor, wretched

deseable desirable

desechar to discard; to exclude; to lay aside, cast off

desembocar to flow (into)

desempeñar to perform, discharge (*a duty*); to fill (*an office*); to carry out

desempeño performance (*of a duty*)

desenfrenado, -a unbridled

desenlace *m.* outcome, result; conclusion, end; denouement; **desenlace sorpresivo** surprise ending

desenlazar to untie; loose; to unravel

desentendido, -a unmindful; **hacerse el desentendido** to pretend not to notice

desenterrar to dig up

desentonar to be out of tune; to be inharmonious

desenvolver to unfold; to develop

desequilibrio lack of balance; derangement (*mental*), disorder

desesperación *f.* despair, desperation

desestimado, -a held in low regard

desfilar to file by; to file out; to parade

desfondado, -a without a bottom; **cieloraso desfondado** unplastered ceiling

desgajar to separate, tear off

desgarrar to tear, rend

desgrabar to have an engraving removed

desgraciado, -a wretched

deshacer to undo; **deshacer la cama** to put the bed away

desierto desert; **desierto ecuestre pampa**

desinflarse to be deflated

desinteresado, -a disinterested, impartial

deslindar to mark off, mark the boundaries of

deslizar to slip, slide; **deslizarse** to slip; to glide

deslucido, -a ungraceful, awkward

deslumbrador, -ra dazzling

deslumbrar to dazzle

desmantelado, -a dilapidated; dismantled

desmantelar to dismantle; to abandon, desert, forsake

desmayar to die out, fade away; **desmayarse** to faint

desmelenado, -a disheveled

desmentir to give the lie to; to contradict

desmoronarse to crumble

desnudo, -a bare, undressed, naked

desoír to turn a deaf ear to

desorden *m.* disorder, confusion; lawlessness

desordenado, -a disorderly, irregular

desorientado, -a astray

despacio slowly, slow

despachar to put away (*food or drink*)

despatarrado, -a *coll.* sprawled

despedazarse to tear each other apart

despedir to dismiss

despegar to separate; to open; to detach

despejado, -a clear; smart, sprightly

desperdiciar to waste; to squander

desperdicios remains, garbage

desperezarse to stretch (*one's arms and legs*)

despertarse to wake up

despiadado, -a pitiless, heartless, cruel

desplante *m.* arrogance, impudent act or remark

desplazamiento displacement

desplazar to displace; **desplazarse** to move

desplomarse to slump; to collapse

despoblarse to become depopulated; to fade away; to become empty or vacant

despojar to despoil, rob; to strip (of), deprive (of)

despojo booty; *pl.* remains

desportillado, -a chipped; worn off at the edges; **viejo desportillado** *coll.* battered old man

desprender to detach; to free from

desprendido, -a generous

despropósito nonsense, absurdity

desquitarse to get even

destacar(se) to stand out

destapar to uncover

destar = de estar

destejerse to unweave, unknit

destemplado, -a out of tune

destilar to distill; to drip, trickle; to exude

destrozar to destroy; cut to pieces

desvaído, -a dull (*color*)

desvalido, -a helpless

desván *m.* garret, loft

desvanecer to undo, to remove; to cause to disappear; **desvanecerse** to disappear, to

vanish; to fade out; to evaporate

desvanecido, -a in a faint, in a swoon

desvelar to keep awake

desvelo watching, watchfulness, vigilance

desvestir to undress

desviación *f.* deviation, shift, detour

desviar to deflect, deviate; to turn aside; **desviarse** to get off the main road

detallado, -a detailed

detalle *m.* detail

detenidamente carefully, thoroughly

detente *m.* piece of cloth worn on the chest (*for the purpose of stopping bullets*)

devenir *m.* outcome; unfolding (*of story*)

devoto, -a devout, pious; *m. and f.* pious person, worshiper

día *m.* day; **al otro día** on the following day; **de día** in the daytime; **día de campo** picnic; **día feriado** holiday

diáfano, -a transparent, clear

diamante *m.* diamond

diapasón *m.* pitch, accord

diario, -a daily; *m.* diary

dibujar to draw

dibujo drawing

díceres *m. pl.* rumors; **dijeron los díceres** rumor had it

dictado prompting, dictated, dictation

dictar to dictate; to give (*a lesson*), deliver (*a lecture*)

diecinueve nineteen

diente *m.* tooth; **dientes postizos** false teeth; mouth guard (*for boxers*)

diestro, -a skillful

difuminado, -a blurred

difumino discoloring; **difumino**

de humedad discoloring caused by humidity

difundir to divulge, publish; to broadcast

difunto, -a *m. and f.* dead person

diluirse to be diluted

diminuto, -a tiny

Dios God; **como Dios les dio a entender** the best they could; **como Dios manda** as it should be; **esas calles de Dios** those blessed streets

dirección *f.* direction; management

discernir to discern, judge; to bestow, grant

disculpa excuse; **pedir disculpas** to excuse oneself, apologize

disculpar to excuse; **disculparse** to excuse oneself, apologize

discurso speech

discutir to discuss

disfrazado, -a disguised

disfrutar to enjoy

disimular to conceal; to dissemble; overlook

disimulo dissembling; dissimulation

disminuir to diminish

disparar to shoot, fire; to throw, hurl; to dash

disparate *m.* nonsense; absurdity

disparo shot; shooting

dispersar to disperse, scatter; **dispersarse** to be dissipated

displicente peevish, fretful; unpleasant

disponible available

dispuesto, -a ready

disputar to fight for

distender(se) to distend; to expand

distracción *f.* distraction; absent-mindedness

distraído, -a absent-minded

divagar to digress; to ramble, roam

diversión *f.* entertainment, amusement

divertido, -a amusing, entertaining

divisar to descry; to view from afar

dizque (dicen que) *coll.* they say that . . .

doblado, -a puffed up

doblar to double; to turn (*a corner*); to bend; to toll, knell; **doblar a muerto** to toll for the dead; **doblarse** to bend; to droop

dócil docile; obedient

dolencia ailment; complaint; aching, ache

doler to ache, feel pain; **dolerse** to complain; to feel sorry

dolorido, -a painful, aching; sore, tender

doloroso, -a painful, sorrowful

domador *m.* tamer

dominador *m.* master

dómine *m.* teacher

dominical *adj.* Sunday

dominio domain; mastery (*of an art, skill, etc.*)

don *m.* (*pl.* **dones**) gift; ability, knack; Don (*title*)

dorado, -a golden; gilded

dormido, -a asleep, sleeping; **hacerse dormido** to pretend to be sleeping, play possum; **quedarse dormido** to fall asleep

dotar to endow; to equip; to provide with

dote *f.* talent, gift, endowment

dramaturgo playwright

drenaje *m.* drainage

duda doubt; **por las dudas** just in case

dudoso, -a doubtful, dubious

duelo duel; mourning

duende *m.* elf, hobgoblin; ghost

dureza hardness

e = de

eco echo

ecuménico, -a ecumenical (*belonging to the whole inhabited world*)

echar to throw, cast, throw out; echarse to lie down; echarse a to start to; echarse a (la calle) to go out into (the street); echarse a (perder) to be (spoiled); echarse de boca to lie face down and hunched up; echarse (para) atrás to withdraw, move back

efectuarse to take place

eficacia efficiency; effectiveness; efficacy

egoísmo selfishness

eje *m.* axle; shaft, spindle

ejemplar *m.* specimen

emanar to spring, flow

embajador *m.* ambassador

embarazoso, -a embarrassing

embate *m.* beating, dashing (*of waves*)

embelesado, -a in ecstasy, enraptured, charmed

embocar to put into the mouth

embolsarse to pocket, put into one's pocket

emotivo, -a emotional

empañado, -a tarnished; blurred, dim

empapar to soak

empaque *m.* appearance, air, looks, importance

empedrado cobblestone pavement

empírico, -a empirical (*based on experience*)

emplastronado, -a having plastrons (*ornamental front pieces*)

empleo employment

empolvado, -a powdered

empujar to push; empujarse to push oneself up

empujón *m.* push; echar a

empujones to throw out by pushing

empuñar to grasp, seize

enagua underskirt

encabezar to head; to lead; to put a heading or title to

encachao (encachado) good, down-to-earth

encajar to insert; to push or force in; encajarse to be fitted into; to be inserted

encaje *m.* lace

encallar to run aground

encaminarse to take the road (*to*); to be on the way (*to*)

encantar to charm, delight

encañonar to sight (*down a gun barrel*)

encaramarse to climb, get on top

encargar to order; encargarse de to be in charge of; to take care of

encariñarse to become fond of, attached to

encarnado, -a red; flesh-colored

encarnar to embody

encasillable easily pigeonholed

encauzar to channel; to guide, direct

encendido, -a inflamed; red

encierro confinement

encino evergreen oak, holm oak, live oak

encogerse to shrink; to shrivel; encogerse de hombros to shrug one's shoulders

encolado, -a glued

encolerizado, -a in a rage

encomendar to request; to entrust with

encono rancor, ill will

encueros stark naked

endeble weak; flimsy

endemoniado, -a possessed of the devil; furious, wild

enderezarse to straighten up

endomingado, -a all dressed up

(in one's Sunday, or best, clothes)

endurecer(se) to harden, stiffen

enemistarse con to become an enemy of

enervamiento weakness

enfermera nurse

enfocar focus

enfundado, -a sheathed

enfurecer to anger

engallado, -a erect, upright; haughty

engañar to deceive; **engañarse** to be mistaken, be deceived

engrosar to swell

engullir to gobble, devour; to gorge

enjabonar to soap, lather

enjambre *m.* swarm of bees

enjaulado, -a caged

enjuagarse: enjuagarse la boca to rinse one's mouth

enjugar to dry; to wipe; **enjugarse** to dry oneself

enjuto, -a lean; thin, skinny; dried

enlazar to bind, join, connect, lace; to embrace; **enlazarse** to be linked

enloquecer to drive crazy; to lose one's mind

enlosado pavement; tile floor

enmarcar to frame

enojarse to become irritated, angered

enrabiao (enrabiado) enraged

enredadera vine, climbing plant

enredar to entangle; to involve in difficulties

enredo tangle; entanglement, complication

enriquecer to enrich

enrojecer to make red

enrolar to enroll, enlist

enrollar to roll, roll up

enroscado, -a curled; turned, twisted; coiled

ensalzar to exalt, extol, praise

ensanchar to widen; **ensancharse** to expand, enlarge

ensangrentado, -a bloodstained, blood-red

ensangrentarse to cover oneself with blood

ensartar to string; to stick

ensayo essay

ensombrecido, -a darkened

ensordecedor, -ra deafening

entablamento entablature *(in architecture)*

entablar to start; to cover with boards

entallado, -a snugly fitted; steadfast

entelerido, -a numb; shivering, shaking *(with cold or fright)*

entendido, -a wise, informed; understood

entero, -a whole; **por entero** wholly

enterrar to bury

entorchado bullion embroidery *(on the uniform of officers)*

entornar to half-open, to set ajar

entorpecer to delay, obstruct; to thwart, frustrate

entrambos, -as both

entraña innermost recess; heart; **entrañas** entrails, innards, insides

entreabrir to half-open

entrecano, -a grayish

entrecejo space between the eyebrows; **entrecejo fruncido** frown

entrecortado, -a breathless, choking; faltering

entregar to deliver; **entregarlas** to give up

entrelazamiento linking, weaving

entrenar to train, drill

entrepaño panel, shelf

entresuelo mezzanine; second floor

entretejer to weave together; to
intertwine
entretenerse to keep busy; to
tarry; to amuse oneself
entrever to glimpse; to suspect
entrevero scuffle
entristecer to sadden, grieve;
entristecerse to become sad
entrometerse to intrude; to
meddle
entropillar to form **tropillas**
(*herds of horses*)
entumecido, -a numb, in a
torpor
envidia envy
envolver to wrap; to envelop
epígrafe *m.* quotation following
a title
equilibrar to balance
er, ér = el, él
ergotante *m.* sophist
erguir to erect, set upright; to
lift; **erguirse** to stand or sit
erect
erigir to build; **erigirse en** to
set oneself up as
erizado, -a (de) bustling (with)
errado, -a wrong, in error,
mistaken
erudito scholar
escabullirse to escape; to slip
away
escalar to climb
escalera staircase; stair; **escalera
de mano** ladder
escalofrío chill
escama fish scale
escandaloso, -a scandalous,
shocking
escapulario scapulary (*small
cloth bag containing holy
objects tied to ribbons and
worn over the shoulders*);
badge of membership in an
order, worn over the shoulders
escarbar to scratch; to poke; to
dig
escarchado, -a frosted

escasez *f.* lack; need, want
escaso, -a scant, slight; **escasa
media hora** not more than
half an hour
escenario scenery, setting (*for a
play or action of novel*)
esclarecer to make clear, explain
escobazo stroke with a broom
escobillón *m.* swab
escocer to sting, smart
escolta escort, convoy, guard
escoltado, -a escorted, guarded
escombros debris, rubbish
esconder(se) to hide
escondite *m.* hide and seek
escondrijo lurking place; hiding
place
escorpión *m. See* **scorpio**
escote low neckline, décolleté
escribanía court clerkship;
notary's office
escribiente *m.* office clerk
escritor *m.* writer
escritorio writing desk
escrúpulo scruple
escudriñar to search, pry into
escueto, -a scanty; lean, meager;
bare
escultor *m.* sculptor
escupidera cuspidor
escupir to spit
esfera sphere; area
esfinge *f.* sphinx
esfumarse to disappear; to fade
away
eslabón *m.* link of a chain
eso that; **a eso de** about; **eso sí**
to be sure
espadín *m.* rapier, small gala
sword
espalda back; **a (mis) espaldas**
behind (my) back; **dar la
espalda** to turn one's back
on; **de espaldas** on one's back
espantar to scare away, frighten
espanto fright, terror
espantoso, -a frightful
esparcido, -a spread

espasmo spasm; **a espasmos** in jerks

especie *f.* piece of news; kind, sort, species

espectro spectrum

espeso, -a thick

espesura density, thickness; thickest part (*of a forest*)

espiar to spy, to spy on

espuela spur

espuma foam (*from waves*)

espumoso, -a foamy, frothy; sparkling

esquirla splinter

esquivar to avoid, dodge

estadística statistics

estafa swindle

estampa print, engraving; sketch

estampar to stamp; to imprint, give (*a kiss*)

estampilla stamp

estancamiento stagnation

estancia farm, cattle ranch; main building of a farm or ranch

estanque *m.* pool, pond

estar to be; **estar en lo suyo** to attend to one's business

estatura height (*of a person*)

estela wake, track of a boat

estentóreo, -a loud, thundering (*voice*)

esteticista giving preference to aesthetic elements; *m.* aesthete

estilo style; **por el estilo** of that kind, like that

estirar to pull; to stretch; to extend; **estirarse** to stretch

estorbar to hinder; to be in the way

estrangular to strangle; to choke

estremecer(se) to shake, tremble, shiver, shudder

estremecimiento trembling, shaking; shudder, shuddering

estruendo noise; uproar

estruendoso, -a loud, noisy

estrujar to squeeze, press, crush, rumple

estupefacto, -a stunned, speechless

etapa period, epoch

éter *m.* ether

eufórico, -a euphoric (*with elation, with self-exaltation*)

evadir to evade, elude

exabrupto (ex abrupto) brashly; abruptly

exaltado, -a wrought up

exánime lifeless

excusar to excuse; **excusarse** to excuse oneself; to apologize

exento, -a exempt, free

exequias funeral rites

exiguo, -a small, scanty

éxito success; **tener buen éxito** to be successful

exonerar to relieve from an obligation, duty, or task

explayar to extend; **explayarse** to become extended; to enlarge upon a subject

expresamente clearly, explicitly

expuesto, -a exposed

expulsado, -a banished, expelled

éxtasis *m.* ecstasy

extenso, -a extensive, vast

extrañar to miss (*a person or thing*)

extraviarse to get lost, be stranded

exultación *f.* exultation, great joy

fábrica factory

fabricar to manufacture, make

fábula fable

facilidad *f.* facility, ease; **facilidades de pago** easy payments

facha appearance, looks; **darse facha** to show off

fachada façade, front (*of a building*)

faja band; zone

fajarse to fight (*hand to hand*)

falsete *m.* falsetto

fallar to fail; to miss, fail to hit; to be deficient or wanting

fámula maidservant

fantasma phantom, ghost, apparition

fantasmal unreal, illusory

Farabeuf, Louis Hubert (1841–1910) French physician

farol *m.* lamp, light; street light

farra spree, revelry

fastidiar to vex, annoy, bother

fastidio ennui, weariness; dislike

fatigarse to get tired

fatigosamente wearily

fauces *f. pl.* jaws, mouth

favor *m.* favor; **a favor** favorable; **por favor** please

felicitar to congratulate

féretro bier, coffin

feroz ferocious, fierce

fiar(se) to confide, trust; to sell on credit

fiebre *f.* fever; intense excitement

fieltro felt

fiera (wild) beast

fila row, rank; file, line

filisteo Philistine

fin *m.* end; **al fin y al cabo** after all

final *m.* end

finalidad *f.* purpose

fingido, -a make-believe; fake, fictitious

firma signature; business firm

firme firm, steady; **en firme** definitively; at its peak

firmeza firmness; hardness; **ser firmeza** *coll.* to be firm

fiscal *m.* district attorney, prosecutor

fisgonear to pry, to snoop

fisonomía physiognomy, appearance, looks, features

flaco, -a thin, lean, skinny, frail, weak, feeble

flagelo flagellation, scourging

flan *m.* custard

flauta flute; **flauta traversera** German flute

flecha arrow

flojedad *f.* laxity, looseness; laziness; slackness

flor *f.* flower; **flor de canela** cinnamon; **flor de Pascua** poinsettia; **flor-de-sepulcro** skin patch due to old age

floreciente *m.* flourishing, thriving; prosperous

florero vase

flotar to float

fluir to flow; *m.* flowing, flux

flus *m.* suit of clothes

fogón *m.* hearth, fireside; fire

fogoso, -a spirited, fiery

follaje *m.* foliage

folleto brochure, pamphlet; **folleto explicativo** written instructions

fomentar to foment; to encourage; to promote

fomento fomentation; promotion

fondo back, rear; bottom; *pl.* funds

fonfón broken down (*said of roosters used to train young gamecocks*)

forastero stranger; foreigner; outsider

fornido, -a strong, sturdy

fortaleza fortress, fort

fortuna fortune; **por fortuna** fortunately

forzoso, -a necessary; obligatory, compulsory

fósforo match

foso moat; pit

fotografía photograph; x-rays

fotonovela story told through pictures, as in a comic book
fracasar to fail
fragor *m.* clang, din; crash
fraile *m.* friar, monk; **fraile converso** lay brother
frasco vial, bottle, flask
fray *m.* Fra (*contraction of* **fraile;** *used as title*)
frazada blanket
frecuentar to frequent
fregar to wash (*dishes*)
frente *f.* forehead; **frente despejada** clear mind
fresa drill, milling tool
frialdad *f.* coolness; coldness
frontis *m.* frontispiece; front part of wardrobe, closet, etc.
frotar to rub; **frotarse las manos** to rub one's hands
fruición *f.* enjoyment, satisfaction
fuego fire; **hacer fuego** to fire (*a gun*), shoot
fuente *f.* fountain; source; platter
fuerte strong; intense; tight
fugaz fleeting, brief, passing
fulano, -a so-and-so; **fulano de tal** John Doe, so-and-so
fumar to smoke
funcionar to work, operate
funcionario (public) official
fundamento foundation
funesto, -a ill-fated; unfortunate
furtivamente furtively, stealthily
fusilamiento execution (*by shooting*)

gabinete *m.* dressing room; dentist's office
gaje *m.* salary, wages; *pl.* fees
galera *coll.* tall hat
galería gallery, corridor, lobby
galgo greyhound

gallá (gallada) noisy crowd
galleguita little Galician girl; little Spanish girl
gallería cockpit
gallero professional cockfighter
gallina hen, chicken; **gallina ciega** blindman's buff; **gallina re ponedora** good layer
gallinazo buzzard
gallo rooster, cock; gamecock; cocky fellow; false note; **buen gallo** brave fighter; **gallo fonfón** training gamecock; **gallo pillo** crafty gamecock; **gallo rejón** experienced gamecock
gamuza chamois
gana appetite, craving; *often pl.* **andar con ganas** to feel like; **dar ganas de** to feel like; **tener ganas de** to feel like
ganado herd; cattle; **ganado de la ordeña** milking herd
ganancia gain, profit
gancho hook (*blow in boxing*)
gansa goose
garbo gracefulness
garfio hook; gaff
garganta throat
garifo (jarifo) showy, spruced up
garra claw, talon
gasa gauze, chiffon
gatas: a gatas on hands and knees, on all fours; hardly
gatillo trigger; dentist's forceps
gauchesco, -a gaucho-like
gaucho gaucho (*Argentinian and Uruguayan cowboy*)
gaveta drawer; locker
gema gem
gemido moan; wail, cry
gemir to wail, cry; to moan
generacional pertaining to a generation
general general; **por lo general** generally

género genre
generoso, -a generous; noble; excellent (*said of wines*)
geniecillo imp, hobgoblin
gente people; **gente grande** adults
gentuza riffraff
germen *m.* germ; source
gesto grimace; gesture
gimotear to whine
girar to turn; to revolve, whirl; **girar alrededor de** to revolve around
glacial glacial; cold, indifferent
glissando glissando (*in music, gliding effect*)
globo balloon
gnomon *m.* gnomon (*early astronomical instrument*)
gola collar of a doublet; gorget
golondrina swallow
golpe *m.* blow; **de golpe** suddenly
golpear to beat, pound; knock (*at a door*)
goma rubber
gordura fat; fatness
gorjeo warble, warbling
gota drop (*of liquid*)
gotear to drip; to dribble, trickle
gotera drip; dripping; mark left by dripping (*on the ceiling*)
gozo joy, enjoyment
grabado engraving
gracia grace; joke; **hacer gracia** to amuse, make (*someone*) laugh
gragea colored candy
granadero grenadier
granado pomegranate tree
grande large, big; great; **un grande** an adult
grandullón, -ona overgrown baby
grano grain (*of cereal*); seed
grasa grease; fat

grave weighty, ponderous, heavy; deep, low (*in pitch*)
gravedad *f.* seriousness, gravity
graznar to hoot; to caw
grieta fissure; deep wrinkle
grillo cricket
gris gray
grisnegro dark gray
grito shout, cry; **a gritos** in a loud voice
grueso, -a heavy; thick
grupa rump (*of a horse*)
guampudo, -a scrawny
guano palm leaves used for thatching; money; **tener guano en el güiro** to have rocks in one's head; to be crazy; *also* to have money (hidden) in a gourd
guante *m.* glove, boxing glove
guaracazo sudden blow
guaracha Spanish clog dance
guarapo juice of the sugar cane
guarda guard; **guarda del gatillo** trigger guard
guardaguja *m.* switchman
guardaespaldas *m. pl.* bodyguard
guardaganado cattleguard
guardián, -ana (*pl.* **guardianes**) keeper, guardian; watchman
guata stomach, belly
guayaba guava (*tree and fruit*)
guerra war; **Guerra Mundial** World War
guerrero, -a warlike, martial; quarrelsome; *m.* warrior; *f.* tight-fitting military jacket
guindas nose
guiñar to wink
guirigay *m.* gibberish; hubbub
guirnalda garland, wreath
güiro gourd used as an instrument to accompany dance music
gusano worm
gusto pleasure; taste, flavor; **gusto a menta** mint-flavored

hábil clever, able, skillful
habilidad *f*. ability, skill; talent
hábitos habit; dress of
  ecclesiastics
hablada talk, speech; pegarse
  una hablada to make a speech
haceme = hacedme (instead of
  hazme)
hacer to do; hacer mal to
  harm; to cause illness; hacerse
  to pretend; hacerse a todo to
  get accustomed to everything
hacienda livestock
hacinado, -a huddled
hacha axe, hatchet
halagar to gratify, please
hallazgo discovery, finding
hambre *f*. hunger; andar con
  hambre to be hungry; tener
  hambre to be hungry
haragán, -ana idle, indolent,
  slothful
harapo rag, tatter
hartarse to have one's fill;
  to overeat, eat too much
hartazas very much
harto, -a fed up; much, very
  much; harto bueno quite
  good; harto de fed up with,
  sick of, tired of
hasta even
hazaña deed, exploit
hebra thread
heder to stink, reek
helado, -a frigid, cold;
  f. freezing; frost
hembra female; woman
henchir to fill, swell
hería = herida
herida wound
hermético, -a airtight
herraje *m*. ironwork
hervir to boil
hetaira concubine, mistress
hicaco coco plum
hielo ice
hierba grass, weed; herb
hilacho rag

hilera row, file, line; string;
  hilera de años a string of
  years, many years
hilo thread; string; al hilo
  straight; hilo de voz a weak
  voice
hincar to stick; to pin down
hinchar to swell; hincharse to
  swell, swell up; to puff up
hinchazón *f*. swelling
hipogeo hypogeum (*under-
  ground chamber, vault, or
  tomb*)
hirviendo *See* hervir
hocico snout
hogar *m*. home
hoja leaf; sheet; hoja de
  servicios service record
hojarasca fallen leaves; dry
  foliage; frost; useless word
holandés, -esa Dutch
holgado, -a easy; comfortable;
  well off
holgar to be unnecessary; to be
  of no use
hollar to tread upon, trample
hombrada manly action; daring
  act
hombre *m*. man; a lo poco
  hombre cowardly; como
  hombre like a real man
homenaje *m*. homage
homicida *m. and f.* murderer
h'ón (huevón) stupid
hondonada ravine
hondura depth
hormiga ant
hormiguero ant hill
horno furnace; oven; kiln
hortaliza produce, vegetables
hoyo hole
hueco gape, space, hole; hollow;
  sonar a hueco to have a
  hollow sound
huelan *See* oler
huelga *See* holgar
huella trace; footprint
huesudo, -a bony

hueva spawn of fishes, roe;
pl. groin
huida flight
hule *m.* rubber
humareda cloud of smoke
humedad *f.* dampness
humedecer to dampen; to
moisten; **humedecerse de** to
grow damp with
húmedo, -a wet; moist, damp
humillar to humble; to
humiliate
humor *m.* humor; mood,
disposition
hundir to sink; to submerge;
hundirse to sink; to be sunk;
to be submerged
husmear to scent; to smell out;
to pry into
h'vas (huevas) stupid; **quedar
como las h'vas** to be left like
a sieve

ídem ditto, the same
idioma *m.* language
idiotez *f.* idiocy; stupid remark
igual equal; **sin igual**
unrivaled, without parallel
igualado, -a equaled
igualdad *f.* equality
ilimitado, -a unlimited
iluminar to light up
impasible impassive, unmoved
impenitente not penitent, not
sorry for having sinned
impericia inexperience
implicar to imply
imponente imposing
imprescindible indispensable,
essential
impresión *f.* impression; **hacer
impresión** to affect
emotionally
imprevisor, -ra improvident,
neglecting to provide for
future needs

imprevisto unforeseen,
unexpected
imprudencia indiscretion, rash
act
impulsar to impel
inagotable inexhaustible
incansablemente indefatigably,
untiringly
incapaz incapable; unable
incendio fire
incesantemente continually
incitación *f.* incitement
incluso *adv.* even
incomprendido, -a misunder-
stood
inconcluso, -a unfinished
inconsciente unaware,
insensible, **inconscientemente**
unconsciously
incorporarse to sit up; to stand
up
incrustar to thrust in, insert,
sink; to lodge; to inlay;
incrustarse to interlock, to
couple, be lodged
inculpar to blame; to censure
indagar to investigate
indefenso, -a defenseless
indescriptible indescribable
índice *m.* index
indirecta innuendo, hint
individuo person
indumentaria clothing, dress
ineficaz ineffective; inefficient
inexorablemente relentlessly
inextricable inextricable, maze-
like
infierno hell
influir to influence, have
influence
informe formless, shapeless;
m. report
ingenio sugar mill; sugar
plantation
ingenioso, -a ingenious
ingresar to enter
iniciar to initiate; to begin,
start

injuriar to offend; to harm,
    damage
inmanente inherent, inborn
inmediato, -a immediate;
    adjoining; de inmediato
    immediately
inmóvil motionless
inmundicia filth; garbage;
    refuse
innominado, -a nameless
inquietante restless, uneasy
inquietar to worry; to excite;
    inquietarse to be worried
insólito, -a unusual
inspirar to inhale; to inspire
insumir to consume
insumisión f. rebelliousness
intentar to attempt
interlocutor m. speaker, party;
    interviewer; participant in a
    dialogue
interminable endless
intriga plot
intrincado, -a intricate, complex
inundación f. flood
invernadero greenhouse
inverosímil improbable,
    unlikely
Iquique *Peruvian seaport*
irreal unreal
irremontable unsurpassable
irrespetuoso, -a disrespectful
irrigador m. syringe
irrisorio, -a ridiculous
irritarse to get angry
izquierdo left, blow with the
    left

jabón m. soap
jadear to pant
jadeo panting
jaez m. (*pl.* jaeces) harness; *pl.*
    trappings
jalar (halar) to pull
jamo cone-shaped fishery net
jardinero flower stand,
    jardiniere; gardener

jarra pitcher
jato (harto) plenty; much;
    a todo jato with all one's
    might
jaula cage
jefe m. chief; boss; leader
jerarquía hierarchy
jeringa syringe
Jesús: en un decir Jesús in the
    twinkling of an eye
jetas snout
jícara chocolate cup
jinete m. rider, horseman
jinetear to ride a bronco; to
    break in (*a horse*)
jofaina basin, washbowl
jónico, -a Ionic
jornada journey, day's journey
jorobar to bother, pester, annoy
jota: no entender ni jota not to
    understand a word
júbilo joy, glee
jubo small snake
jubón m. doublet, jacket
judío, -a Jewish; m. Jew
juera = fuera
jugador m. player; gambler
juglar m. minstrel; buffoon;
    juggler
jugoso, -a juicy
jui = fui
juntitos, -as very close together
juramento oath; vow

kilómetro kilometer (*o.62 mile*)

labrado, -a wrought; figured,
    hewn; m. carving
ladear to tilt; to turn aside
    (*from a way or course*);
    ladearse to tilt, incline to one
    side
ladrar to bark
ladrón m. thief
lagartija wall lizard
lagarto lizard

lago lake
lamer to lap; to touch lightly
lamparín *m.* small lamp; lamp holder; **lamparín de trabajo** table lamp
lana wool
lanceta stinger
lancha boat, launch
langosta grasshopper; lobster
langostero lobster fisherman
lanudo, -a woolly
lanzar to throw; to cast, hurl
lapicero mechanical pencil
lápiz *m.* pencil
largar to let go; to hurl; to throw; **largarse** to run away, run off
largo, -a long; **a lo largo de** along; **de largo** without stopping
latido palpitation, beat, throb
latir to palpitate, throb
lavabo washstand
lavanda lavender
lavandería laundry
lazo lasso, lariat
leal loyal; reliable, trustworthy
lector *m.* reader
lectura reading
lecho bed
lechuga lettuce
lechuza screech owl, barn owl
legajo dossier, file, docket
legua league (*about three miles*)
lejos far; **de lejos** from afar
lengüetear to lick
lentamente slowly
lentitud *f.* slowness
lento, -a slow
leñador *m.* woodcutter, woodman
león *m.* lion; **leona** lioness
letal lethal, deadly
leve light; slight
levita frock coat
ley *f.* law; **en su ley** as he was destined to
liar to tie, bind; to tie up

libar to suck; to sip
liberal liberal; quick, spirited, lively
librado, -a free, freed
librea livery, uniform
licencia permission; leave
lienzo cotton or linen cloth
Lima *capital of Peru*
limo slime
limosna alms, charity
limpidez *f.* limpidity
limpieza cleanness, neatness; **hacer la limpieza** to clean up
Linneo, Charles (1707–1778) *famous Swedish botanist*
lino linen
linterna lantern; **linterna de pilas** flashlight
lío mess; entanglement, imbroglio; affair
liso, -a smooth
listado, -a striped
litoral *m.* coast, shore
liviano, -a light (*not heavy*)
lodo mud
logrado, -a successful (*said of a work of art that turns out well*)
lombrices *pl. of* **lombriz** *f.* worm, earthworm
lomo back (*of an animal*)
loro parrot
losa slab, flagstone
lote *m.* share, part; remnant lot
loza porcelain; crockery
lucero bright star; **lucero de la tarde** evening star
lucir to show, display; to sport
luchar to struggle, fight
luego presently, soon; then, next; **luego de** after
lugar *m.* place, spot; town; **en lugar de** instead of
Luger Luger (*name of pistol*)
luído, -a worn down
lujo luxury
lujuria lust
lumbre *f.* fire; light
luna moon; glass for mirrors

lunático, -a lunatic, mad
lustrar to shine, polish
luto mourning
luz *f.* light; **dar a luz** to give
  birth to

llanura extensive plain; field;
  prairie; **llanura inagotable**
  endless pampa
lleno, -a full; **de lleno** fully,
  entirely; squarely
llevar to carry; **llevarse** to
  carry off; **llevarse de arriba**
  to have it easy
lloroso, -a tearful
llover to rain
lluvia rain

macana nonsense
machacar to pound, crush
machete *m.* machete, large
  knife; **ar (al) machete** with
  a machete
machito manly young man
machucá (machucada) bruised
machucar to pound, beat, bruise
madrugada dawn; early
  morning
madrugador, -ra early riser
madurez *f.* ripeness; maturity
magistral masterly;
  magistralmente masterfully
maíz *m.* corn
mal *m.* evil; illness; **menos mal
  que** at least
malanga arum (*an aquatic
  plant*)
maldad *f.* wickedness
maldito, -a cursed, damned
maléfico, -a evil, harmful;
  spellbinding
malentendido misunderstanding
malestar *m.* discomfort
maleza weeds; underbrush
malo, -a bad, evil; wicked; ill;
  a la mala treacherously

malogrado, -a ruined
mamar to suckle; to suck;
  to gorge
mampostería masonry
mancha stain, spot, blemish;
  cloud, swarm
manchar to stain, soil, spot
mandado errand
mandíbula jaw; jawbone
mando command
mandril *m.* mandrill, baboon
manejar to manage, handle;
  to run
manga sleeve
manglar *m.* plantation of
  mangrove trees
mangle *m.* mangrove tree
mango handle; **mango del
  timón** rudder handle
maniobra operation, handling;
  maneuver
mano *f.* hand; **a mano** handy;
  **a manos de = a las manos de;
  echar mano** to grab, get hold
  of
mano (hermano) buddy
manotada slap, blow
manotón *m.* slap, blow
manso, -a tame; meek, mild,
  gentle
manta blanket
mantel *m.* tablecloth
mantequilla butter
manto mantle; robe of state
manzana apple
manzano apple tree
mañana morning; tomorrow;
  de mañana early in the
  morning
maquinar to plot, scheme
mar *m.* sea; **mar adentro** away
  from the shore
maraña tangle, entanglement
maravilloso, -a marvelous,
  extraordinary, incredible
marco frame; framing tale
  (*a literary device used to set off
  a story, or to link several*

stories); **marco de puerta**
doorcase

marchitarse   to wither, wilt;
to languish

marchito, -a   faded, withered;
shriveled up

marearse   to become, or get,
seasick

marejada   surf; undercurrent

marfil *m.*   ivory

maricón *adj.*   sissy, effeminate

marina   navy

marinero   sailor

mariposa   butterfly

marisco   shellfish; *pl.* seafood

mármol *m.*   marble

maroma   tumble, somersault;
dar maromas   to tumble

martillo   hammer

más   more; most; **no más**   only;
por ahí no más   here and
there

masa *f.*   dough; mass

mascarada   masquerade,
mummery

mascarón *m.*   grotesque face

mascullar   to mumble, mutter

mata   bush, shrub

matadero   slaughterhouse

matanza   slaughter of livestock

Matarani   *Peruvian port*

matarife *m.*   butcher

mate *m.*   maté (*Paraguayan tea*);
maté gourd

matiz *m.*   nuance; blending of
colors; shading

matizar   to tint

matrícula   register; registration;
certificate of registration

mausoleo   mausoleum (*stately
tomb*)

mazamorra   mush; **mazamorra
morada**   mush made with
Indian corn

mazazo   blow with a wooden
hammer

mazo   bunch, handful; mallet

mecha   wick

medalla   medal

medianero, -a   mediating,
interceding; **pared medianera**
common wall (*between two
rooms*)

medianoche *f.*   midnight

mediante   by means of, by virtue
of

medido, -a   measured; *f.* measure;
a medida que   as, in proportion
as

medio, -a   half; middle; **(de) por
medio**   in between; **por medio
de**   by means of

mediodía *m.*   noon

mejilla   cheek

mejor   better; **a lo mejor**
perhaps, maybe

membrillo   quince

menester *m.*   need; **ser menester**
to be necessary

menesteroso, -a   ill-nourished;
emaciated

menos   less; least; **menos mal**   it
is not too bad; at least; **a menos
que**   unless

mensajero   messenger

mensualmente   monthly

menta   mint; peppermint;
caramelo de menta   peppermint stick

mente *f.*   mind

mentira   lie, falsehood; **parece
mentira**   it's hard to believe

mentiroso, -a   lying; deceitful

mercado   market

Merced, La   *church in Guatemala
City*

merco *m. and f.*   merchandise,
market, provisions

meretriz *f.*   harlot

merienda   supper

mermar   to reduce, lessen

mesita   small table; **mesita de
ruedas**   teacart

mesmo = mismo

mesurado, -a   dignified;
temperate, moderate

metamorfosearse to be transformed, be changed
meter to put (in); to get (in); to insert; to strike (*a blow*); **meter uno bien metido** to hit (*someone*) in the right place; **meterse** to get into; to go into
metro meter (*39.37 inches*)
mezcla mixture
mezquino, -a small, tiny; stingy
miar (mear) to urinate
microcuento short short-story
Michaux, Henri (1899) *Belgian poet and writer*
miéchica *coll.* confound it!
miel *f.* honey
miembro member; limb
mierda excrement; ¡mierda! confound it!
mies *f.* ripe grain
migaja crumb
migala spider-like insect
miligramo milligram (*0.0154 grain*)
milonga Argentinian popular song
millar *m.* thousand; *pl.* a great number
mimar to pamper
miniaturista *m.* miniature painter
minicuento short short-story
minoría minority; **minoría de edad** minor (*in age*)
minucioso, -a minute, thorough
mira gun sight
Miraflores *a suburb of Havana, Cuba*
miriñaque *m.* hoopskirt, crinoline
miseria misery; poverty; trifle; **a la miseria** for the birds
misiva missive, letter
mismo self, very; same; **a sí mismos** to themselves
mocetón *m.* strapping young fellow
mocoso, -a brat, scamp

moda fashion, style
modalidad *f.* manner (*of expression*)
modelar to model; to form, shape
módico, -a moderate, reasonable
modo way, manner; means; **de modo y manera que** so that
mohín *m.* grimace, gesture
mojar to wet, moisten, dampen; drench; **mojarse** to get wet, get soaked, get drenched
molde *m.* mold, cast; pattern, model
molesto, -a bothersome, annoying
momento moment; **en el momento menos pensado** when least expected
mondado, -a trimmed, pruned, shorn
moneda coin
monja nun
mono monkey; **mono araña** spider monkey; **mono tití** titi monkey
montículo mound
montura saddle
montuvio *mixed-breed native of Ecuador*
morada dwelling, residence
morado, -a purple
morar to live, dwell, reside
morboso, -a morbid; diseased
mordaz biting, cutting
morder to bite
moreno, -a dark (*complexion*), brunette; *m.* colored person
moretón *m.* bruise; black-and-blue mark
moro Moor
mortero mortar
mosca fly
mostaza mustard
mota speck
motilón, -ona hornless

motín m. riot, insurrection,
mutiny
motivo motive; motif, theme
mozo young fellow; buen mozo
handsome fellow
muchedumbre f. crowd,
multitude
muda change, molt; en muda
molting
mudarse to move, change one's
abode; mandarse mudar to
leave
mudo, -a dumb, silent; quedar
mudo to lose one's voice
mueblaje m. furniture
mueble m. piece of furniture;
pl. furniture, household goods
muela molar (tooth); dolor de
muelas toothache
muelle m. wharf; loading
platform
mugriento, -a grimy, dirty
mulata mulatto woman
multicolor many-colored
municipio town council
muñeca wrist; doll
muralla wall; rampart
murciélago bat
murmullo murmur; whisper;
ripple; rustle; chirping
murmurar to murmur
muro wall; rampart
musgoso, -a mossy, moss-covered
muslo thigh
mutismo silence

na = nada (coll.)
nácar m. mother-of-pearl
nacimiento birth
nadar to swim
nadita (dim. of nada) not at
all; nothing at all
naide = nadie (coll.)
naipe playing card
nalgas buttocks; rump
naranja orange
Narda comic-strip character

navegar to sail
Nazca Peruvian city
necio, -a silly, stupid
negar to deny; to refuse;
negarse a to refuse
nene m. (f. nena) baby
Nerón Nero (Roman emperor
54–68 A.D.)
nervioso, -a nervous
nevada snowfall
nevera cooler, ice box
ni nor; not even; ni que it
seems as if
niebla fog, mist
nieto grandson
niña girl; Miss (title of respect)
niño child; niño de pecho
suckling babe, child in arms
nítido, -a neat; bright, glossy
nivel m. level
nivelado, -a level
nobleza nobility
noche f. night; de noche in the
nighttime, at night
nogal m. walnut (tree and wood)
nomá = nomás (coll.)
nomás only; just
nominalmente nominally, in
name only
nono, -a ninth
normal m. girls' boarding
school; normal school
notario notary public
novedoso, -a new, unusual,
novel
noveno, -a ninth
nubarrón m. large cloud
nublarse to grow or get cloudy;
nublársele a uno la cabeza to
black out
nublazón f. cluster of dense
clouds
nuca nape
nudo knot; node
numerado, -a numbered

ñatas nose

obispo bishop
oblicuo, -a oblique, slanting
obrar to work
obrero worker
obstante: no obstante nevertheless
obstinadamente stubbornly
obvio, -a obvious, evident;
  es obvio it is evident
oca goose
occidente m. west
ocioso, -a idle
octandro plant whose flower has
  eight stamens
ocultarse to hide
odiar to hate
oferta offer
ofre m. cold; matar el ofre to
  warm up
ofrenda offering, gift
ofuscado, -a blind; bewildered,
  confused
oído hearing; ear; al oído
  confidentially; hablar al oído
  to whisper
ojera dark circle under the eye
ojo eye; ¡ojo! careful! watch
  out!; ojos saltones pop-eyes
ola wave
óleo oil color
oler to smell; oler a to smell
  like; oler mal to stink
olfato scent, sense of smell
oliváceo, -a of the shape and
  color of an olive
olor m. smell, fragrance
oloroso, -a fragrant
olvido forgetfulness; oblivion
ombligo navel
onda wave; ripple
onde = donde, adonde (coll.)
ondear to wave, ripple,
  undulate
ondular to undulate, wave
Onís, Federico de (1885–1967)
  Spanish professor and critic
opercate m. (coll.) uppercut

opinar to express an opinion;
  to judge
oprimir to press; to weigh
  down; to oppress
optar to choose, select; optar
  por to choose to
opuesto, -a opposite
oración f. dusk, beginning of
  the evening
ordenanza law, statute
ordeña milking
ordeñar to milk
orfebre m. goldsmith;
  silversmith
organillero organ-grinder
orgullo pride
orgulloso, -a proud
oriental oriental; Uruguayan
orificio hole, opening
orilla edge; pl. outskirts
orinar to urinate
osadía daring, boldness
oscurecer to get dark
oscuridad (obscuridad) f. (coll.)
  darkness
oscuro, -a (obscuro, -a) dark
oso bear
otorgar to grant
ovación f. ovation; cerrada
  ovación enthusiastic applause
oveja sheep

pa = para (coll.)
pabilo snuff (of a candle)
paisaje m. landscape
paisano peasant; countryman;
  fellow countryman
pajarera large birdcage
pajarero bird dealer; bird
  fancier
pajarraco ugly bird
pajilla straw hat
palabra word; promise;
  ¡palabra! On my word
palabrearse to make a vow
palabreja odd word
palanca lever; (control) stick

palancazo push, shove

palangana washbowl, basin

paliza beating

palma palm tree; leaf of a palm tree

palmada slap

palmera palm tree

palo log; stick; beating (with a club)

paloma dove, pigeon

palpar to feel; to touch; to grope

palpitar to throb, beat

pampino, -a belonging to Chile's northern plains

panoplia panoply; collection of arms artistically arranged on a panel or wall

pantalón m. often pl. trousers, pants

pantalla screen; lampshade; pantalla de cine motion-picture screen

panza belly; panza arriba on one's back

papada double chin

papagayo parrot

pape m. (coll.) blow, punch

papel m. paper; papel dorado gilded paper

papelón m. ridiculous role; hacer un papelón to perform a ridiculous act

paquete m. package

parada stop; boasting, vanity; act of showing off

parado, -a standing still

paraíso Paradise

parapetado, -a hidden behind a parapet; entrenched

parapetarse to hide behind a parapet

pararse to stand up; pararse bien parado to stand up squarely

parche m. mending patch; plaster; daub

pardo, -a brown; dark; cloudy

parecer to seem, appear; al parecer apparently

pareja couple; pair

parejo, -a even; smooth; uninterrupted

parir to give birth to, bring forth

párpado eyelid

párrafo paragraph

parroquia parish; parish church; city ward

parte f. part; dar parte to inform, notify; en todas partes everywhere; por otra parte besides; por parte de on the part of; in behalf of

particular private

partida shipment; departure

parto parturition

pasa raisin; curl (in hair)

pasaje m. passage, fare; pasaje de regreso return fare

Pascua Easter, Christmas

pasillo hallway, corridor

paso step; passage; de paso in passing

pastel m. pastry roll; filled pastry

pastilla tablet (of medicine, candy, etc.)

pata foot; leg; en or a cuatro patas on all fours; pata de gallina crow's foot (wrinkle at the corner of the eye); patas arriba upside down; on one's back

patá = patada (coll.)

patada kick; dar de patadas to kick

patalear to kick; to stamp the feet

patito, patita pal, buddy

patrimonio inheritance

patrón m. boss, master; landlord; pattern, model; patrona landlady; master's wife

pavada foolish saying

pavo turkey

pavoroso, -a frightful, terrible, awful

payaso clown

pecado sin

peces *pl. of* pez

pechugón, -ona spongy, parasitic; bold, brazen

pedalear to pedal

pedazo piece; hacer pedazos to break or tear into pieces

pedir to ask (for); pedir prestado to borrow

pegá (pegada) (*coll.*) blow

pegajoso, -a sticky

peinar to comb (*the hair*)

pelado, -a hairless; ragged; bared; plucked

pelea fight, boxing match; dar pelea to attack

pelear(se) to fight

peleíta (*dim. of* pelea) a small fight

película movie; película de miedo horror picture

pelo hair; tomar el pelo a to make a fool of, to make fun of

pelota ball

peluca wig

pellejo hide

pena grief; pity; sorrow; a duras penas with great difficulty; dar pena to be a pity

penca leaf or joint (*of plant*)

pencazo sharp blow; lash

penco nag

pendenciero quarrelsome

pendiente *f.* slope, declivity; *adj.* sloping, inclined; under way, expecting; dejar pendiente to leave off

penitencia penitence, penance

penosamente arduously, with difficulty

penoso, -a painful; laborious; embarrassing, unpleasant

pensión *f.* allowance

penumbra semidarkness, half-light

peón *m.* farm hand, laborer

peor worse; worst; para peor to make it worse

peplo peplum (*a short skirt*)

percatarse de to become aware of

percha rack (*for hats or clothes*)

perdedizo, -a lost; hacerse perdedizo to get lost, hide from sight

perdío = perdido (*coll.*)

perdurar to endure, last

perecer to perish

pereza laziness

pericia skill, expertise

periodismo journalism

periodista *m.* journalist, newspaper man, reporter

peripecia situation, incident, episode

perjuicio damage, harm

perjurar to swear, be profane

perlado, -a beaded

perro dog; perra bitch; *adj.* hard; wretched; vida perra a wretched life, a dog's life

persa Persian

persiana window blind; Venetian blind

pertenencia property, possession

pesadez *f.* heaviness

pesao (pesado), -a heavy; *coll.* tiresome, boring

pesar to cause regret; pese a in spite of

pescador *m.* fisherman

pescar to fish

pescuezo neck

pese *See* pesar

pesebre manager

peso weight; caerse de su peso to be obvious

pestaña eyelash

petirrojo robin, robin redbreast

pez *m.* (*pl.* peces) fish

pibe *m.* boy

pica lance; goad

picaflor *m.* hummingbird

picante   highly seasoned; spicy
pícaro, -a   knavish, roguish;
   crafty, sly
pico   pick, pickaxe
pie *m.*   foot; **a los pies de** *or*
   al pie de   at the foot of;
   de pies a cabeza   from head to
   foot; **en pie**   standing;
   ponerse de pie   to stand (up)
piedad *f.*   pity
pierna   leg; **a pierna suelta**
   relaxed
pífano   fife; fifer
pijama   pajamas; **pijama listada**
   striped pajamas
pila   battery, cell; trough
pileta   swimming pool
pillo, -a   sly, crafty
pinar *m.*   pine grove
pincelada   brush stroke; touch
pinchar   to prick; to prod,
   provoke; to insert (*a needle*)
pintura   paint, painting
pinzas *f.pl.*   nippers, pincers,
   tweezers; forceps
pío: ni pío   not a word
piropo   compliment
pis: hacer pis   urinate
pisar   to tread, tread on
pisco   Peruvian brandy (*made
   originally in the city of Pisco*)
pizarra   slate
pizarrón *m.*   blackboard
pizpireta   lively
placentero, -a   pleasant
plácidamente   placidly, calmly
plancha   plate, sheet
planicie *f.*   plain; **planicie
   nivelada**   flat plain
planilla   chart
plano   plane
planta: planta baja   ground
   floor
plantar   to plant; to land
   (*a blow*)
plata   silver; money; **plata que
   rueda**   cash

plátano   plantain; banana (*plant
   and fruit*)
playa   beach
plazuela   small square, court
plegar   to curl; to fold
pleito   lawsuit; dispute, quarrel
pleno, -a   full; **en plena calle**
   out in the street; **en pleno
   vuelo**   in full flight
pliegue *m.*   fold, plait, crease
plomada   plumb, plummet
plomo   lead; plumb; bullet;
   a plomo   vertically
pluma(s)   featherweight fighter(s)
po = por (*coll.*)
poblado, -a   populated; **poblado
   de (pecados)**   full of (sins)
pobre   poor; **la pobre**   the poor
   dear
pobreza   poverty; **salir de la
   pobreza**   to cease being poor
pocillo   cup; vessel
poco, -a   little, few; short (*of
   time*); **de a poco**   little by little
podar   to prune; to trim
podenco   hound; hunting dog
poder   to be able; **no poder con**
   not to be able to stand
poema *m.*   poem; **poema en
   prosa**   prose poem
poer = poder (*coll.*)
polea   pulley
policromado, -a   many-colored
polígrafo   polygraph (*writer of
   many different types of books*)
polilla   moth
pólvora   gunpowder
polvoriento, -a   dusty
pollo   chicken
pomo   small bottle; **pomo de
   loza**   porcelain jar
poncho   poncho (*cloak
   resembling a blanket with a
   slit in the middle for the head*)
ponderar   to extol
ponedora   egg-laying
poner   to put, place, set, lay;
   acabado de poner   freshly laid

(*egg*); **poner por** to consider as

poniente *m.* west

popa poop, stern

populoso, -a populous; teeming

pordiosero beggar

pormenorizado, -a detailed, in detail, itemized

poro pore

porquería worthless thing, trifle

porrazo blow; clubbing; bad fall

porrón *m.* earthen jug

portar to carry

porteño, -a from Buenos Aires; **el porteño** the man from Buenos Aires

portón *m.* gate

posar to rest; to lodge; **posarse** to settle; to perch; to alight

postal *f.* postcard

postigo shutter

postizo, -a false; **dentadura postiza** false teeth; **dientes postizos** mouth guard (*for boxers*)

postor *m.* bidder

postrer last

potrero de pasturas fenced in pasture land

potrilla filly; rakish girl

poza deep hole in river or sea

pozo well; pit; deep hole

preboste *m.* provost

precautorio, -a precautionary

precipitar to hasten; **precipitarse** to rush; throw oneself headlong

predisponer to prejudice, bias

prefigurar to prefigure, foreshadow

pregonar to proclaim; to announce publicly

premiado, -a rewarded (*with a prize*)

premio prize; reward

prender to light, kindle; to fasten, clasp; **prenderle fuego** to set on fire

preocupar to worry, preoccupy; **preocuparse** to worry, be worried

preparo preparation; medicine

presa catch, prey

presagiar to forebode

presencia presence; figure

presente *m.* present, gift; present (*time*); **tener presente** to keep in mind

presentir to have a foreboding or hunch

presión *f.* pressure

preso, -a (de) seized (with)

presumido, -a conceited

presunto, -a aspiring

presurosamente hastily

pretexto pretext, excuse

prevalecerse de to take advantage of; to avail oneself of

prevenir to prepare; to caution, warn

prever to foresee

previsto, -a foreseen; **lo previsto** what is foreseen

primaria grade school

primitivo, -a primitive, original

primor beauty; excellence; exquisiteness; skill, ability

pringoso, -a greasy

proa prow

procedimiento procedure, method; technique

proceso lawsuit

proclamar to proclaim, announce

prodigio prodigy, wonder; miracle

prodigioso, -a prodigious, marvelous; fine, excellent

profundidad *f.* profundity, depth; **con profundidad** in depth

profundizar to go deep into; to explore

prohibir to forbid, prohibit

prójimo fellow man

prolongar to prolong, continue
promover to promote
propagar to spread, disseminate
propiedad *f.* property; quality;
  ownership
propina tip
propinar to give; to administer
proponer to propose; to
  resolve; **proponerse** to
  resolve, make a resolution
prorrumpir to burst out
proseguir to continue
prosista prose writer
prospecto prospectus,
  announcement describing
  merchandise for sale
proveer to provide; to supply
¡p'tas! (*coll.*) hell! damn it!
púa prick, barb; prong
¡puchas! (*coll.*) ugh! phew!
pudiente well-to-do
pudoroso, -a modest, bashful,
  shy
puente *m.* bridge; dental bridge
puesto *p.p.* of **poner; puesto que**
  since; *m.* place; position,
  employment
púgil *m.* prize-fighter
pugnar to fight, struggle; to
  strive; to persist
pulgar *m.* thumb
pulir to polish
pulpo octopus; cuttlefish
pulsar to play (*a musical
  instrument*)
pulso pulse; **tomar el pulso**
  to feel the pulse of; to sound;
  to determine (*by ear*) if things
  have reached their prime
punta point, sharp point, tip;
  toe (*of socks*)
puntapié *m.* kick; **dar de
  puntapiés** to kick
puntiagudo, -a sharp-pointed
puntillas: de puntillas on tiptoe
punto point, dot; **estar a punto**
  to be ripe; to be at the height
  of desirability; **punto**

culminante climax; **puntos
suspensivos** points of ellipsis
  (*printer's marks to indicate
  omission*)
puñado handful
puñalada stab
puñetazo blow with the fist
puñete *m.* fisticuff, blow with the
  fist
puño fist; cuff; fistful
Purdey *name of hunting gun*
pus = pues (*coll.*)
púshalo *coll.* push him

quebrantamiento crushing,
  breaking
quebrantar to break; to violate
quebrar to break; to crush;
  quebrarse to break down,
  break into pieces
quedar to be located; to be left;
  to remain; **quedarse dormido**
  to oversleep; **quedar(le)** to
  suit one
queja complaint; moan
querés = queréis (*instead of
  quieres*)
querido, -a dear, loved one
queso cheese
quieto, -a quiet; still, calm
quiltro hound
quilla keel
quimera chimera, a vain or
  visionary conception; a wild
  fancy
quinto fifth
quite *m.* parry, dodge, dodging

rabia rage, fury
radicar to be, be found
raíz (*pl.* raíces) *f.* root
rajar to split, rend, cleave;
  to crack; **rajarse** to get afraid,
  back down
rana frog
Rancagua *Chilean city*

rancho hut
rascar to scratch
rasgar to tear, rip, rend
rasgo trait, characteristic;
feature
rasguear to play the guitar
(*with flourishes or strokes of
the whole hand*)
raso, -a flat
rastra drag; a rastras dragging
rastro trail, tracks
rato while, (short) time; al rato
in a short while; de a ratos
every little while
ratón *m.* mouse
"rau" *m.* (*coll.*) round (*boxing*)
raya ray, skate; stripe; a rayas
striped
re very
reanimarse to revive; to come
alive
reavivar to rekindle
rebajar to lower; to diminish,
reduce
rebosar to cause to overflow;
to overflow, run over
rebotar to bounce; to bounce
back; to rebound
rebozo shawl; sin rebozo
frankly, openly
recado saddle and trappings
recaer to fall (upon)
recámara chamber (*of a firearm*)
reciedumbre *f.* strength, force,
vigor
recinto enclosure; place (*hall,
building, etc.*)
reclamar to claim, demand
reclamo enticement; en reclamo
provoking
recluso prisoner; inmate
recodo bend, turn; elbow (*of a
road*)
recomenzar to begin anew
recorrer to go through
recortado, -a outlined; set off;
trimmed
recostar(se) to lean; to recline

rectificar to rectify; to correct,
amend
recto straight (*blow*)
recuperar to recuperate, recover
recurrir to resort to; to have
recourse to
rechazar to reject; to repel,
repulse
red *f.* net; red metálica wire
mesh screen
redecilla mesh; hair net; bag
net; small net; redecilla de
borlas tufted mesh
redoblante drum; drummer
redondear to round, make
round; to round off; to perfect
redondo, -a round; a la
redonda around, roundabout;
en redondo all around
reducir to reduce; to subdue,
subjugate
reducto redoubt; enclosure
reflejar to reflect; to reveal
reflejo glare
reflexionar to reflect, meditate,
think over
refugiarse to take refuge
regidor *m.* councilman,
alderman
regir to rule, govern; regirse
to be ruled, be governed
registrar to inspect, examine
registro registry; enrolling
office; register book
reglamentar to regulate by rule
regocijar to cheer, delight
regordete, -a plump, chubby
regreso return
reguero trickle; dripping
reino kingdom
reivindicación *f.* (*law*) recovery,
replevin
reja grate, grating
rejijo *coll.* S.O.B.
rejón (*pl.* rejones) *m.*
experienced gamecock
relámpago flash of lightning

relativo, -a relative; **relativo a**
  concerning
relato story, narration; tale;
  sketch
relevar to relieve; to replace,
  substitute
relieve *m.* relief, raised work,
  embossment; **dar relieve** to
  make stand out
religioso monk, friar
reloj *m.* watch, clock; music box
relumbrar to shine, dazzle,
  glare; to flash
relumbre *m.* glare, glitter
rellano landing (*of a stair*)
relleno, -a stuffed
remador *m.* rower
remar to row
rematar to finish, put an end to
remendar to mend, patch; to
  darn; to repair
remero rower, oarsman
remo oar; **golpe de remo** oar
  stroke
remolino whirl, whirlwind;
  whirlpool, eddy
remontarse to rise
remordimiento remorse
rencilla grudge
rencor *m.* animosity, grudge
rencoroso, -a resentful, spiteful
renegar to protest against; to
  curse
renta income
reparto subdivision (*of a city*);
  lot of land for building a house
repello plastering
repentino, -a sudden
replegado, -a curled up
reposo rest
reptar to crawl; to cringe
requebrar to woo, court; to
  flatter
res *f.* head of cattle; any large
  animal; beast
res: in medias res *Lat.* in the
  midst of things
resaltar to stand out

resbalar(se) to slide, slip, glide
resentido, -a offended; resentful
resignarse to resign, be resigned
resistente strong
resollar to breathe hard; to
  pant
resonar to resound; to echo
resorte *m.* spring; coil spring
resortera slingshot
respingado, -a upturned
respiración *f.* breathing
resplandeciente brilliant;
  resplendent
resta subtraction; remainder,
  difference; **por restas** by
  elimination
restregar to rub hard; to scrub;
  to scratch
resuello breathing
resumen *m.* summary
retener to hold; to withhold
retentiva memory
reticente reticent; restrained
reto challenge; threat
retratar to portray
retrepado, -a leaning, resting,
  reclining
retroceder to go back; to recede
retrógrado, -a reactionary;
  retrogressive
retumbar to resound, sound
  loudly
revelar to reveal
reventar to smash, crush; to
  burst; to explode; **reventarse**
  to burst; to blow up
reverencia bow, curtsy
reverenciar to revere, venerate,
  pay homage to
revisar to check, check up; to
  inspect; to revise, review
revista magazine, review,
  periodical
revolcarse to wallow, roll
  around
revuelo stir, commotion; whirl,
  flying; **revuelo de bronces**
  pealing of bells

rey *m.* king; **Reyes Magos** wise men from the East
rezagarse to lag behind; **quedarse rezagado** to go astray, lag behind
rigidez *f.* rigidity, stiffness
rígido, -a rigid; strict, severe
riguroso, -a rigorous; strict; severe, harsh
riña quarrel, dispute, fight
riñón *m.* kidney
Río Grande do Sul *province and city in Brazil*
riograndense *from the province of Río Grande do Sul*
ripio padding (*in a novel*); useless words
risueño, -a pleasant; delightful; smiling
ritmo rhythm
rociar to sprinkle; to spray
rocío dew
rodar to roll; **plata que rueda** *See* **plata**
rodeo detour; roundabout way
rodilla knee; **de rodillas** kneeling, on one's knees
rodillazo push or blow with the knee
roer to gnaw, eat away
roncar to snore
ropero wardrobe, clothes closet
rosado, -a pink
rosal *m.* rose bush or plant
roto, -a broken; torn; *m.* Chilean (*of the lower classes*); **roto pampino** Chilean from the northern plains
rotonda rotunda (*round hall*)
rozar to graze, rub
rubio, -a blond, fair; golden; **miel rubia** clear honey
rubor *m.* blush; bashfulness
ruborizado, -a blushing
rudo, -a rude, coarse
rueda wheel; ring, circle; **en rueda de peones** around the campfire

rugir to roar; to bellow
rumbo direction; **rumbo a** in the direction of; **por esos rumbos** that way, any place; **para otros rumbos** for other places
rumiar to ruminate, chew the cud
rutilante sparkling, scintillating
rutina routine, habit, rut

sábana sheet (*for a bed*)
saber to know; *m.* learning, knowledge; **saber con** to have to do with; **vaya (usted) a saber** who knows?
sabor *m.* flavor, taste
saborear to taste with pleasure, relish; to enjoy
sabrosamente deliciously
sacerdote *m.* priest
saco coat
sacudir to shake, shake off; **sacudirse de alguien** to shake someone off, get rid of someone
sádico, -a sadistic
sagaz discerning, farsighted
sal *f.* salt; wit; **agua de sal** salt water
salado, -a salty
salchica sausage
salir to go out, come out; **salirse con la suya** to have one's way
salpicar to sprinkle, spray, spatter; to splash
saltar to jump; **salta que salta** jumping and jumping
salterio psaltery (*ancient musical instrument*)
saltón, -ona jumpy; jumping, hopping; **ojos saltones** *See* **ojo**
salubridad *f.* sanitation; health
saludable healthful
salva salvo

salvaje wild
salvo except; **a salvo** safe
samaritano, -a good Samaritan
sangrar to bleed
Santa Amalia *a suburb of Havana, Cuba*
santuario sanctuary
sapo toad
saquear to plunder, loot
saraguato *a small hairy monkey (Myates vilosus) common in southern Mexico and Central America*
sarao evening party
sarta string; series
scorpio *Lat.* scorpion; **Scorpio** southern constellation; sign of the Zodiac
Schubert, Franz (1797–1828) *Austrian composer*
secar to dry
seco, -a dry; sharp (*noise*); **a secas** merely
"seco" *coll.* second (*boxing*)
secular centennial; centuries-old
seda silk
seguro, -a sure; safe; **seguro que no** of course not; *m.* safety lock; **seguro de la aguja** safety pin (*of a gun*)
selva jungle; **selvas populosas** jungles teeming with life
sellado, -a sealed
sembrado, -a sown; strewn
semibeodo, -a half drunk, tipsy
semilla seed
semitendido, -a half stretched out
sencillez *f.* simplicity
sendero path
sendos, -as one each, one to each
seno bosom; lap
sensato, -a sensible, judicious, wise
sensible sensitive
señor: **El Señor** The Lord; **El Señor de los Milagros** The Christ of the Miracles

señorío dignity; lordliness, majesty; nobility
sepulcro sepulcher, tomb, grave; **flores-de-sepulcro** *See* **flor**
sepultado, -a buried
sermonear to admonish, reprimand
serpentina streamer
serpentón *m.* trombone
servidumbre *f.* servitude
servil servile, slavish, abject; base, low
sexo sex; sex organ
sexto, -a sixth
si if; **si bien** although
sí yes; himself, herself, themselves, *etc.*; each other, one another; **entre sí** to each other
sicozoológico psychozoological (*a type of short story*)
sien *f.* temple (*of forehead*)
sigilo seal, secret; secrecy; silence
signatura sign; meaning; signature
significado meaning
silbar to whistle; to hiss
silbido whistle; hiss; **con el silbido** by whistling
silla chair; **silla mecedora** rocking chair
sillón *f.* armchair; **sillón de mecedora** rocking armchair; **sillón de resortes** swivel chair
simpático, -a sympathetic appealing; nice
simulación *f.* feigning
simulador *m.* dissembler
sindicato labor union
síndico trustee
singular exceptional; strange; unique
siniestro, -a sinister, evil, perverse; disastrous; left (side)
sinó (si no) otherwise; if you don't
sío = sido (*coll.*)

sirviente *m.* manservant;
　sirvienta maid
sobar to massage; to rub
soberano sovereign
sobre *m.* envelope; on, upon,
　over
sobrecoger to seize;
　sobrecogerse de to be seized
　with
sobremanera extremely,
　exceedingly, beyond measure
sobrenombre nickname
sobrepoblado, -a overpopulated
sobresalir to project, jut out,
　stand out
sobresaltar to startle, frighten;
　sobresaltarse to be startled,
　frightened
sobresalto fright; fear; shock;
　tener un sobresalto to be
　shocked
sobrescrito *m.* address (*on an*
　envelope)
sobrevivir to survive
sobriedad *f.* sobriety,
　moderation
sobrio, -a moderate; restrained
socio associate, partner; member
Soconusco *region in the*
　Mexican state of Chiapas
soga rope, cord
sol *m.* sol (*monetary unit of*
　Peru)
solar *m.* tenement
soldado, -a welded
soledad *f.* loneliness, solitude;
　lonely spot
solo, -a alone; a solas alone
sólo only; tan sólo only
sollozar to sob
sombra shadow; awning, sun-
　shade; sombra chinesca
　shadow pantomime
sombrío, -a somber, gloomy
sommier *Fr.* spring mattress
sonajera rattling
sonetista *m.* sonnet writer
sonoro, -a loud, sonorous; sound

(*deep and resonant*);
　resounding
sopa soup
soplar to blow; to blow out
sopor *m.* drowsiness; stupor
soportal *m.* porch, portico,
　arcade
sorber to suck; to absorb; to
　swallow; to sip
sordamente softly; muffledly
sordina silencer; mute; damper;
　en sordina muffled
sordo, -a deaf; silent; dull;
　insensible
sorna slyness, cunning; sneer;
　sluggishness, laziness
sorpresivo, -a unexpected
sos = sois (*instead of* eres)
　(*coll.*)
sospechoso, -a suspicious,
　suspecting
sótano basement, cellar
suácate *m.* (*coll.*) blow
suavidad *f.* softness
subí = subid (*instead of* sube)
　(*coll.*)
súbito, -a sudden, unexpected,
　unforeseen
sublevante exciting
sublevar to incite to rebellion
succionar to suck up
sucio, -a dirty; stained; soiled
suculento, -a succulent, juicy;
　abundant
sudar to sweat
sudor *m.* sweat
sudoroso, -a perspiring, sweaty,
　sweating
sueldo pay, salary
sueño sleep; dream; írsele a uno
　el sueño not to be able to
　sleep
suerte *f.* lot; luck; kind, sort;
　correr la suerte de to have
　the same luck as; por suerte
　luckily; by chance
sugerir to suggest; to hint
sujetar to hold fast

sujeto, -a fastened, bound
sumar to add; **sumarse** to join
sumo: a lo sumo at the most
suntuoso, -a magnificent, luxurious
superar to surpass, excel
superficie *f.* surface
supervivencia survival
superviviente *m. and f.* survivor
suplantar to supplant, supersede; to take the place of; usurp the place of
suplicio suffering, anguish; torture
suprimir to suppress; to abolish; to omit
supuesto, -a assumed
surgir to rise; to spurt; to appear
suspicaz suspicious, distrustful
sustentar to support
susto fright
sutil subtle; thin, fine, delicate
sutileza thinness, slenderness, fineness; subtlety; cleverness
suyo, -a his, hers; **una de las suyas** one of his or her customary remarks

tabla board
tablero board, panel; chessboard
taburete stool; taboret
tacón *m.* heel of a shoe
táctil tactile (*affecting the sense of touch*)
Tacuarembó *district in Uruguay*
tacha defect; **con tacha de** with the defect of (being)
tachuela tack; hobnail
taita dear chief; daddy
tal such; so-and-so; **tal para cual** two of a kind; **un tal** a certain, one
talero whip
talón *m.* heel

talla chatting, prattle; banter
tallado, -a carved, cut (*in stone*)
taller *m.* shop, workshop, laboratory
tallo stem; stalk
tamaño size
tambalearse to stagger, reel, totter
tambor *m.* drum; drummer; **tambor de gasa** roll of gauze; **tambor de Nación** tribal drum of African origin
tanto so much (many), as much (many); **de tantito en tantito** now and then; **en tanto** while; **mientras tanto** meanwhile; **por (lo) tanto** therefore
tapanco attic, loft
tapar to cover; **taparse** to cover oneself up
tapia wall fence
tapiar to wall up; to close up
tapiz (*pl.* **tapices**) tapestry
tarea task, job
tasar to regulate; to keep within bounds
taza cup
teclado keyboard
técnica technique
techo roof, ceiling
teja roof tile
tejadillo shed
tejado roof; tile roof; **tejado en pico** pyramid roof
tejer to weave
tela cloth; web
telaraña cobweb
telón *m.* curtain (*in a theater*)
temática themes treated; subject matter
tembleque shaky
temblor tremor, trembling
temeroso, -a dreadful, fearful
temible fearful
tempestad *f.* storm
temporada season
tenaza claw (*of scorpion, lobster, etc.*)

tender to spread out

tenderete *m.* stand, booth

tenés = tenéis (*instead of* tienes) (*coll.*)

teniente *m.* lieutenant

tentación *f.* temptation

tentado, -a tempted

teñir to tint, dye, color; teñirse de to be colored by; to be stained with

teórico theorist, theorizer

terciar to intervene (*in a conversation*)

terciopelo velvet

ternura tenderness; love, fondness

terso, -a smooth, polished

testero upper part (*of wall*)

testigo witness

teta teat

tibia shinbone

tibieza lukewarmness

tibio, -a lukewarm, tepid

tiempo time; weather; a un tiempo at the same time; de tiempo en tiempo from time to time

tienta: caminar a tientas to grope, feel one's way; a tientas groping, feeling one's way

tieso, -a stiff, rigid

tijera scissors, shears; tijera de podar pruning shears

tilinguito (*coll.*) mama's boy

timbal *m.* kettledrum

timón *m.* helm; rudder

timonera rectrix, large quill; pluma timonera tail feather

tinaja large earthen jar

tiniebla darkness

tintero inkstand, inkwell

tipificación *f.* typifying

tirador *m.* shooter

tirante taut, stretched

tirar (de) to pull; tirarse to throw oneself; to lie down, stretch out; tirar jato (*coll.*) to hit with might

tiritar to shiver

tiro draft; shot; de a tiro completely; pegar un tiro to shoot

tirón *m.* pull, jerk; dormir de un tirón to sleep without waking up; pegar un tirón to jerk

tironear to pull, jerk

tiroteo shooting; skirmish

tití titi, a very small monkey

toa = toda (*coll.*)

toalla towel

tobillo ankle

tocado coiffure, headdress

tocar to knock, rap; to get; tocarle a uno to be one's turn; tocarse de to dress; ¿a cuánto tocamos? What's our share?

Tocapilla *Chilean seaport*

todo all, every; con todo in spite of everything

toldo awning

tomo tome, volume

tono tone; estar a tono to match (*personal wear*)

tontería foolishness, nonsense; trifle

tonto, -a foolish; *m.* fool; estar como tonto to be bewildered

too = todo (*coll.*)

tope *m.* butt; end; limit

toque *m.* knock; ringing; toque de oración Angelus bells (*at dusk*); toque del alba first bells

torbellino whirlwind, avalanche

torcer to twist; torcerse to become twisted or sprained

tormenta storm, tempest

tornillo screw; clamp

torno lathe; spindle; wheel; gyration; en torno a around, about; torno de alfarero potter's wheel

torpe clumsy; stupid

torpeza stupidity; clumsy act or
saying
torreón fortified tower
torso trunk (*of human body*)
tortilla pancake; **hacer tortilla**
to flatten
tostado, -a tanned
tour de force *Fr.* exhibition of
skill, feat of strength
trabajá = trabajar (*coll.*)
trabajoso, -a difficult; belabored
tragar(se) to swallow
traición *f.* treason
traicionar to betray
trama plot
tramar to plot, scheme
trámite *m.* proceeding
trampita *m.* trick; cheat
tranca crossbar, bolt; pole, prop
trance *m.* dangerous situation;
critical moment
transcurrir to pass, elapse
transitar to walk; to travel
trapo rag
trasero, -a rear, back; *m.* rump
traslucir to screen, filter; to let
in (*as light*); **dejar traslucir**
to insinuate
trasluz *m.* diffused light;
al trasluz against the light
traspasar to go beyond; to
trespass
traspatio back yard
traspié *m.* stumble, slip; **dar un
traspié** *or* **dar traspiés** to
stumble; to stagger
trasponer to go beyond; to pass
trastabillar to reel
trasvasar to transmit; to pour
from vessel to vessel
tratamiento treatment
travesía crossing, voyage
trayecto run, lap, distance
(*traveled over*)
traza plan, design; scheme;
tener trazas de to show signs
of

trazar to trace; to delineate
trenza tress, braid
treparse to climb
tribunal *m.* court (*of law*)
tributado, -a rendered
tricornio three-cornered hat
trincar to tie fast
tripas entrails, insides
tristón, -ona sad, melancholy
triturar to crush
trocar to change, exchange
trompa proboscis (*of some
insects*); trunk of an elephant;
snout
tronar to explode with a loud
bang; to crackle
tropa drove of horses; herd of
cattle; troop of soldiers
tropero cowboy, cattle-drover
trovador *m.* minstrel,
troubadour
trozo piece, chunk, bit
trueno thunder; loud
detonation
tubo tube, pipe; **tubo de goma**
rubber hose
tufo disagreeable odor
tullido, -a paralyzed; crippled
tumba grave, tomb
tumbar to knock down;
tumbarse to lie down
tumbo tumble; **dar tumbos** to
bob up and down
túmulo mound
tumulto uproar, tumult
túnica tunic; robe, gown
tupío (tupido) (*coll.*) without
letup
turbación *f.* perturbation;
confusion, embarrassment
turno turn, shift
tutear to treat with familiarity
(*by using the* **tú** *form*)

ultrajar to offend, abuse
umbral *m.* threshold

unidad *f.* unity
uña nail; fingernail; toenail
uvero shrub of tropical seashores

vaca cow
vaciar to empty; vaciarse to
empty, become empty
vacilante unstable; hesitating
vagar to roam, wander
vago, -a vague; hesitating,
wavering; idle
vaho vapor, fume; odor
vaina *f.* (*coll.*) annoyance,
bother
vaivén *m.* sway, swaying
vale *m.* I O U
valer to be worth; más vale
it is better; valerse de to avail
oneself of, make use of
valía value, worth
validez *f.* validity
valioso, -a valuable
valorizar to value, appraise
vals *m.* waltz; la valse waltz;
valsecito little waltz
válvula valve; válvula de escape
exhaust valve, safety valve
valla stockade, fence; cockpit
valle *m.* valley
vampiresa vampire
vanagloriarse to boast
vanidad *f.* vanity
vano, -a vain; useless; en vano
in vain; needlessly
vara stock, rod; measure of
length (*2.8 feet*); vara de medir
measuring stick, yardstick
vararse to run aground
vargueño secretary (desk)
vario, -a varied
vasco, -a Basque
vaso vase; vessel
vástago stem, rod
vasto, -a vast, extensive,
immense
vedado, -a off limits; prohibited
vedar to prohibit

vejamen *m.* vexation,
annoyance; taunt
vela candle; sail
velado, -a veiled, hidden
velador *m.* lamp table; bedside
table with lamp
velar to hold a wake over
velón *m.* (*pl.* velones) brass
lamp
veloz swift, quick, fast
vellón *m.* fleece, wool of one
sheep; lock of wool
vena vein
venao (venado) deer
vencido, -a conquered, subdued
vendaje *m.* bandage; bandaging
venenoso, -a poisonous
venganza vengeance, revenge
vengarse to take revenge
venta sale; en venta for sale
ventaja advantage
veras reality, truth; veras y
burlas truth and fiction
verdad *f.* truth; a la verdad
in truth
verdinegro, -a dark green
verdor *m.* greenness
verdoso, -a greenish
verdugo executioner, hangman
vergüenza shame; darle a uno
vergüenza to make ashamed
verídico, -a true, truthful
verja iron fence
verosimilitud *f.* verisimilitude;
probability
versos poetry; hacer versos to
write poetry
vertiginosamente at a dizzy pace
vestido dress; vestido de novia
wedding dress; vestido de viaje
traveling outfit
veteado, -a striped, veined,
mottled
vetiver vetiver (*aromatic root
used as insect repellent*)
vez *f.* time; turn; a su vez in its
turn; alguna que otra vez
once in a while; de una vez por

todas once and for all; **de vez
en cuando** from time to time
viático travel allowance
vicioso, -a dissolute
vidriera showcase
vidrio glass; pane, windowpane;
campana de vidrio glass bell
vieja old woman, old lady;
mother; wife; old girl
viejecilla decrepit old lady
viejo old man; father; *pl.*
parents
viento wind; **viento en popa**
without hitch, boomingly
vientre *m.* abdomen; belly;
bowels; widest part of vessel;
mover el vientre to defecate
viga beam; rafter
vigilar to watch over; to look
out for
vigilia sleeplessness; vigil; fast
virar to turn, change direction;
to tack (*said of a boat*)
víspera day before
vista sight; view; **a la vista** in
sight
vistazo glance; **echar un vistazo**
to look over; **vistazo
retrospectivo** flashback
vitalicio, -a for life
vitrina showcase
vivero hatchery
vivienda dwelling
vocecita high-pitched voice
vocero spokesman
vociferar to shout
volcar to overturn; to capsize
voltear to turn, turn around;
to revolve
voluta volute (*spiral ornament
on Ionic capital*); spiral, ring
(*of smoke*)
voraz voracious, ravenous
vos you

voz *f.* (*pl.* **voces**) voice; word;
a media voz in an undertone;
en voz alta aloud; **en voz baja**
in an undertone; **en voz queda**
in a whisper
vuelo flight; **perder el vuelo**
to interrupt a flight
vuelta turn; return; round;
buscarle la vuelta to look for
a way out; **dar vueltas** to turn,
turn around; to return; **dar
vueltas en torno de (la sala)**
to walk around (the room)

yacer to lie; to be lying down
yegua: como yegua like the
dickens
yema: yema del dedo fingertip
yerbazal *m.* weeds; wild growth
yergue, yerguen *See* **erguir**
yermo desert, wilderness,
waste country
yerno son-in-law
yeso plaster; gypsum, chalk

zafar to release, set free; to
dislodge; **estar zafado** to be
crazy; **zafarse** (*of a bone*)
to get dislocated
zaguán *m.* vestibule, entry; gate
zambo, -a knock-kneed
zancudo mosquito
zángano drone; (*coll.*) idler,
sponger
zanquear to waddle; to walk
fast; to trot
zapatilla pump, slipper
zumbar to buzz
zumbido humming, buzzing;
blow, smack
zumo juice
zurrar to flog, thrash